海鲜生猛

东海海错笔记

李振南　著

化学工业出版社
·北京·

图书在版编目(CIP)数据

海鲜生猛：东海海错笔记 / 李振南著.—北京：
化学工业出版社，2022.10
ISBN 978-7-122-41952-1

I.①海 … II.①李 … III.①东海-渔业-地方文化
IV.①F326.47

中国版本图书馆CIP数据核字（2022）第140841号

特约策划：周华诚
责任编辑：温建斌
责任校对：王鹏飞
装帧设计：尹琳琳

出版发行：化学工业出版社
　　　　　（北京市东城区青年湖南街13号 邮政编码100011）
印　　装：中煤（北京）印务有限公司
880mm×1230mm　1/32　印张11$\frac{1}{2}$　字数284千字
2023年2月北京第1版第1次印刷

购书咨询：010-64518888
售后服务：010-64518899
网　　址：http://www.cip.com.cn
凡购买本书，如有缺损质量问题，本社销售中心负责调换。

定　价：78.00元　　　　版权所有 违者必究

诗性语言的风物志式写作

2016 年冬，应作家、画家马叙兄的邀请，我前往乐清市，与各地作家、文友畅游雁荡山的灵峰、灵岩、大龙湫、显胜门景区和南阁古村，问道乐清山水，拜识乐清文友，领略乐清风光。

乐清是一个神奇和神秘的地方，以雁荡山、乐清湾及"中国电器之都"闻名于世，历代人文荟萃，文化积淀丰厚。明代乐清人赵士祯（1552—1611）是我很佩服的人。乐清临东海，在明代，倭寇猖狂，常上岛抢夺物资、恶杀岛民。赵士祯在少年时代目睹了倭寇的暴行，遂奋勇好学，通过仿制、改造、推进，研制出"火箭溜""制电铳""鹰扬炮"等杀伤力极大的火器，这些武器在抗倭战争中发挥了重要作用。他文武风流，卓尔不群，著有《神器谱》《续神器谱》《神器谱或问》《备边屯田车铳仪》等书，对后世火器制造影响深远。

乐清湾海域辽阔，物藏丰富。乐清人以海作田，勤劳淳朴。据我了解，乐清湾是东海海错最为丰富、最为鲜美的海湾之一，鱼类、贝类、甲壳类、藻类等海鲜产品，以"品种多样，品质优良"而名扬四海。乐清人餐餐离不开海鲜。我在乐清盘桓三日，也是餐餐吃刚上岸的海鲜，其味鲜美，吃得舍不得停下筷子。别乐清之日，我特意余下半天时间去乐清湾看海，去菜市场看海鲜。在海鲜市场，我买了二十条黄鱼、十条带鱼，带回家里——在我生活的城市，找不出这么体大、新鲜的鱼品。

也是这次乐清之行，有幸认识了乐清市作协主席李振南兄。李振南兄长期在乐清生活、工作，也在乐清成长，在风景旅游、林业农业、海洋与渔业、文化和广电旅游体育等部门任过职，具有浓厚的大地情怀、生态关注和文化感悟。从短短的几日接触来看，李振南兄对乐清的山川地理、本草嘉木、海鲜渔情、民情风俗、历史掌故、美食佳肴、人口迁徙、节气物候、气候气象等，都烂熟于胸，如打铁下锤，如掌勺抖盐，如喝茶冲水。对东海的海错，亦是全盘了解，如数家珍。但李振南兄说的普通话，我有点不敢恭维，时常夹着的当地口音，让我听起来是一头雾水。我和李振南兄说话，他得重复一遍，我才明白他说了什么。李振南兄盛情，送我《大地印象》《行走雁山》以作友情留念。这两本书是他多年实地调查后而面世的散文集。在乐清返回上饶的火车上，我便把这两本书拜读完了——对脚下生活的山川、大地深情如许，眷恋有加，唯文字可呈现。

庚子年春是一个特殊的春天。街上无行人，酒肆关张，似乎空气也凝固成冰。孩子在家上网课，我也守在家里，除了超市，我哪儿也没去。3月27日下午，收到李振南兄书稿《海鲜生猛：东海海错笔记》，这是一部专写东海海品、海味的著作，也是我至今看到的第一部用诗性语言解读东海海错的作品。当然，这也是一本并不让我意外的书稿。说句实话，我从他创作的历程或者说轨迹中可以推断出来——李振南兄写出了《雁荡山印象》《自然物语》《草木春秋》等系列散文集，他的着眼点、立足点，即笔锋所指，均以乐清包括浙南为主要地域的风物，写其生活史、生命史、地域史。依我看，这是一种风物志式的写作。这样的写作，需要作者有坚忍的耐力、博学的知识、锲而不舍的磨劲，经过长期实地调查的沉淀和积累，有规划的写作方向，才能完成。李振南兄生在海边，长在海边，爱在海边，与海相守，他不写海鲜，不写乐清湾，不写东海，他对自己没法交代。这是我对他的揣想，或者说理解。

风物志式的写作，其实是我们古代经典笔记的重要写作方法之一，也是古代经典小说主要表现方法之一。我们所读到的《齐民要术》《天工开物》《梦溪笔谈》《茶经》《水经注》《菜根谭》《闲情偶寄》《小窗幽记》《围炉夜话》，甚至《神农本草经》《本草纲目》等，均可归类为风物志。赵士祯所著《神器谱》系列即为器物风物志。在《红楼梦》《水浒传》《三国演义》《金瓶梅》《聊斋志异》等经典著作中，假如没有风物的饱满体现，都将黯然失色，也不再成为经典。风物是风景和物品，是精神气象，是地方特产，是山川形胜。志是古老的叙事文体之一种，记人载事，可叙可议。风物志具有民史、地域史、风俗学、地方宗教流变史、区域建筑学、民情饮食、地方服饰、地方药学等杂糅的文化史学价值。风物志式的写作，一般篇幅精短，内容丰富，主题明确。也因此，风物志式的写作，成为当下散文写作的源头之一。当代名家赵树理、汪曾祺等尤为擅长，留下许多脍炙人口的篇章。

从乐清系列风物志式的写作，便可窥视李振南兄的写作雄心（或者说野心）：写乐清的"风物百科全书"。仅就《海鲜生猛：

东海海错笔记》而言，没有十年的田野调查，完成不了此书。凡开篇写大黄鱼而下，所涉海鲜五十余种，讲述物种的过去、现在、未来，物种的性状、繁殖、水域环境及渔民捕捞方式、烹饪手法、岛屿乡愁、生态关注，以此阐述渔文化的内涵和真谛。其作品融海洋文化、当下岛民业态生活、岛屿风光、浙南主要河流文化、气候、风貌等为一体，以在场者（"我"）的视角，道尽人与海洋的依存关系。人与物种的情感也因此建立。如《寻觅鲥鱼》，李振南兄写道：

"既然出水即死，那么吃鲥鱼应当在江中食用最佳了。大约在二十年前，我有幸出差桐庐，当地的一位大学同窗安排我到富春江游船上吃清蒸鲥鱼。在船上，我们一边观赏'风烟俱净，天山共色'的山水景色，一边品尝着有'鱼中之王'美誉的鲥鱼，真是惬意至极，确谓是人生的莫大享受，那情那景，让我至今仍念念不忘。也正是这次吃鲥鱼，我还发现富春江鲥鱼的唇边生有桃花红斑，有别于我小时候在家乡见过的鲥鱼。这点点桃红与银鳞如雪、玲珑秀美的鱼身形成了强烈的对比，使富春江鲥鱼显得更加艳丽、生动。同学说，鲥鱼在幼鱼期是没有红点的，只有在发育成熟后，嘴上才有红点。"

作者注重故事性、趣味性，在科学性的基础上引经据典，彰显物种的文化，杂糅了民间故事、地方传说、岛民信仰、海洋文化、人文关怀等，对文本进行了拓展和创新。在行文中，作者从日常生活出发，以平实生动的语言，以文学的丰富性和生动性，写出了东海文化（主要是海洋物种文化）的自然读本。他写香螺：

"香螺很有名，尽管它只是一种小海鲜。

香螺物如其名，它最大的特点便是香。那是一种鲜中有香，香里带鲜，能够直透人的五脏六腑的鲜香。

在我的印象中，吃螺类主要吃的是鲜味，比如，河螺、海蛳、钉螺、泥螺、花螺、辣螺、芝麻螺、东风螺、织纹螺等，都是以鲜味取悦于人的，唯有香螺是鲜与香兼得，香更胜于鲜，让人食后余香满口，久而不散。"

他写红娘鱼：

"初次看到红娘鱼三个字时，我不禁暗忖：什么时候红娘也变成鱼了，她不是活在不朽杰作《西厢记》里吗？这世界居然还有红娘鱼，这可是我从来都没有听说过的呀！

大海里有红娘鱼，这是我不曾想到的。而红娘鱼似乎名不见经传，多年来，我既未见过，更没吃过，是一种超越我认知的鱼。

直至看到红娘鱼的资料和图谱，我才知道它的确名副其实，那修长的身材，窈窕而又玲珑；那红润的肤色，健康而又活泼；那橙黄的眼圈，就像仔细描绘的粉妆；而那蓝色的胸鳍，静待时像是佩戴在红裙子上的翡翠，游动时更像是绣着彩蝶花纹的衣袖在曼舞。此外，我又进一步了解到，红娘鱼在海底行动时，婀娜娉婷，轻移莲步，顾盼生情，如走若游，颇有王实甫的《西厢记》中那位美丽秀气、伶俐乖巧的红娘模样。

只是，'变成'鱼后的红娘，是否也能善解'鱼'意，为鱼哥、鱼姐、鱼弟、鱼妹们牵线搭桥，续写一段新的情缘？"

读完书稿，已是 4 月 27 日。春日已尽，白鹭又来到了江南。我想：李振南兄是一个建蓄水池的人，他把乐清的风物当作源头之水，引入他的蓄水池，供我们掬饮，然后又延伸到广袤无极的东海，让我们纵情畅游。

傅菲

（傅菲，江西广信人。南方乡村研究者，自然伦理探究者。散文作品获三毛散文奖散文集大奖、百花文学奖、储吉旺文学奖、方志敏文学奖，获多家刊物年度奖。著有《深山已晚》《我们忧伤的身体》《河边生起炊烟》等 20 部作品。）

前言

看海，是许多人的梦想；吃海鲜，更是许多人的痴爱。

家住东海之滨，对我来说是一种幸运，一份福祉。我无须舟车劳顿，便能随时随地坐观云卷云舒，静听潮涨潮落，亲近波涛浪尖，体味海上风光。

青少年时，我曾无数次在海边滩涂上摸爬滚打，跟随渔民们的渔船在大海里跌宕起伏，收获东海给予人类的馈赠。而东海的物产、海鲜也让我大快朵颐，给我留下了深入骨髓的印记。中年时，我又非常荣幸地在海洋与渔业部门供职十年，可以日日夜夜、时时刻刻与海鲜为伴，与大海对话。这期间，我觉得大海潮汐的呼吸，就是我的呼吸；大海浪花的跳动，就是我脉搏的跳动。我把心交给大海，也把自己融入了大海的美丽。

常读前人的华美篇章，描绘东海的文字是最具魅力的；常听身边人的话语，称赞东海的海味是最为鲜美的。是的，东海海域辽阔,大陆海岸线漫长曲折,岛屿、礁岩星罗棋布,海湾与河口沿岸滩涂广阔,风光旖旎,景色迷人。由于气候温和,水温适中,再加上黄浦江、钱塘江、甬江、瓯江、闽江等多条大江大河的注入,为东海提供了大量的营养物质和饵料,使之形成了独特、多样的海洋生态环境,生物资源十分丰富,海产味道异常鲜美。

与东海的朝夕相处,和海产的亲密接触,使我进一步了解了东海的脾性,丰饶的物产,美味的海鲜,海洋的历史、文化和渔民的艰辛与快乐。同时我也深深地感受到:正是这些生猛而诗性的东海海鲜,滋养了东海海岸的人民,赋予了他们灵气,造就了他们的精气神。于是,要创作一部关于东海海错的随笔集的念头,便在我的脑海中不停闪现。现在,经过十多年的酝酿、构思、谋篇、布局、推敲、修改,这本《海鲜生猛:东海海错笔记》终于面世了。

《海鲜生猛:东海海错笔记》是一部关于东海海域内海鲜的乡土文化与海洋文化读本,也是一部科学的、系统的、较为完整解读东海海错的作品。全书从东海沿岸百姓日常不可或缺或者珍奇稀有的海物入手，以文学的语言讲述物种的历史、发展、性状、生存状况、捕捞方式、烹饪手法等，融知识性、故事性、趣味性于一体。

一册《海鲜生猛：东海海错笔记》握在手中，可让大家在鱼市里识得真货，在厨艺上有所增进，在餐桌边胃口大开，在生活中有了雅致。我还希望通过这些海洋生灵与历代文人、东海百姓之间的故事，增长大家对海洋生物的见识，助推大家吃海鲜的趣味，积淀大家的饮食文化底蕴。

当然，海洋生物错综繁杂，自然状态下肉眼难见，即便是行速不快的底栖动物，它们平常也深陷沙滩或泥涂中，无法窥其全豹。而游泳动物、浮游动物呢，它们在广袤深邃的海水里，更是一闪而过，瞬间即逝，只有运气好的时候，才能偶尔作惊鸿一瞥，故而极难描述详尽。此外，在涯无边际的东海里，海品、海味层出不穷，人们对海鲜也是各有所爱，众口难调。因此，在本书中，难免出现不妥之处，敬请大家不吝赐教。

感谢散文名家傅菲先生在百忙中拨冗，为本书作序。

感谢资深媒体人、作家周华诚先生及化学工业出版社编辑对本书的出版给予指点和襄助。

感谢接受过我访问的各位老渔民朋友，感谢为我解惑的诸位海洋生物学专家，同时也感谢关心、支持我文学创作的朋友、文友、读者和家人！

李振南

2022 年 2 月于听琴阁

目录

许多东西都消逝了，许多东西正行走在消逝中，比如，大海里的鲥鱼、刀鱼、香鱼、河豚、海月、大黄鱼、松江鲈鱼等，有的已找不到野生鱼群，有的已被列为濒危物种，有的已成为国家重点保护野生动物，人们想食用它们似乎成为一种奢望。当然，这些海鲜的名字早已烙印在世代东海人的心头，东海人也永远不会忘却记忆中的味道。

晋代葛洪说："然物以少者为贵，多者为贱。"大诗人白居易也说："物以稀为贵，情因老更慈。"那么，像鲥鱼、刀鱼、香鱼、河豚、海月、大黄鱼、松江鲈鱼这样珍稀的海鲜，无疑就是大海里的天之骄子，海鲜中的贵族，老百姓眼里的极品珍馐。

第一辑
极品珍馐

时光深处的大黄鱼

dahuangyu
大黄鱼

四月石首鱼，
出水如黄金。
烹鲜盘餐美，
东南第一琛。

据唐代学者陆广
微在《吴地记》
中载："……鱼
作金色，不知其
名，见脑中有骨
如白石，号为石
首鱼。"

一

汉字里，"鲜"由"鱼"和"羊"组合，"美"由"羊"与
"大"构成，鱼羊为鲜，羊大为美。如要鲜，鱼是首位的，有鱼才
会鲜。若得美，羊是主要的，遇羊才能见美。而"鲜"和"美"的
相会：鲜美，是所有爱吃海鲜的人的无限向往。

农谚云：无鱼不成席。一尾鱼，经烹饪后，端上餐桌，总是
鲜妍亮丽，令人心旷神怡的。如果这鱼形、色、味、质、名五美俱
全，那么它在满席佳肴中就能一味独秀，成为餐桌之尊。这样的鱼
似乎有不少，比如鲥鱼、刀鱼、老鼠斑、赤点石斑鱼等。但依我
看，最显赫的非大黄鱼莫属。

在我的家乡，有一句古话叫"没有黄鱼不成宴"。尽管风水轮
流转，酒宴的菜肴每过几年会有所变化，一会儿以龙虾为主菜，一
会儿让海参唱主角，一会儿又请鱼翅闪亮登场。但是这些年下来，
大黄鱼始终牢牢占据着婚嫁丧事酒宴的霸主地位，撼动不得，俨然
成为瓯越菜坛的常青树。

显赫

二

在我居住的这座城市里，人们一般将大黄鱼省略了一个
"大"字，叫它"黄鱼"，它在各地还有大黄花鱼、桂花黄鱼、
黄金龙、金龙、金鳞、红瓜、红口、大鲜等俗名。这些别称很
形象，也很美，有不少还带着浓浓的江湖味，很明显地表达了
人们对黄鱼的喜爱之情，也隐隐透露出一种根深蒂固的"拜金"
思想。难怪在过去，人们把旧制十两（312.5 克）重的金条称作
"大黄鱼"。

对于大黄鱼的称呼，我觉得还是古人简约，只用一个名字，
那就是石首鱼。据唐代学者陆广微在《吴地记》中载："阖闾十

石首鱼

年（公元前505年），东夷侵吴，吴王亲征之，入海据沙洲上，相守月余。时风涛，粮不得渡。王焚香祷之，忽见海上金色逼海而来，绕王所百匝。所司捞得鱼，食之美。三军踊跃，夷人不得一鱼，遂降吴王……鱼作金色，不知其名，见脑中有骨如白石，号为石首鱼。"这段文字将石首鱼名字的由来，写得相当的清晰。由此说来，早在2500多年前的春秋时代，石首鱼之名就已经在江南传开。

当然，《吴地记》作于唐僖宗年间，距离吴越时代已有1380多年，对于该书史料是否完全翔实，也曾有人怀疑过。毕竟，《吴地记》里对于石首鱼的记述，掺杂着民间口口相传的因素。由于吴国的文献大多没有保存下来，说阖闾时代已有石首鱼的名字，还不足以令人信服。那么三国时代沈莹的《临海水土异物志》应该是对石首鱼的最早记载，他写道："石首，小者名蹄水，其次名春来，石首异种也。又有石头，长七八寸，与石首同。"学者认为，沈莹所说的蹄水、春来、石头，现代的学名分别是梅童鱼、小黄鱼和黄姑鱼。

鳠

不知出于什么原因，比沈莹晚生五十来年的东晋郭璞，却在《江赋》里写："介鲸乘涛以出入，鳠鲊顺时而往还。"后人根据"顺时往还"，即按时洄游的特性，认为"鳠"就是石首鱼，自此也被很多典籍包括古诗词所引用。当然，将鳠称为石首鱼，最早出现在三国魏时张揖撰的《广雅》中："石首，鳠也。"但对此，明代李时珍持有不同意见，他说："鳠性啖鱼，其目暝视，故谓之鳠。《异物志》以为石首鱼，非也。《食疗》作鲸，古无此字。"又说："鳠生江湖中。体圆厚而长，似鳢鱼而腹稍起，扁额长喙，口在额下，细鳞腹白，背微黄色。亦能啖鱼。大者二三十斤。"今有人做过考证，认为李时珍的话值得相信：鳠鱼通鲸鳠，又称尖头鳠、剑鳠，俗名马头鲸，为鲤科大型凶猛的肉食性鱼类，一般生活在淡水中，与大海中的石首鱼并无多大瓜葛。

而黄鱼的名字，最早出现在由薛莹、韦昭等人著的《吴书·薛综传》中："又故刺史会稽朱符，多以乡人虞褒、刘彦之徒分作长吏，侵虐百姓，强赋于民，黄鱼一枚收稻一斛，百姓怨叛，山贼并出，攻州突郡。符走入海，流离丧亡。"该志书成书于东吴末期，说明在1700多年前，已有黄鱼的名字。

令我疑惑不解的是，大黄鱼在古文里出现时，不是作为军粮，就是作为税赋，貌似都没什么好事。这难道预示着它那多舛的命运？

从宋代开始，人们对黄鱼有了更加深入的认识，对它的描写也更加具体。宋代医药家马志等人编著的《开宝重定本草》中记："石首鱼初出水能鸣，夜视有光，头中有石，如棋子。"随后，明代文学家屠本畯在《海味索隐》中写道："黄鱼，谓之石首，脑中藏二白石子，故名。"大名鼎鼎的李时珍也说："生东南海中，其形如白鱼，扁身弱骨，细鳞黄色如金，首有白石二枚，莹洁如玉。"

很明显，石首鱼的得名与它的脑中之石密切相关。此石最初在五代时期日华子编撰的《日华子草本》里叫鱼脑石，因它是石首鱼科鱼类——包括大黄鱼、小黄鱼、黄姑鱼、叫姑鱼、白姑鱼、黄唇鱼、梅童鱼、毛鲿鱼、鮸鱼等体内的听觉和平衡器官，于是又叫耳石，其硬如石。当今有人说某某人是"花岗岩脑袋"，其实花岗岩脑袋谁也没见过，石头脑袋倒有，黄鱼家族便是。

耳石

对黄鱼耳石的来源，民间有这样的传说：以前，生活在东海的大黄鱼头里是没有"石头"的，头上也没有那么多的"疤"。有一次，骄傲的大黄鱼夸下海口，要闭着眼睛与箸鳎鱼比赛谁游得快。紧闭双眼的大黄鱼不辨方向，凭着感觉忽上忽下、横冲直撞地往前游。途中，只听"轰隆"一声响，倒霉的大黄鱼一头撞上岩礁，顿时头破血流，昏死了过去，而两块雪白的小石子，如弹片般牢牢扎入它的脑袋中。这时，虾兵蟹将慌忙将其抬入龙宫，在大家束手无策时，幸亏神通广大的龙王用嘴喷酒止住了大黄鱼的血，将其救醒。大黄鱼伤口愈合后，头上便落下了坑坑洼洼的疤痕。后来，大黄鱼虽然长出了一层被人们俗称为"癞头衣"的鱼皮来遮挡疤痕，但当人们在烹饪大黄鱼前，刮鳞用力重了，不留神将那层"癞头衣"揭去时，大黄鱼那蜂窠似的头顶就会暴露无遗。

这个故事很短，但耳石对大黄鱼影响很大，甚至大到决定其命运的程度。

三

黄鱼原本只是海洋里的一种普通鱼类。多少年来，黄鱼在我国南北海域里分布广泛，数量极为庞大，捕捞作业简单容易。渔民或驾一扁舟悠悠撒网，或数艘渔船齐头并进，施下大网合围剿捕，每每收获颇丰。对此，古人多有记述。明代田汝成在《西湖游览志馀》中写道：石首鱼"每岁四月，来自海洋，绵亘数里，其声如雷，海人以竹筒探水底，闻其声乃下网，截流取之。"

清代郭柏苍也在《海错百一录》里说："春夏之交，遇南风排山而至，数里外喀喀然，其声震天。施大绲，数十人登岸曳之，鱼多人力不及，则鱼绲并沉，急割绲而弃其半，每绲恒数千尾，名曰'横摊排'，言其如木排之横摊而至也。"而我家乡的《道光乐清县志》中亦载："黄鱼四时皆有，春夏之交，群鸣如蛙，捕者以长竹筒插水听之，知其头向上，用网两头收合，谓之围艚，获多者多至数千尾，谓之张豹。"

这些古籍将每年大黄鱼洄游及捕捞大黄鱼的场景描述得轰轰烈烈、气象万千。而这种绵亘数里、排山倒海而来的大黄鱼，也在向世人宣告：我们来了。

这便是大黄鱼出场的特有方式。

一种惊天动地、睥睨一切的气度，一种舍我其谁、君临天下的风范。

倘若将时光洄溯到二十世纪六七十年代，黄鱼仍是多得不可胜数，价钱也是十分低廉的，似乎不比带鱼、马鲛鱼值钱。这也是那个时代人的集体意识，一种挥之不去的记忆。可惜，我那时还处于童年懵懂时期，并没有留下太多深刻的印象。

前些年，我去海洋与渔业部门任职时，当过渔业捕捞队队长的舅父曾对我说，过去在每年农历四五月份，成千上万的黄鱼会组成一个庞大的群落，翻江倒海般一队又一队向东海近岸涌来，也有部分进入乐清湾。黄鱼游动时呈现一套整齐划一的动作，或侧着身，或弯着腰，或成块成团地往前冲。它们游泳技艺精湛，有的还会按次序飞离海面，恰似一幅幅流动的图画，景象奇美。那金黄的鱼身在波浪下泛着黄灿灿的光耀，就像宽厚的金色洪流从海上淌过。若有阳光的照映，就会发出五彩斑斓的光芒。而这时鼓着圆滚滚肚子的黄鱼，看上去兴高采烈，情绪十分高涨。黄鱼每年都会到其繁殖的地域，对它们来说，这些地方是那般熟悉，那样亲切，就如回到心中的圣地一样。而到达理想的水域后，鱼群便一齐欢欣，拥簇雀跃，发出"咕咕""唧唧"的叫声。其肚子底下小圆点似的排卵口、排精口，不断膨胀起来，随后似乎像得到谁的命令一样，齐刷刷地将一串串鱼卵喷涌而出，犹如一道道亮丽的彗星尾巴在海中散开，然后又聚合在一起，接受雄鱼的精子，看上去极像是烟雾笼罩在海面上。

洄游

说到这里，识字不多的舅父还发出感慨：黄鱼群的洄游产卵场面真是一种海上奇观！

作为渔民，我们一直以来都敬畏大海，尊重自然。"弱水三千，只取一瓢"，捕捞时，有所取舍，见好就收，决不做杀鸡取卵的事。

尽管我们也采用"竹筒听鱼"之法，但对黄鱼的世代延续并没有过多的影响。见我默默听着，舅父突然话锋一转：你没听过"竹筒听鱼"的故事吧！

竹筒听鱼

我点点头。舅父又接着说，说起这"竹筒听鱼"之法，发源地还在我们的乐清湾呢。很久以前，乐清湾畔渔村的一个八岁男孩随舅父出海捕鱼时，能肉眼看见水底的黄鱼，每次看到后他就喊着要舅父赶快下网，且每网总有收获。于是他便被乡里人称为"神眼"。后来，当地渔霸知道后，就指使人挖去他的双眼，但小男孩很倔强，说："我眼睛不见了，但耳朵仍能听到黄鱼的叫声。"小男孩便向舅父要了一根三尺长的竹筒，打通竹节后，一头插入船舷边的水下，用耳朵在另一头倾听黄鱼的叫声，果然十分灵验。再后来，小男孩还把"竹筒听鱼"之法传授给众渔民，使大家获得丰收。渔民为感其恩，在乐清湾的大乌岛上建庙塑像祭拜，号称"神眼大乌爷"。如今，"神眼大乌爷"仍接受出海渔民的祭拜。

"听说这传说已经写进了《浙江省水产志》，你在海洋部门工作，应该好好读一读啊。"舅父又突然说，我也再次点头。

敲罟

"然而，二十世纪五十年代后期在全国范围兴起的敲罟作业，仅仅用了20年时间，就将黄鱼从鼻祖公到耳孙子，即所谓的祖宗十八代，统统赶尽杀绝了。敲罟作业捞上来的黄鱼又称'敲鱼'，一斤只值一两毛钱。那时大街小巷都是敲鱼的叫卖声啊！"舅父又继续说。

舅父还补充说，敲罟起源很早，据说在三国时代，渔民就发明了用长木棍敲打船舷，以声驱鱼入网的方法，当时名叫"根法"。但都是小打小闹，只有一两对小船参与，对黄鱼杀伤力不大。正式的敲罟作业是从广东汕头那边传过来的。事情缘于汕头市有一位高僧因台风在海里翻船溺水死亡，寺里众僧就在海上为他举行盛大的超度活动，当时木鱼声、磬鼓声如雷电般轰鸣，声传百里十乡。就在这时，人们发现附近海里的黄鱼开始肚皮朝天浮上水面，法事结束后，乡亲们一下子从海里捕捞了许多黄鱼。后来，各地的渔业队就采用了这种大兵团作战的方式捕黄鱼。一个鱼汛期里出动大船、子船上百艘，参与人员达数百人，除掌舵和指挥的老渔民外，其他人用栎树制作的鼓槌、枫杨木制作的罟板在船头用力击打，利用超强的噪声捕杀大黄鱼。这样，一个潮汛下来，可捕获黄鱼一两千担，而一个鱼汛期下来就不知有多少了。

最后，舅父叹息着说，而今一晃眼就四十年过去了，野生黄鱼群体依然无法恢复。偶有捕获的，也只是人工放流的种源，或是养殖网箱中的脱逃者，真正的野生大黄鱼几乎见不到了。看来野生大黄鱼还是难以逃脱灭绝的命运啊！

四

物以稀为贵。

当下，稀缺的野生大黄鱼自然成了鱼类中的贵族。不过，大黄鱼也配得上这个尊位。鲜活的野生大黄鱼，全身金光灿灿，有如金箔敷贴在身，贵气十足；唇口两抹朱红娇艳欲滴，非常诱人；身材修长，扇尾延伸，鱼鳍舒展，游动时婀娜娉婷，极为绚丽多姿。

我小时候曾多次见过死去多时的大黄鱼，但当几年前第一次见到偶尔捕获的活生生的野生大黄鱼时，我便被这等富贵华美之身惊诧住了。我想，这样的稀罕珍奇之物，怎不令人爱煞呢？这样的海鲜神品，其身价自然没得商量。由是，在浙东南沿海，尤其是温州一带，人们对黄鱼的迷恋和执着往往令号称天下最爱吃鱼也最会吃鱼的广东人亦大为不解。这并不全是因为广东人对黄鱼有什么偏见和反感，他们偶尔也吃南海黄鱼。最重要的是，在他们看来，与苏眉鱼、龙趸鱼、东星斑之类的鱼相比，野生大黄鱼的性价比严重失调——野生大黄鱼现在每斤的售价接近于二线城市每平方米的楼价。这样的价位已将黄鱼转化为奢侈品的代名词，平头百姓只有望"鱼"兴叹的份了。

事实上，黄鱼全身都是宝。我先不说它那种特殊的、排他的霸道滋味，就从它那不能吃的耳石说起吧。

耳石这东西，爱吃鱼的人都知道，凡是石首科鱼类的头里都有，但黄鱼耳石的个头偏大，甚至大到了"首脑级"的地步。据学者研究，成年大黄鱼的耳石一般长 1.5 ~ 2 厘米，宽 0.8 ~ 1.8 厘米，比同一个科的身体庞大的鮸鱼、毛鲿鱼、黄唇鱼的耳石还大。而且黄鱼耳石中间宽，一端稍圆，另一端钝尖，全体瓷白色，在手中把玩，晶莹剔透，银光闪烁。

唐人刘恂在《岭表录异》中说，黄鱼"脑中有二石子，如荞麦，莹白如玉。有好奇者，多市鱼之小者，贮于竹器，任其坏烂，即淘之，取其鱼脑石子，以植酒筹"。也就是说，耳石可作骰子玩，其玩法嘛，似乎与当今夜场里必备的酒骰差不多。

不仅可玩，耳石还是一味良药。唐代药王孙思邈在《千金要方》中载，对小便不通者可用"石首鱼头石末，水服方寸匕，日三"。明代作家冯时可也在《雨航杂录》中说："脑中有白石如棋子，取其石次以为器，或饮食遇毒则暴裂。脑漏者用其石烧灰，吹入鼻中即愈。又下石淋炙食之，主消瓜成水。"冯时可说黄鱼耳石能检测食物是否有毒，我没试过，不知可否。"脑漏"即鼻炎，"石淋"即结石，黄鱼耳石能治结石、鼻炎，倒是被现代医学证实过。

耳石还有一种用途，就是能够区分野生黄鱼和养殖黄鱼。正宗的野生黄鱼的耳石坚硬且莹白如玉，养殖的则软且泛黄。这一标志对吃黄鱼的人来说尤为重要，买鱼时可好好验证。

也正是因为有耳石，当大黄鱼感受到外界强烈的震动时，就像孙悟空被唐僧念了紧箍咒一样，脑胀欲裂，直至魂飞魄散，最后乖乖地成了罟网的俘虏。显然，这耳石使黄鱼应了"成也萧何，败也萧何"的箴言。

黄鱼味美，红烧、葱油烧、做羹等都鲜美爽口，肥嫩香甜。烧熟时，夹一块鱼肉入口，便觉酥烂细腻，甘腴爽脆，更有一股浓郁的鲜香在唇齿间萦绕。在温州、台州地区，黄鱼多以葱油烧为主，他们贪的是原汁原味，而舟山、宁波人却更喜爱"大汤黄鱼""雪菜烧黄鱼""莼菜黄鱼羹"和"酒淘大黄鱼"。舟山海域是黄鱼的大渔场，那里的黄鱼质佳、量多，人们就变着花样吃。有人说，人类的创造多在民间，尤其是美食，这似乎没什么好奇怪的。

黄鱼不仅俗人爱吃，连僧人都吃。冯时可在《雨航杂录》中还说："诸鱼有血，石首独无血。僧人谓之菩萨鱼，至有斋食而啖者。盖亦三净肉之意……"如此看来，黄鱼还颠覆了肉食和素食的观念，这在中国传统文化中应该是绝无仅有的。

对黄鱼的美味，历代文人留下了大量的诗篇，这当中，我觉得写得较好的有三首。其一是明代李东阳的《佩之馈石首鱼有诗次韵奉谢》："夜网初收晓市开，黄鱼无数一时来。风流不斗莼丝品，软烂偏宜豆乳堆。碧碗分香怜冷冽，金鳞出浪想崔嵬。高堂正忆东邻送，诗句情多不易裁。"其二是清代王莳蕙的《黄花鱼》："琐碎金鳞软玉膏，冰缸满载入关舫。女儿未受郎君聘，错伴春筵媚老饕。"其三是清代邵嗣贤的《食黄鱼》："四月石首鱼，出水如黄金。烹鲜盘餐美，东南第一琛。"看来，李东阳、王莳蕙、邵嗣贤定是黄鱼的拥趸，也许还是饕餮之徒。

也有人说，诗圣杜甫的《黄鱼》也是写大黄鱼的，诗曰："日见巴东峡，黄鱼出浪新。脂膏兼饲犬，长大不容身。筒桶相沿久，风雷肯为神。泥沙卷涎沫，回首怪龙鳞。"其实，经专家解读，杜甫写的是鲟科的鲟鳇鱼，古代称鳣，是一种生活于江河中的鱼类。淡水流域是它们长年的栖居地，它们也不会长距离洄游。这种鱼喜分散活动，不喜群居，风大流急时异常活跃，常有翻滚、跃动的现象。显然，此鱼非大黄鱼也。

鲞

黄鱼还可做鲞，而鲞字来自春秋时代的吴王阖闾。宋代范成大的《吴郡志》载："吴王回军，会群臣，思海中所食鱼，问所余何在。所司奏云：'并曝干。'吴王索之，其味美，因书美下着鱼，是为'鲞'字。"随后，明代王士性在《广志绎》中进一步做出证实，说："此鱼俗称鲞，乃吴王所制字，食而思其美，故用'美'头也。"范成大对黄鱼深有感情，除所编的志书中说到黄鱼外，他还留有"荻芽抽笋河鲀上，楝子开花石首来"的名句。也正是因为黄鱼，才使汉字多出了一个"鲞"字，开创了制鱼鲞的先河。而已有2500多年历史的黄鱼鲞，也从此成为所有鱼鲞的祖先。

小时候，我对黄鱼鲞并不感兴趣。原因是那时其他海鲜太多，有很大的选择余地。在我的眼里，黄鱼鲞只是一道普通的菜肴而已。当然，这里面起主导作用的，还是少年不解其中味的幼稚。渔家人吃不完鲜黄鱼，就剖鱼晒鲞，晒得满地都是。海岛、海岸裸露的岩皮多让黄鱼鲞占据，像晾烟叶似的。远望去，阳光下，金灿灿、白闪闪的，气势宏大，蔚为壮观。沿海渔家如此，附近农家也依样画葫芦，各家各户总要晒上几条，并做好贮藏，以便在鲜蔬青黄不接时食用。

精细加工成的黄鱼鲞又名白鲞，宋代罗愿的《尔雅翼》载："诸鱼薨干者皆为鲞，其美不及石首，故独得专称。以白者为佳，故呼白鲞。"在浙东南一带，黄鱼鲞还有淡鲞、老鲞、瓜鲞的俗名，它们形圆色洁，鱼香味鲜，咸淡适口，营养丰富，具有开胃、清火、生津、活血的作用。黄鱼鲞加生姜清炖，可供妇女产后补虚。黄鱼鲞烤猪肉，质感酥软，既有鱼鲞的香味，又有猪肉的鲜味。在过去，它一直是我家乡的人们招待客人时颇具地方特色的海鲜名菜。

黄鱼身上最名贵的是黄鱼唇和黄鱼胶。海边人有俗语："黄鱼吃唇，鲥鱼吃鳞，乌贼吃裙，带鱼吃肚皮。"金灿灿、红艳艳的黄鱼唇美艳无比，夺人眼球，是海八珍（即鱼骨、海参、鱼翅、鲍鱼、鱼肚、干贝、鱼唇、鱼子）之一，被古人视为佳肴，是今人梦想的珍馐。

黄鱼胶也就是黄鱼的鳔，为黄鱼的沉浮调节器官和发声器官。黄鱼在洄游繁殖的时候，总是不停鸣叫。于是渔民便根据声源找到它们，从而捕获它们。可以说，黄鱼身上的这个鳔为自己及同类付出了惨重的代价。但黄鱼鳔却是美食中的极品，胶原蛋白含量极高，营养十分丰富，清代文人方文有赞黄鱼胶的诗曰："翅若黄金丝，肥者厚如掌。庖人荐虪肩，味不下白鲞。"

早年我常听大人说，如果孩子"拔节"时个头长不开，吃点黄鱼胶或鮸鱼胶，个头就会"嗖嗖"往上蹿。当然，野生黄鱼鳔跟正宗的鱼翅、燕窝一样，现在都是天价。一般人想弄一点，门都没有。

五

乐清湾是归依浩渺东海的一个内海湾，湾内小岛屿星罗棋布，岛礁地带水流湍急多变，又有瓯江、清江、蒲溪等多条江河水的注入，饵料丰富，是大黄鱼栖息、产卵、觅食的理想场所。许多年来，渔民在此捕捞黄鱼，各展神通，大显海上劳作的风采。尽管没有古人写舟山渔场的那种"楼橹万艘""鱼山人海""商贩云集""千家食大鱼"的恢宏景象，但湾内的黄鱼也很多，而且来得也勤，每年能形成春、秋两汛，跟江南的水稻一般，收了一茬又一茬。

而现今，不光是乐清湾，就连茫茫无际的东海里，野生大黄鱼也已难得一见，更没有具有自然繁殖能力的黄鱼群，但大黄鱼幸未灭绝，只不过我们吃到的都是人工养殖的。无论是深水网箱养殖，还是仿生态、近野生养殖，终究不是野生大黄鱼。所以我一直觉得，当一种海产通过人工养殖源源不断地上市时，其本真的滋味就已退到了时光的深处，成为一种无法屏蔽的记忆。

回到时光深处的野生大黄鱼，它们该是"无可奈何花落去"了，那么，今后它们还会"似曾相识燕归来"吗？

江南第一名鱼

songjiangluyu
松江鲈鱼

《晋书·张翰传》说:"翰因见
秋风起,乃思吴中菰菜、莼羹、
鲈鱼脍,曰:'人生贵得适志,
何能羁宦数千里以要名爵乎?'
遂命驾而归。"

江上往来人,
但爱鲈鱼美。
君看一叶舟,
出没风波里。

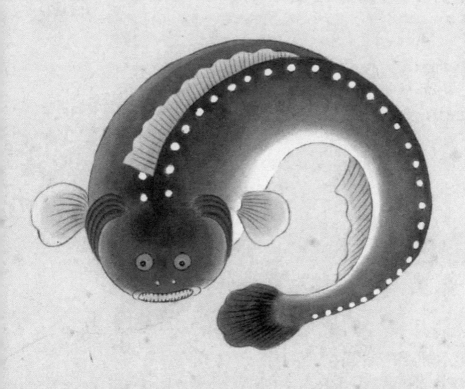

一

在一座城市里，当许多时代的光环消散在历史的长河之中，沉淀在人们记忆里的总是离生活最近，甚至是最具体的东西。

比如，被乾隆皇帝钦点为"江南第一名鱼"的松江鲈鱼（也叫四鳃鲈鱼），当年分布的范围十分广阔。它很是惹人喜爱，曾有众多诗人为之歌唱，甚至还有人为一饱莼鲈之味而放弃高官厚禄。可想这鱼在人们心目中的位置是多么重要，也是多么有诱惑力。现在，野生的松江鲈鱼已渐渐退出了人们的视线，可深具怀旧情结的人总会在不经意中提到它。

我一直认为，松江鲈鱼的消逝是海洋的伤，江河的痛。尽管在这个世界上，鲈鱼并没有消逝，江河海洋里野生的、养殖的仍大量存在。如果从生物学的角度来看，在我国，除松江鲈鱼外，被人们称作"鲈鱼"的还另有中国花鲈、日本真鲈（日本花鲈）、大口黑鲈和新疆河鲈四种。当然，大口黑鲈和新疆河鲈属淡水鱼类，可以撇开不说。就拿我们通常说的海鲈鱼，即中国花鲈和日本真鲈，每到秋风送爽时节，它们总会"游"上餐桌，让我们体味它们的美味鲜爽。只不过这些都不是我们想要的、真正的松江鲈鱼的滋味。

消逝

二

鲈鱼，顾名思义，应是鲈形目的鱼类，但松江鲈鱼偏偏是鲉形目的鱼类，而且它的形状特征、生活习性也与其他鲈鱼大相径庭。于是松江鲈鱼便成了鲈鱼中的异数，称它为鲈鱼，实在勉强得很。

依我看，松江鲈鱼就是松江鲈鱼，是其他鲈鱼无法取代的。因为当我们品尝到丰腴肥大的中国花鲈和日本真鲈时，都会不假思索地想到松江鲈鱼。这当然是文化的力量，人们最先想到的便是张

莼鲈之思

翰"莼鲈之思"的典故。《晋书·张翰传》说:"翰因见秋风起,乃思吴中菰菜、莼羹、鲈鱼脍,曰:'人生贵得适志,何能羁宦数千里以要名爵乎?'遂命驾而归。"史书载,张翰还有《秋风歌》曰:"秋风起兮佳景时,吴江水兮鲈鱼肥。三千里兮家未归,恨难得兮仰天悲。"

张翰是西晋有名的才子,写得一手好文章,他写油菜花有"青条若总翠,黄华如散金"之句,被李白称赞为:"张翰黄花句,风流五百年。"当然真正使他风流至今的还是他不恋高官厚禄,思念家乡美食莼菜、鲈鱼且辞官归隐的行为。许多年以来,莼鲈之思已成了思念家乡和归隐林泉的代名词。

晋代的名士多是这样,当报国无望时,就忽然来一个潇洒的转身,遁入山林做起隐士。陶渊明如此,张翰如此,竹林七贤中的许多人更是如此,他们让我们后世人猜不透,学不成,做不了。

四鳃鲈鱼

其实,松江鲈鱼只是一种小型鱼类,长不过五六寸,重也只有二三两,外形看起来有点像缩小版的乌鳢,头大而宽扁,嘴巴宽大,满口毛糙细齿,其鳃盖骨刺后方长有四枚尖棘,向后延伸出一小截肉质软膜,鱼类志上称鳃盖膜。膜的上面左右各印染着两条鲜艳夺目的橘红色条纹,很像长在外面的鳃片。所以,人们认为鲈鱼里面长有两个鳃,外面也有两个鳃,就称它为"四鳃鲈鱼"。

松江鲈鱼是洄游鱼。每年春天,幼鱼从大海游到水质清洌的内河生长育肥,到秋季性成熟后,再游到海水与淡水交界处产卵,繁殖后代。这时候的松江鲈鱼最为肥美,最为珍贵。松江鲈鱼虽然貌不惊人,甚至有点丑陋,但它的肉质却洁白似雪,肥嫩鲜美,少刺无腥,营养丰富,食之能口舌留香,令人回味不尽。明代被后人称为"山中宰相"的著名文学家陈继儒,在《小窗幽记》中写道:"三月茶笋初肥,梅风未困;九月莼鲈正美,杗酒新香。胜友晴窗,出古人书法名画,焚香评赏,无过此时。"伟大的医药家李时珍也在《本草纲目》称松江鲈鱼"补五脏,益筋骨,和肠胃,治水气,多食宜人"。

三

一种鱼如果有极品的美味和奇异的形态，国人便会赋予它许多的文化，松江鲈鱼也不例外。传说八仙中的吕洞宾一次到松江秀野桥旁的饭馆喝酒，店家送上一盘鱼，他开始觉得这鱼腥味重了点，肉质也粗了点，后又被其鲜味所打动，便吃得津津有味。他问店主这叫什么鱼，店主如实告诉他叫乌鳢。他一时兴起说要见见活鱼，于是店主从厨房里用盘子托了六条活鱼来。吕洞宾一看，觉得此鱼好生丑陋，与味道不相匹配，便要来了一支毛笔和一碟朱砂，饱蘸笔端，往鱼的两颊上描了条纹，又在两鳃的鳃孔前各画了两个红色鳃状图案，并把鱼买下放生在秀野桥下，这便有了四鳃鲈鱼。由于地点在松江，遂以松江鲈鱼命名。

吕洞宾是唐代人，说他将乌鳢点化成了松江鲈鱼，这当然是传说。事实上，松江鲈鱼在三国时期就有记载。据《后汉书·左慈传》载：一日，曹操在许昌大宴宾客，高朋满座，佳肴琳琅。曹操指着满桌的菜说，今天邀请大家来，山珍海味不少，但还是有点遗憾，就是缺少了松江鲈鱼这道名菜。这时，有个叫左慈的人说，丞相不必担心，让在下马上变出一条来。说着，就让人端来一只清水盆子，没费多少时间果真从盆中"钓"出了一条松江鲈鱼，引得满座宾客惊叹不已。这个故事后来被罗贯中编进《三国演义》，使之家喻户晓，妇孺皆知。

据唐代刘𫗧在《隋唐嘉话》中记载，隋炀帝下江南时，吴人献松江四鳃鲈鱼，炀帝品尝后赞道："金齑玉鲙，东南佳味也。"于是，四鳃鲈鱼在隋朝时即成为贡品。据此，大诗人皮日休写下了"共君无事堪相贺，又到金齑玉鲙时"的传世诗句。这也是现存唐诗中唯一的一首提到"金齑玉鲙"的诗。后来，《太平广记》也载："吴郡献松江鲈鱼干鲙六瓶，瓶容一斗……作鲈鱼鲙，须八九月霜下之时，收鲈鱼三尺以下者作干鲙。……霜后鲈鱼，肉白如雪，不腥。

金齑玉鲙

所谓金齑玉鲙，东南之佳味也。"

据传，清朝的很多皇帝都吃过松江鲈鱼，尤其是乾隆下江南时品尝了四鳃鲈鱼后，因被其美味和名气所打动，便提笔御赐它为"江南第一名鱼"。这是一个最有轰动效应的御制广告词，使本来就是美食的松江四鳃鲈鱼身价上涨百倍，影响更为深远。

四

历史上，许多著名的诗人都品尝过松江鲈鱼，并留下脍炙人口的诗篇。李白说："霜落荆门江树空，布帆无恙挂秋风。此行不为鲈鱼鲙，自爱名山入剡中。"杜甫曰："东走无复忆鲈鱼，南飞觉有安巢鸟。"杨万里唱："鲈出鲈乡芦叶前，垂虹亭下不论钱。买来玉尺如何短，铸出银梭直是圆。白质黑章三四点，细鳞巨口一双鲜。"范成大赞："细捣枨虀卖脍鱼，西风吹上四腮鲈。雪松酥腻千丝缕，除却松江到处无。"郑板桥歌："买得鲈鱼四片腮，莼羹点豉一尊开。近来张翰无心出，不待秋风始却回。"在众多的名人名诗中，我最推崇北宋文学大家范仲淹的《江上渔者》："江上往来人，但爱鲈鱼美。君看一叶舟，出没风波里。"此诗生动形象，通俗简练，读来朗朗上口，让人过目难忘。

松江鲈鱼原来并不少见，在20世纪50年代，秋季鱼汛期时，仅一个乐清湾捕获量就可达数千斤。到70年代仍很常见，在我们这座城市，上点年纪的人大都尝过它。20世纪90年代以后，由于各条江河络绎造闸建坝，破坏了松江鲈鱼的洄游线路，加上不断增加的水源污染，影响了它们的生存环境，致使其产量越来越少，难得一见。现在，野生松江鲈鱼是国家二级野生水生保护动物，即使偶有捕获也只能作为科学研究的标本和人工养殖的种源，是不能直接食用的。但松江鲈鱼是江南人的集体记忆，是一代人的乡愁。

寻觅鲥鱼

shiyu
鲥鱼

《尔雅·释鱼》载：
"鯦，当魱。"郭璞
注云："海鱼也，似
鳊而大鳞，肥美多鲠，
今江东呼其最大、长
三尺者为当魱。"

芽姜紫醋炙银鱼，
雪碗擎来二尺余。
尚有桃花春气在，
此中风味胜莼鲈。

难得见到野生的鲥鱼了。

本来每年立夏一过，便有许多鲥鱼"游"上我们的餐桌，让东海沿岸的居民分享鲜美的滋味。记得小时候，我所住的乡村老屋台门外，这个季节常有叫卖鲥鱼的吆喝声传来。然而现在我寻访了江南的各大母亲河——长江、黄浦江、钱塘江、甬江、椒江、瓯江、飞云江和闽江，都没有发现野生鲥鱼的踪迹。有渔民告诉我，野生鲥鱼已多年不见了。

面对这样的情景，我不由地感慨，这恰如一千多年前嵇康的《广陵散》一般——于今绝矣！

早年，我曾在教科书中读到，鲥鱼在江南非常容易见到，各大江河的入海口处均有分布。最著名的鲥鱼出产在长江口，与刀鱼、河豚并称"长江三鲜"。富春江鲥鱼形秀而体扁，通体银白，肉嫩质细，脂香味美，可与长江鲥鱼媲美。在初夏，鲥鱼从大海洄游到淡水里产卵孵育下一代，这时候，长江下游各大水系两岸的渔民会按照鲥鱼游动的时差，一拨又一拨地开动渔船，去收获大海对人类的馈赠。统计数据表明，1985年之前，长江鲥鱼的年捕获量在220吨左右，2003年只有十来吨，2008年以后基本捕获不到了。有专家说，长江鲥鱼已功能性灭绝。

鲥鱼在我国已有悠久的历史，最早被称为鲝鱼或当鯸鱼。据编纂于战国时期的《尔雅·释鱼》载："鲝，当鯸。"郭璞注云："海鱼也，似鳊而大鳞，肥美多鲠，今江东呼其最大、长三尺者为当鯸。"因鲥鱼从大海向江河上溯，每年到达同一地点的时间如候鸟般准确，所以古人将它称为"时鱼"，并演变为鲥鱼。

据说，洄游入江的鲥鱼不吃食物，全靠消耗体内积蓄的脂肪转化能量，能不舍昼夜地长途跋涉。长江鲥鱼行至镇江、扬州一带的扬子江时，最是鲜嫩肥美，若再往上，由于脂肪消耗过多，味道

时鱼

要逊色不少。而钱塘江里的鲥鱼游到富阳、桐庐一带的富春江时，便不再往上游，栖此产卵，从而保持了丰腴肥美的味道。

二

古人是很容易吃到鲥鱼的，宋代王安石曾有诗曰："鲥鱼出网蔽洲渚，荻笋肥甘胜牛乳。百钱可得酒斗许，虽非社日长闻鼓。"苏东坡也有诗道："芽姜紫醋炙银鱼，雪碗擎来二尺余。尚有桃花春气在，此中风味胜莼鲈。"诗中银鱼即鲥鱼。苏东坡既是文学大家，又是美食家，寥寥几笔就把鲥鱼的色香味描绘得淋漓尽致，并穿越时光向我们扑面而来。同是宋代人的陈造在《早夏》诗中写道："安石榴花猩血鲜，凉荷高叶碧田田。鲥鱼入市河豚罢，已破江南打麦天。"清代诗人臧谷也有诗说："小东门外市声哗，走遍长街日已斜。樱笋鲥鱼都卖过，一声声喊大西瓜。"这两首诗既强调了鲥鱼的时令性，也道出了彼时鲥鱼是一种常见的鱼类，文人士大夫或平头百姓欲吃鲥鱼都是很方便的事。

"网得西施国色真，诗云南国有佳人。朝潮扑岸鳞浮玉，夜月寒光尾掉银。"清代诗人谢墉把鲥鱼比作鱼中的西施、南国佳人，让人动容，令人遐想。正因如此，鲥鱼也成了朝廷贡品。李时珍在《本草纲目》里说："鲥出江东，今江中皆有，而江东独盛，故应天府以充御贡。"想来，鲥贡至少在明朝已经开始。但京城路遥三千，护送鲥鱼得想出保鲜办法来。这显然难不倒地方官，他们把出水的鲥鱼盛在窖里冰冻起来，然后用快船沿京杭大运河运送或干脆用飞骑运输，重演"一骑红尘妃子笑，无人知是荔枝来"的情景。明代文坛领袖之一的何景明有诗为证："五月鲥鱼已至燕，荔枝卢橘未应先。赐鲜遍及中珰第，荐熟谁开寝庙筵。白日风尘驰驿骑，炎天冰雪护江船。银鳞细骨堪怜汝，玉箸金盘敢望传。"另一位明朝诗人于慎行也有这样的描写："六月鲥鱼带雪寒，三千江路到长安。

鲥贡

尧厨未进银刀鲙，汉阙先分玉露盘。"

而明末清初的吴嘉纪有《打鲥鱼》：打鲥鱼，供上用。船头密网犹未下，官长已鞴驿马送。樱桃入市笋味好，今岁鲥鱼偏不早。观者倏忽颜色欢，玉鳞跃出江中澜。天边举匕久相迟，冰填箬护付飞骑。君不见金台铁瓮路三千，却限时辰二十二。活脱脱一幅官场逢迎拍马的清明上河图。当然，送到皇宫的鲥鱼是怎样的味道，谁也无法知晓。

三

鲥鱼吃法以清蒸居多。厨艺认为，清蒸鲥鱼无须刮鳞，因为鲥鱼的鱼鳞下脂肪肥厚，又富含蛋白质，所以鲥鱼以加笋片清蒸的方式烹调最佳。蒸熟的鲥鱼鳞片多已融化，油脂渗入肉中，入口即化，极其腴美。这一点，古人深谙其味，郑板桥有诗赞曰："江南鲜笋趁鲥鱼，烂煮春风三月初。"当然，红烧鲥鱼的味道也不赖，俗语说："红烧鲥鱼两头鲜，清蒸鲥鱼诱神仙。"红烧鲥鱼的做法是：将鱼宰杀洗净，放入锅内用热油稍煎，放入盐、姜、黄酒，加盖略焖后，加入酱油、白糖、味精、水，烧沸后转小火再烧15分钟，用湿淀粉勾芡，撒葱，出锅装盘即可食。

据说，鲥鱼宁可丧生而不肯失鳞，人或网一碰到它的鳞片，鲥鱼即死，故又名爱鳞鱼，苏东坡称它为"惜鳞鱼"。我曾听渔民说，鲥鱼在捕获上来时，会拼命咬住网线，一条条直挺挺地挂着，不让身子触到渔网。鲥鱼的这个特性在清代童岳荐编纂的《调鼎集》一书中可以得到佐证，他写鲥鱼："性爱鳞，一与网值，帖然不动，护其鳞也。起水即死，性最急也。"

爱鳞鱼

既然出水即死，那么吃鲥鱼应当在江中食用最佳了。大约在二十年前，我有幸出差桐庐，当地的一位大学同窗安排我到富春江游船上吃清蒸鲥鱼。在船上，我们一边观赏"风烟俱净，天山共色"的山水景色，一边品尝着有"鱼中之王"美誉的鲥鱼，真是惬意至极，确谓是人生的莫大享受，那情那景，让我至今仍念念不忘。也正是这次吃鲥鱼，我还发现富春江鲥鱼的唇边生有桃花红斑，有别于我小时候在家乡见过的鲥鱼。这点点桃红与银鳞如雪、玲珑秀美的鱼身形成了强烈的对比，使富春江鲥鱼显得更加艳丽、生动。同学说，鲥鱼在幼鱼期是没有红点的，只有在发育成熟后，嘴上才有红点。"这才是富春江鲥鱼的珍贵之处。"同学最后补充说。

这些年，菜市场已没有野生鲥鱼出售，据说偶有捕获的鲥鱼也会在上岸的瞬间以每斤万元的价格被人抢购一空。尽管野生鲥鱼在2004年已被《中国物种红色名录》列为濒危物种，可它毕竟还不是国家重点保护野生动物，在法令缺失下，很难约束这种见不得人的交易。还好，2021年2月，国家林业和草原局、农业农村部公布了新的《国家重点保护野生动物名录》，并将鲥鱼列入国家一级保护野生动物。不过，我们谁也不知道，在偌大的中国海里还有没有野生鲥鱼的存在？

野生鲥鱼是绝对不能吃了，但鲥鱼还是能吃到的，只不过我们平常所见的或能够吃到的全是养殖鲥鱼。我真不明白，这种触鳞就死的鲥鱼竟然也能养殖，难道它已改变了天性，顺应了现代科技的发展潮流？那么，这样的鲥鱼还会有记忆中的味道吗？

才女作家张爱玲说过，人生有三大恨事：一是鲥鱼多刺，二是海棠无香，三是红楼未完。张爱玲说鲥鱼刺多是平生恨事，我想那是说着玩的，多少带着些小资情调和矫情，但野生鲥鱼若就此灭绝，那可真是大家的遗恨之事了！

春潮迷雾出刀鱼

daoyu
刀鱼

先秦古籍《山海经》
里称它为鮆鱼，说
浮玉山"北望具
区""苕水出于其阴，
北流注于具区。其
中多鮆鱼。"

溶溶晴港漾春晖，
芦笋生时柳絮飞。
还有江南风物否，
桃花流水鮆鱼肥。

一

农谚说："春潮迷雾出刀鱼。"现在又到了桃花惊艳的季节，又
到了春江水暖的时分，一年中最为肥腴鲜美的刀鱼可以张网开捕了。

刀鱼在生物学里的名字叫刀鲚，因它的形体侧扁而狭长，形
状酷似一把短刀，而得了刀鱼这个俗名。先秦古籍《山海经》里称
它为鮆鱼，说浮玉山"北望具区""苕水出于其阴，北流注于具区。
其中多鮆鱼。"每年立春之后，江南大地春潮涌动，刀鱼开始由生
长地东海溯流而上，向生殖地江河洄游，准备产卵孵子，繁育下一
代。这时，那些直通东海的大小江河沿岸的渔民，纷纷开动渔船进
行捕捞，向人们呈上这种至味至鲜的鱼，让食客们乐享口福。

在这个季节，人们津津乐道的大多是长江刀鱼，说它属于
"长江三鲜"，位居河豚、鲥鱼之先。殊不知在我们的瓯江水系，这
么多年来，刀鱼也是众所周知的特产之一。记得在20多年前，我
们吃瓯江刀鱼并不是什么难事，菜市场里经常可见它们的身影。每
每周末闲暇，我会约上几位友人，赶赴瓯江下游的七里港江边，于
江畔渔汀处坐景拥席，一边看柳拂长堤、潮涌江岸的自然之景，一
边品赏当地渔民刚捕捞上来的银光闪闪、鲜味沁心的刀鱼。据我的
一位水产行家朋友说，七里港是瓯江刀鱼每年春季光临最早也是出
产最多的地方。这里江面开阔、江水深邃，当刀鱼从大海游到此江
段时，体内的盐分和海腥气被瓯江之水冲淡了许多，但体力依然充
沛。因而捕捞上来的刀鱼体态丰腴，肉质细嫩，味道纯正且清香无
比，真可当得"瓯江绝鲜"的称誉。

酷似短刀

二

刀鱼味美，做法却简单，一是清蒸，一是红烧，两者虽各有
千秋，然亦因人嗜好而异，我一直以来感觉还是清蒸为上。在刀鱼

鱼汛期，买上三五条三两左右的刀鱼，无须刮鳞，只管去鳃、去内脏，洗净，置于盘中，撒上少许盐，添置小块猪油或几粒肥猪肉，浇上黄酒，再加姜丝、葱段，然后用文火蒸上 10 ~ 15 分钟，即可上桌。刚端上来的刀鱼清香扑鼻，让人垂涎三尺。吃的时候，只要用筷子轻轻地夹起它的尾端微微抖动，鱼肉便能脱离鱼骨，再夹起一块放入口中，鲜嫩的鱼肉香满口唇，让人欲罢不能，大呼过瘾。红烧刀鱼的味道也十分鲜美，但享用者不多，似乎仅限于当地的渔家人。他们多用红烧刀鱼的汤汁来浇饭，那是一种开胃增食的吃法。

在我的老饕朋友中，有一位是厨师长，一天我们在海边排档小聚时，他跑到了厨房，硬要亲自拾掇刀鱼，说是教教这些小字辈们。他说，刀鱼性烈，绝不苟活，一般出水就死了。品质好的刀鱼，鱼鳃血红，全身鱼鳞晶莹剔透，像一把银光闪烁、刚刚出鞘的宝刀，看着就有食欲。故烧煮时第一不能破坏其形状，要保持其美观；第二不能刮鳞，因为鱼鳞中含有大量脂肪，蒸熟后会自动融化，变成星星点点浮在汤汁上的油，提升了鱼肉的美味度。说着，只见他用手指掏掉鱼鳃，将两根细细的竹筷往鳃口处探进鱼身，夹住内脏旋转几下，就绞取出了所有的内脏。当他把这条不刮鳞不剖腹的刀鱼在清水里抹了一把后，我们看到是一条外表完好无损的刀鱼。这样的刀鱼，我们还未尝一口，已激发了味蕾，调动了食欲。

刀鱼面

朋友还会做一手别人无法企及的刀鱼面，方法是将新鲜刀鱼去鳃、掏肠、洗净，用大头针钉牢在木质锅盖里面，锅内放入适量清水，并投入姜片、葱丝、精盐和黄酒，然后把钉有刀鱼的锅盖盖上，用旺火烧沸，再转为文火慢蒸。约半小时后，蒸熟的刀鱼肉会自动与骨刺分离，并落到锅中。此时揭开锅盖，撒点时令蔬菜，将既无骨刺又极鲜美的刀鱼、青菜和鱼汤浇在煮熟的面条上。这样做出来的刀鱼面味道自是不必说了，更令人叫绝的是，那碗面条上的刀鱼还是完整的一条。在我的记忆中，那碗刀鱼面简直就是一个传奇。

三

刀鱼很早就已出名，据传唐代大诗人刘禹锡有"拔刺银刀刚出水，落花香里鲌鱼肥"之句。宋代大文豪苏轼也有"还有江南风物否？桃花流水鲌鱼肥"的名句。宋代名士刘宰曾有诗赞曰："肩耸乍惊雷，腮红新出水，笔以姜桂椒，未熟香浮鼻。"清代诗人清端也有诗道："扬子江头雪作涛，纤鳞泼泼形如刀。"而清代大才子袁枚在他的著作《随园食单》里，不无巨细地介绍了刀鱼的烹饪方法。从其所述的文字来看，袁枚特别喜欢清蒸刀鱼，他说："刀鱼用蜜酒酿、清酱，放盘中，如鲥鱼法，蒸之最佳。"不过，袁枚在书中提议的用火腿汤、鸡肉汤和竹笋汤煨刀鱼，以及因"畏其多刺"而用油来煎熟的做法，我觉得有暴殄天物之嫌，这近乎是一种暴发户的派头。对了，在长江沿岸的各大城市里，前几年推出的"刀鱼宴"，什么文武刀鱼、醋熘刀鱼、酥骨鱼龙、生炝鱼肠、芙蓉刀鱼、刀鱼豆腐、刀鱼馄饨等，在我看来，只是炫耀厨艺，做表面文章，实则都是这种做派的延伸。

清蒸

中国初春时节有刀鱼，在日本却有秋刀鱼。秋刀鱼脊背青黑，腹部银光泛青，身长通常40厘米左右，身姿细长精悍，因产于秋天，故得名。秋刀鱼富含不饱和脂肪酸、蛋白质和铁元素，对人体的心血管裨益多多，所以，日本有"秋刀鱼出，不用按摩"的俗语。一生崇尚李白的日本作家、画家佐藤春夫写有《秋刀鱼之歌》，诗歌的开头是：凄凄秋风啊，你若有情，请告诉他们，有一个男人在独自吃晚饭，秋刀鱼令他思茫然。我想，佐藤春夫的秋刀鱼之思是否是张翰莼鲈之思的翻版呢？

刀鱼时令性极强，在清明节前，尽管刀鱼照样全身布满细骨，但柔软如棉，并不哽喉。清明一过，细骨就成硬针，时常哽口，而鱼肉也较粗糙，口感差了许多。民间把这个时候的刀鱼称为"老刀"，卖相差了，价位也低了。其实，老刀的滋味并不像吃客们讲

老刀

的那么不可一尝，只要在清蒸时多放一些豆瓣酱，也是汁浓味鲜的。如果将老刀连骨带刺细细剁碎，和上韭菜肉末，包馄饨烧煮，那么端上来时就有一股鲜香直扑口鼻，不让人大快朵颐都不行了。毕竟，这馄饨带有刀鱼的特别印记。

现在长江刀鱼的价格飞涨，一般工薪族难以消费得起。但瓯江刀鱼却涨得不高，在刀鱼鱼汛期里，买几条刀鱼打一下牙祭，并不是十分难的事，尽管瓯江刀鱼数量也很稀少。

美味西施舌

xishishe
西施舌

明代屠本畯在《闽中
海错疏》中记："沙
蛤土匙也，产吴航，
似蛤蜊而长大，有舌
白色，名西施舌。"

灯火楼台一望开，
放杯那惜倒金罍。
朝来饱啖西施舌，
不负津门鼓棹来。

一

在我生活的这座城市里，我已好久没见到本地出产的西施舌了。

遥想当年，西施舌可是乐清湾主要物产之一。其历史相当悠久，南宋当地状元王十朋就有诗写西施舌："吴王无处可招魂，惟有西施舌尚存。曾共君王醉长夜，至今犹得奉芳尊。"清道光年间的《乐清县志》也记载："西施舌，产邑朴头等村海濒，状如蛤吐舌，长数寸，阔寸余，竖立沙涂中，俗亦名涂笋，舌色微霉，揉之乃白，味鲜美。土人截其舌曝干藏之，以饷客。"

然而，我走访了许多滩涂养殖场，却都没有发现西施舌的踪影。养殖户说："我们现在只养泥蚶、扁蛏、缢蛏、泥螺和蛤蜊，滩涂上的野生西施舌已经多年没看到了。如今菜市场偶尔出售的西施舌，也多是从外地贩运过来的。"不过，还能吃到西施舌，对我来说已是莫大的欣慰。

涂笋

二

西施舌虽然与蛤蜊、中国蛤蜊、四角蛤蜊等贝类同属于蛤蜊科，外形与帘蛤科的青蛤、文蛤、日本镜蛤也有点像，但它与这些蛤类有明显的差异。那就是它壳内的蛤足经常会向外吐出数寸长，且色白肉嫩，玲珑娇巧，很像白白嫩嫩的舌头，因此古人就美其名曰"西施舌"。长大后的西施舌贝壳长达10厘米，形状呈圆圆的三角形，壳面淡黄色或黄白色，近壳顶部分淡紫色，壳顶紫色且光滑，要比其他蛤类光亮美丽、璀璨夺目。这样的海鲜显然非同一般，让人可遇而不可求，也就理所当然地成为海产之珍品。

西施舌是一种生长在稍稍含有沙砾的滩涂上的贝壳类软体生物，浙江东南至福建沿海多有分布。因其外壳上有花纹，沿海渔

沙蛤

民还俗称它为花蛤，也有叫沙蛤的。明代屠本畯在《闽中海错疏》中记："沙蛤土匙也，产吴航，似蛤蜊而长大，有舌白色，名西施舌。"明王世懋在《闽部疏》中也说："海错出东四郡者，以西施舌为第一，蛎房次之。西施舌，本名车蛤，以美见谥，出长乐湾中。"明代著作家冯时可则在《雨航杂录》里写道："西施舌，一名沙蛤，大小似车螯，而壳自肉中突出，长可二寸如舌。温州公尝与人食此，戏曰：'西施舌如此，亦不足美。'其人曰：'非也。舌长能搬弄，可称张仪舌。是物海燕所化，久复为燕。其性热。'"按冯时可的意见，西施舌的前生后世都是海燕，不知这两者之间是怎么轮回的？

西施舌的名字源于何时何地，我们现在已不得而知。不过，给一种海鲜起了这样的名字，很让我感觉到古代人的浪漫情怀和奇幻想象，也觉得他们深得孔孟"食色，性也"的真传。包括与西施舌相媲美的貂蝉豆腐、贵妃鸡、东坡肉等菜肴，古人把美人和文豪的称呼添加到菜名之中，大有秀色可餐和笔酣墨饱的味道。小时候初次听到"东坡肉"的名字时，我曾暗暗吃了一惊，认为此肉真的是苏东坡身上的肉而非猪肉，怀疑人们在咒骂苏东坡呢。东坡何罪？竟让世上之人都要啖他的肉！而当听到"贵妃鸡"时，我暗想，是哪位狂徒，出言不逊，竟将杨贵妃做成"鸡肉"？还有，当听到"貂蝉豆腐"时也有这种想法：是哪位好色之徒，想吃这位千古美女的"豆腐"？后来才知道，人们是借苏东坡、杨贵妃、貂蝉的名气将这些美味菜肴流传下来，我这才松了一口气。

西施舌也是这样，让人觉得是在吃这位有"沉鱼"之誉的大美人的舌头，这还了得！后来读了许多书后，才觉得古人起这样的名字是有深意的。你看，这种蛤个体适中，外壳图纹美观、色彩绚丽，蛤肉滑嫩柔软、鲜美可口，其肉足的形态又恰似舌头，若不以西施命名，似乎是亏待了它。文人总是这样，一不小心就叫出了一个美妙绝伦的名字，往往把事情做到极致。

三

关于西施舌的来历，历史上有两个传说。一是春秋时，越王勾践借助美女西施之力用美人计灭了吴国。看大局既定，越王正想接西施回国，然越王的王后怕西施回国会受宠，威胁到自己的地位，便叫人在西施背上绑一巨石，将她沉入江底。西施死后就化为这沙蛤，因期待有人找到她，她便吐出丁香小舌，尽诉冤情。

还有一个传说是西施与范蠡在逃生的路上失散了，她自知孤单易招不幸，就故意咬断了自己的舌头吐于河中。舌头恰巧落在一只正张开着壳的河蚌中，具有仙胎的美人之舌当然也不一般，竟然在蚌体内存活了，并由江河进入大海，从南到北沿着海岸滩涂生长，然后变幻出新的贝类。

可见当年西施随范蠡扁舟一路，云影波光处留下了香痕缕缕。正是：浣沙人去舌犹在，西施故事不愁多。传说本身尽管有些凄美，但后人能享受到海产的美名和美味，西施也算得到慰藉了。

西施舌流传以来，得到了不少文人的喜爱和赞赏。宋代胡仔在《苕溪渔隐丛话》后集里引用《诗说隽永》中的话说："福州岭口有蛤属，号西施舌，极甘脆。"并又引吕居仁咏西施舌的诗："海上凡鱼不识名，百千生命一杯羹。无端更号西施舌，重与儿曹起妄情。"清初周亮工别出心裁，在《闽小记》里对三大贝类海鲜进行点评："闽中海错，西施舌当列神品，蛎房能品，江瑶柱逸品。"清末陈恒庆在《谏书稀庵笔记》中说："惟蛤蜊名西施舌者，白肉如舌，纤细可爱，吞之入口，令人骨软。予曰：虽美不可言美，恐范蠡见嫉。"陈恒庆吃西施舌时连骨头都酥软了，这是真夸张，还是有什么隐情？

既然西施舌是绝世美食，自然少不了诗人的吟咏。明代全天授有《西施舌》诗："鼎赐来何国，娇艳出未尝。醍醐凝宝璨。孔翠匝腴房。殢酒含膏活，调笙剩唾香。从知尤物戒，安事误吴

绝世美食

王？"清代陆茂才也有《西施舌》诗："此是佳人玉雪肌，羹材第一愿倾赀。却当越网搜奇后，想见苏台软语时。碧海波摇冰作骨，琼筵夏赏滑流匙。若教比作杨家乳，不羡闽中进荔枝。"清代戴文俊还有《瓯江竹枝词·西施舌》："西施舌共西施乳，长醉吴王宫里春。还有江干公子好，劝郎莫觅海夫人。"大名鼎鼎的郑板桥则在《潍县竹枝词》中写道："更有诸城来美味，西施舌进玉盘中。"不过，说到写西施舌的诗，许多作家会拿出清代诗人张焘的《咏西施舌》："灯火楼台一望开，放杯那惜倒金罍。朝来饱啖西施舌，不负津门鼓棹来。"我以为，这大概是公认的好诗吧。

到现代，大文豪郁达夫、大作家梁实秋也都写过吃西施舌的文章。1936年，郁达夫在《饮食男女在福州》一文中就写道："《闽小记》里所说的西施舌，不知是否指蚌肉而言；色白而腴，味脆且鲜，以鸡汤煮得适宜，长圆的蚌肉，实在是色香味形俱佳的神品……"梁实秋也在其杂文中说道："我第一次吃西施舌是在青岛顺兴楼席上……含在口中有滑嫩柔软的感觉，尝试之下果然名不虚传，但觉未免唐突西施。"梁实秋的怜香惜玉实在厚道，其实，他真不必惶惶，一道菜名而已，不需要想得那么多。

神品

西施舌还有医药功效，清代吴仪洛在《本草从新》里记西施舌："补阴，甘咸平，益精，润脏腑，止烦渴。生温州海泥中，似车螯而扁，常吐肉寸余，类舌，故名。"

西施舌烧煮简单，可红烧，可做汤，可盐水煮食，名美味美，凡人吃神品，也就点到为止，切莫心猿意马、想入非非。

望潮，诗意的海鲜

wangchao
望潮

明代著作家冯时可
《雨航杂录》："又
别一种生海涂中，名
望潮。身一二寸，足
倍之，土人呼涂蟛。"

骨软膏柔笑贱微，
桂花时节最鲜肥。
灵珠不结青丝网，
八足轻趨斗水飞。

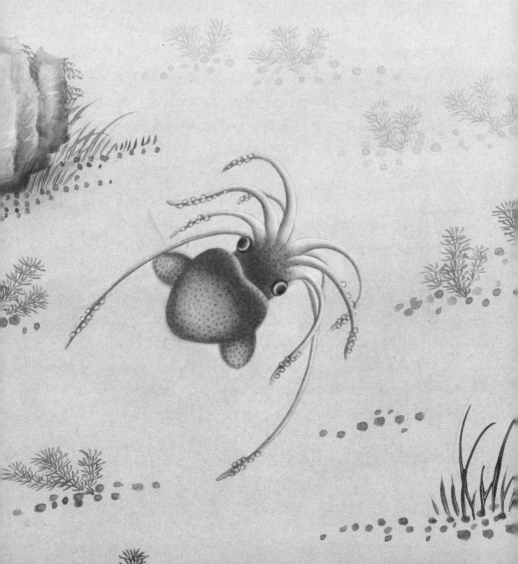

农历八月，海洋骤生大潮，是一年中潮汐最为汹涌之期，也是一种名叫望潮的海鲜最为肥美的季节。

望潮，当我念着这个名字时，我就会即刻想到古代的词牌名《望海潮》。这是一个美好而充满诗意的名字，我每次听到时，都会有一种登岛观潮的激情在心中澎湃。我想，若此刻放一叶扁舟置身海湾，或独上孤屿看云卷云舒，潮起潮落，那么，宋代大词人柳永的"东南形胜，三吴都会，钱塘自古繁华。烟柳画桥，风帘翠幕，参差十万人家。云树绕堤沙，怒涛卷霜雪，天堑无涯。市列珠玑，户盈罗绮竞豪奢"的美丽画卷就会在眼前浮现。

望潮的名字来自它的生活习性——每到潮汛来时，它会上下摇动犹如手足的肉腕，远望滚滚潮水而翩翩起舞，潮水越大，它舞得越欢。望潮长得娇俏玲珑，通体透明，浅灰中隐着棕白色，细腻得如同光洁润滑的玉石。八条细柔的肉腕摇曳生姿，张开时似盛开的绣球花，狐媚得像一个个小妖姬。

望潮的学名叫"短蛸"，归属于软体动物门、头足纲、八腕目、蛸科，在各地它还有饭蛸、坐蛸、小蛸、短爪章等俗名。望潮古称石吸，是章鱼大家族中的一个小型种，全长12～20厘米。望潮胴体呈卵圆状或近球形，小的像鸽子蛋，大的近似小的鸡蛋，体内包容着它的全部内脏。头在身体中间，眼生两边，头上长着八条肉腕，为捕捉食物的器官，每条肉腕长度基本相等，大约是身体的三倍，肉腕间有膜相连，脚上有无数个吸盘，可牢牢粘住任何物体。望潮在水里游动时，长长的肉腕成了它的尾巴，前行、转弯，似舵似桨，灵活自如。在泥涂上爬行时，肉腕从头部上端倒挂着把头包围其间，保护头部免受侵袭。民间有童谣曰："稀奇稀奇真稀奇，头会长在脚叉里。"

望海潮

短蛸

二

生活在东海沿岸的人大多认得望潮，但往往也会把望潮与长蛸、真蛸混淆，那么，长蛸、真蛸又是什么呢？

章拒

长蛸俗称章鱼、大章鱼，古称章拒、石拒。明代著作家冯时可在《雨航杂录》中写："海上鳞族异者，名章拒。大者名石拒，居石穴，人取之，能以脚粘石拒人故名。形如算袋，八足，长二三尺，足上魂礧戢戢如钉，每钉有窍。浮海砂中如死物，鸟啄之即卷入水，嘘足钉啜之以饱。其小者名章拒。又别一种生海涂中，名望潮。身一二寸，足倍之，土人呼涂蟢。又一种脚短而无钉者，名锁管，宁、台、温皆有之。余乡太仓、上海无有也，其名章拒，盖江东子弟所名。项羽引江东卒与秦战，秦将章邯拒之，卒为羽所降，故江东名是物章拒。人怯而负勇名者，亦号章拒。"清代宁海诗人王苪蕙也在《象山海错诗·章巨》中写道："拳如嬷笠撒如蓑，八尺青绳肉窍多。粘石抠人称大力，笑渠郭索仗提戈。"

章鱼体大，胴体长一般超过6厘米，重可达半斤至数斤，生活在深海里的大章鱼则达数十斤，其肉腕长度约是胴体的十倍。章鱼在海底生活，还是海洋中的魔术师，体色多变，平常淡红色，害怕时变白，愤怒时变红，还会变成棕色、红棕色和白绿色。章鱼肉块硬、质粗韧，味道鲜而不嫩，难以嚼碎，有些人吃后还会皮肤过敏，全身生出奇痒的风疹斑。章鱼鲜食时一般都要切块烧煮，平常大多晒制成章鱼干，或叫章鱼鲞。

八爪鱼

真蛸俗称八带鱼、八爪鱼、长腿蛸，古称章举，其形体与望潮差不多，但比望潮个大，为中型种，胴体长一般在4厘米以上，肉腕约为体长的五倍，大的全长可超过50厘米。不过，它的肉腕长短悬殊，其中一对超过其他的一倍以上。真蛸平时的体表为冷蓝色，捕捞上来时体背呈粉红色或灰褐色，无论水煮或鲜炒，口感均韧而不脆，柔而不嫩，味道要比望潮逊色不少，故平常多做干制品食用。

三

望潮性喜在泥涂里穴居，一般人要捕获它并非易事，只有那些渔家高手凭经验和感觉来判断哪些泥洞是望潮蛰居的穴，才能准确判断出是空穴还是实穴。望潮蛰居的洞穴结构繁杂，有许多弯道，就像地下迷宫。当它受到惊吓时，就从弯道里逃之夭夭，有"狡兔三窟"的本领。在海涂里踩踏，如果见到冒出沙粒浑水的泥洞口，那可能就是望潮的洞穴，就得快速地用脚猛插入泥涂，一脚接一脚猛踩过去，断其后路，把它逼至洞口，然后将手伸进洞口，如果感觉到滑滑软软的，那就是望潮了。这时，它脚上的吸盘会紧紧缠住你的手，以为你受不了就会放它逃走，却让你牢牢地逮住它了。

据老渔民透露，捉住了一只望潮后，就可以诱到另一只望潮了。办法是，先去找到一个望潮洞，用左手捏住望潮的躯体，放在洞口，让它的八只肉腕伸进洞里。然后，慢慢地拉出来，又放进去。洞内的望潮以为是同类入侵，要强占洞穴，便伸出长足迎战。洞内洞外两只望潮十六只肉腕相缠，互不放开。这时，左手轻轻地把原先的望潮往回拉，洞内望潮随之追出，右手伸出则唾手可得。

捕捉望潮不易，看住它也不简单。在大海里，当望潮遇到危险时，除了会和墨鱼一样喷墨汁外，它还会弃足而逃。而在无水的情况下，望潮看起来是黏糊糊、慢吞吞爬行的生物，但它的头脑依然十分灵活，能将身体缩小二分之一，逮着机会就从缝隙中溜走了。望潮逃跑时也是身手不凡，用脚尖轻轻落地，毫无声息。记得有一次，我去菜市场买望潮，把它们装在袋子里，摊主叮嘱我看好了，我不以为然。结果回到家，十只望潮差不多有一半逃走了，真不知道它们是怎么溜掉的。

望潮营养丰富，腹内含膏，肥嫩鲜美，乃佐酒下饭的美肴。现今因产量不高，它已成为名贵的水产品。现代医学表明，望潮味

诱捕

甘寒，有养血益气、收敛、生肌等功效，是妇女产后补虚、生乳、催乳的滋补品。也正因此，望潮得到了百姓的喜爱，成为餐桌上的珍馐。

望潮的烹调方法比较多，有红烧、有大熇的，但我最喜爱的还是清汤的。清汤望潮做法简单，又最为原汁原味，也是酒店、居家最为常见的佳肴。出锅时，从远处看，盛在盘里的望潮就像一大朵怒放的绣球花。往近处瞧，蓝点花饰的瓷盘里浮着几只白皙的望潮，汤里漂着翠绿的葱花。这时望潮身体在上，其摊开的肉腕如舒展着的八幅罗裙，一只只望潮如朵朵盛开的白莲花，任凭你从哪个角度看，这画面都是一幅惟妙惟肖的《芙蓉出水图》。正像清代诗人陈汝谐在《望潮》诗里写的那样：

骨软膏柔笑贱微，桂花时节最鲜肥。

灵珠不结青丝网，八足轻趫斗水飞。

据说，在城市的大酒店里，一些厨师在烹饪望潮前，常用胡椒粉拌着望潮在石板地上猛甩一阵，使望潮的肉收紧，并以此甩掉其躯体上滑腻的体液。这样处理过的望潮吃起来脆嫩爽口，鲜美异常，让人大呼过瘾。

又是河豚欲上时

hetun
河豚

宋赵彦卫在《云麓漫钞》中记："河豚腹胀而斑，状甚丑，腹中有白曰讷，有肝曰脂。讷最甘肥，吴人甚珍之，曰为西施乳。"

白下酒家檐，
河豚荻笋尖。
寒江晴后雪，
烂柳窠中鲇。
万事随评品，
诸鳞属并兼。
惟应西子乳，
臣妾百无盐。

一

说起河豚，只要稍懂古诗词的人，就会即刻想到苏东坡那首著名的《惠崇春江晚景》："竹外桃花三两枝，春江水暖鸭先知。蒌蒿满地芦芽短，正是河豚欲上时。"这是苏东坡在宋初名僧惠崇（亦称慧崇）的遗世画作《鸭戏图》上题的绝句，也正是这首诗，让蒌蒿和河豚名噪一时，招徕了无数的饕餮之徒。

尽管在此之前，河豚已见之于古籍，我国先秦时期的奇书《山海经》里就有"敦薨之水出焉，而西流注于泑泽，出于昆仑之东北隅，实惟河源，其中多赤鲑"的记载，西晋文学家左思在《吴都赋》中也有"王鲔鯸鲐"之句。后来东晋郭璞对"赤鲑"加注曰："今名鯸鲐，为鲑鱼。"而宋代刘逵则对《吴都赋》注曰："鯸鲐，状如科斗虫，大者长尺余，腹白背青，有黄文。性有毒。虽小，獭、犬、鱼不敢唼也。蒸煮肥美。"然而，从两晋到五代十国，大胆吃河豚的人似乎不多，也很少有诗人吟咏它，包括诗坛巨擘李白、杜甫、白居易、杜牧等都没有留下写河豚的诗歌。所以，依我看，食河豚应该从宋代开始盛行。

当然，作为一种极品美食，人们都愿意将其食文化的历史尽量往前推移。在民间，传说春秋战国时期的吴王夫差曾力推河豚，除爱吃河豚肉外，还因河豚的膏洁白如乳、丰腴鲜美、入口即化，有一种美妙绝伦的感觉，便将其与身边美女西施相提并论，称为"西施乳"。不过，这个故事我觉得可信度太低，试想，若是2500多年前已有西施乳这样的名字，那么《全唐诗》里怎会没有一诗提及呢？于是，人们又编了一个故事，将西施乳的"发明专利"加到苏东坡身上，理由是他在吃河豚时说过一句话叫"值那一死"。这话翻译成现代汉语，就是"值得一死"的意思。我想，这倒是有点可能，因为在苏东坡之后，宋代的文献与诗歌里都有不少赞美西施乳的句子。

赤鲑

西施乳

比如，宋赵彦卫在《云麓漫钞》中记："河豚腹胀而斑，状甚丑，腹中有白曰讷，有肝曰脂。讷最甘肥，吴人甚珍之，曰为西施乳。"宋薛季宣有《河豚》诗："西施乳嫩可奴酪，马肝得酒尤珍良。"元许恕有《故国》诗："河豚羹玉乳，江鲚脍银丝"。明徐渭有《河豚》诗："万事随评品，诸鳞属并兼。惟应西子乳，臣妾百无盐。"清朱彝尊有《河豚歌》："才喜一尊开北海，忽看双乳出西施。……西施乳滑浓教啖。"尤其是清代周芝良的"值那一死西施乳，当日坡仙要殉身"及民国时期清华大学教授赵瑞侯的"江市河脉正满舠，山荆仔细为烹调。就中最爱西施乳，惜少坡公为解嘲"，简直是在喊着苏东坡的名字吃西施乳。

苏东坡喜欢刀鱼，喜欢鲥鱼，更喜欢吃河豚，且都有名诗传世。而刀鱼、鲥鱼、河豚恰恰是著名的长江三鲜，因此，他完全可以名正言顺地做长江三鲜代言人。这显然是不需要代言费的广告，但影响深远，效应巨大。

二

乌狼

河豚在乐清湾一带叫乌狼。这是一个形象的名字，乌，即它的背部为青黑色；狼，是说河豚搞不好就能毒死人，像狼一样厉害。

河豚也较早进入乐清的志书，明隆庆《乐清县志》记："鲑，即乌狼，膏染尘杀人，银煮之，露地银黑转白乃熟，甚美，其名曰西施乳。"明代松江文学家冯时可也在《雨航杂录》中说："黄驹即鲵鱼，俗所谓河豚也。一名鲑，一名嗔，一名鲍，一名鹕夷，一名鰒鮐。腹无胆，头无腮，其肝最毒，独眼者尤甚。海上人得之，去其头尾，用橄榄、甘蔗煮之，然初出时可食，至后则其毒尤甚。谚曰'芦青长一尺，不与河豚作主客。'予乡亦盛食之，春时延客，不得此为不敬，然往往有食而死者。或曰'煮熟则无患。'多食亦发疹，厚生者所当戒。乐清人名为乌狼膏。"这里的"膏"为雅名，即雄性河豚的精巢，俗称"鱼白"，鸡腰形，呈乳黄色，据说其味糯软滑爽，鲜香浓醇，甘腻细嫩，香艳美丽，有着别具一格的风味。可惜，我至今未曾尝过。

河豚在古籍里的别名还有鯸夷、鶘夷、鲑夷、嗔鱼、魺、鲃等，在不同地区，它又有乖鱼、龟鱼、街鱼、玉斑、腊头等俗称。河豚在现代生物学里是鲀形目鲀科物种的统称，全世界有16属约118种，东海海域有20多种，乐清湾也有横纹东方鲀、条纹东方鲀、铅点东方鲀、弓斑东方鲀、暗色东方鲀和双斑东方鲀6种。大名鼎鼎的长江河豚主要就是指条纹东方鲀和暗色东方鲀。

"嗔鱼"是河豚最有特点的别名，唐代药学家陈藏器曾在《本草拾遗》中记："以物触之，即嗔，腹如气球，亦名嗔鱼。"清人王念孙专门对《广雅·释鱼》作过疏证，曾云："河豚善怒……"嗔即怒意。河豚会生气是因为它没有鳃，只靠肺呼吸，每隔十几秒就得浮出水面一次。但在受惊时，它却可以几分钟不露出水面。河豚遇敌即气怒，使劲将空气吸入胃中，使腹部迅速膨大，然后仰天而浮，天敌受到惊吓就不敢吃它了。渔人正是摸透了河豚的这个习性，才在每年盛产河豚的春季，直接撒网在水面浮捞，便可轻易获之。

嗔鱼

那么，河豚是怎样被捕捉上来的呢？清人屈大均在《广东新语》中记：广东沿海的春潮时节，渔人在水面上撒网，网中系有鱼钩，鱼钩也不必挂饵，谓"生钩"。因为河豚爱生气，碰上生钩就生气了，怒视生钩而不游，欲与生钩斗个高低，结果被生钩钩住。只要有一条河豚被钩住，其他河豚都会不服气，个个都来与生钩比斗，于是上钩的河豚也就越来越多。这真应了一句民谚："做做勿死，气会气死。"

三

人工养殖

早春二月，河豚从大海里拼命游向江河准备产卵，这时期也是河豚最肥美的时候。据报道，长江边上的扬中市、海安县已连续多年举办了"河豚美食节"，也都挂出了"中国河豚之乡"的招牌。在河豚的盛产季节，人们每天要吃掉河豚15万条，这样的数据着实让人惊骇。当然了，现在的河豚都是无毒的，因为它们几乎全是人工养殖的。有资料显示，真正野生的长江河豚，一个季节下来，也不超过1000条。这对平头百姓来说，是无法享受得到的。不过没关系，大量的无毒河豚可以让大家热热闹闹、无忧无虑地过把瘾。

许多年前，河豚是禁食之物，不允许市场流通。我小时候曾不止一次见过河豚，但似乎没有看到有人吃它，渔民捕捞上来的河豚要么被作为药材收购了，要么烂了作农肥使用。事实上，禁止吃河豚没那么容易，因为一个"禁"字，仿佛禁书一样，勾得人心里痒痒的，有的人还会下血本求购。人生的乐趣有时就是一次小小的出格，冒险不危险，给嘴馋一点理直气壮的借口。所以，千百年来，在民间一直流传着"不食河豚不知鱼味，食了河豚百鱼无味"和"一朝食得河豚肉，终生不念天下鱼"的民谣。记得在青年时期，我有幸在一位朋友家里吃到野生河豚，那种肥而不腻、软糯黏滑、鲜嫩香醇的滋味，让我没齿难忘。

这几年一些大酒店偶尔也有河豚供应，当然了，它需要特别审批的证书，我也尝过几次，但总吃不出过去的味道。也许，现在吃河豚追求的不光是单纯的口福享受，更应该是一种文化，一种意味。

蜘蛛，生猛海鲜的典范

youmou
蝤蛑

半壳含潮带屬香。
双螯嚼雪迸脐黄。
芦花洲渚夜来霜。
短棹秋江清到底，长头春瓮醉为乡。
风流不枉与诗尝。

唐代文学家段成式在《酉阳杂俎》中记："蝤
蛑，大者长尺余，两螯至强。八月，能与
虎斗，虎不如。随大潮退壳，一退一长。"

一

　　海洋是地球的聚宝盆，也是动物们的大舞台。当我们将眼光投向大海时，那里不只有蔚蓝而深邃的海水，更有千奇百怪的动物。在这形形色色的海洋动物中，蟳蛑就是其中的一种。

　　蟳蛑是蟹类中的庞然大物，在海洋世界里，除了蜘蛛蟹、帝王蟹和椰子蟹外，蟳蛑排位紧随其后。两年或两年以上龄级的蟳蛑要比螃蟹和梭子蟹都大，尤其是那一对硕大无朋的螯，看起来像是金刚手臂，伸展自如，转动灵活，十分强健有力，在它高高举起时，一副凶神恶煞、生猛孔武的模样，让人害怕，令人畏惧。

　　但蟳蛑却是至鲜至爽的海味，也是深受百姓喜爱的海鲜。在我所在的这座滨海城市，不管是过去还是现在，蟳蛑都是宴席上的高档菜肴，是不可或缺的主菜之一。少了它，客人会觉得今天的酒菜似乎缺了点什么，主人也会落下招待不周的名声。当然，这是宾客们的腹议，谁也不会当面说出口的。

　　蟳蛑，也有人写作蟳蠓，曾用学名锯缘青蟹和拟穴青蟹，现学名拟曼赛因青蟹，古称蟳媒、拨棹子，有些地方俗称蟟、蟳、海蟳、金蟳、火蠓、石蟹、赤甲红、火里张、红夹子等，是梭子蟹科一种栖息在浅海里和滩涂上的甲壳动物。蟳蛑与螃蟹一样，雌雄极易分辨，雌性腹部肚脐呈近圆形，俗称"圆脐"，成熟时有红膏；雄性肚脐呈三角形，俗称"长脐"，成熟时则生白膏。蟳蛑平时以鱼、虾、贝类和水藻为食，但更喜食刚死去的动物尸体，正因它的这个习性，所以民间有"跛脚蟳蛑吃现成货"的谚语。蟳蛑广泛分布于热带、亚热带及温带浅海，我国沿海均有分布，东海的三门湾和乐清湾为其重要产地。它们喜栖息于海涂上或海边碎石块下、石隙间，也是当今重要的海水围塘养殖海产品之一。

蟳蠓

蝤蛑在很早时已被载入史料。唐代文学家段成式在《酉阳杂俎》中记:"蝤蛑,大者长尺余,两螯至强。八月,能与虎斗,虎不如。随大潮退壳,一退一长。"段成式说老虎斗不过蝤蛑,显然有点夸张。依我看,若与老虎相遇时,蝤蛑肯定会钻入海涂洞穴里,老虎只能望涂兴叹罢了。明代谢肇淛也在《五杂俎》中说:"闽中蝤蛑大者如斗,俗名蟳,其螯至强,能杀人。"谢肇淛说的这种会杀人的蝤蛑,可能是被人们谓为"杀人蟹"的目前世界上最大的日本蜘蛛蟹,又名甘氏巨螯蟹吧。这种蟹的两螯伸展开来可达四米,但它并不与蝤蛑同科。还是清道光《乐清县志》对蝤蛑描述得比较详细:"蝤蛑,随潮退壳,一退一长,肉亦随潮而生,潮大则虚,小则满。又名蟳,大者长尺许,两螯至健,能与虎斗。"

古籍中说蝤蛑"随潮退壳,一退一长",是有科学依据的。人们根据对蝤蛑的长期观察,得出蝤蛑有其特殊的生长规律:幼蟹每隔两周,每逢大水潮时,就要蜕一次壳,这样才会不断地长大。长成后,每年再蜕一次壳。因蝤蛑蜕掉外壳后,其内壳是软的,非常娇嫩,容易受到天敌的伤害,所以蜕壳时要钻进洞穴里,待外壳逐渐硬起来后,方才出洞觅食。这有点像武侠闭关修炼,不能有丝毫的马虎,也绝不能受外界打扰,否则就有生命危险。

东海海岸线漫长,滩涂广阔,涂质肥沃,自南至北均有蝤蛑出产,是蝤蛑栖息、生长、繁衍的天堂。早些年,乐清湾最有名的蝤蛑出自磐石芝湾,这里为瓯江淡水和海水的交汇处,无论潮涨潮落,蝤蛑都会随流爬游。通过反复锻炼后,这里的蝤蛑个头硕大,坚实饱满,尤为丰腴美味。不过,这一带滩涂现在大多已作"填海造船"之用,故"芝湾蝤蛑"渐渐退出了历史舞台。而近年声名鹊起的却是三门湾所产的蝤蛑,那里水草丛生,饵料丰富,也是蝤蛑理想的栖息地。三门湾蝤蛑尽管个体不大,但壳薄肉肥,鲜嫩可

一退一长

人，招徕了大量的食客，已成为名闻遐迩的"中国青蟹之乡"。

捕捉蟳蚱主要有捕、捉、弶等方法。捕即用渔网捕捞，这几年，我与好友乘坐休闲渔船时，每次都有蟳蚱被拖网捕捞上来。捉就是徒手捉蟳蚱。虽然蟳蚱横行霸道，凶猛吓人，让许多人退避三舍，然而在有经验的渔民面前，它们往往无法逃遁，只能束手就擒。捉蟳蚱的技巧在于能发现隐藏蟳蚱的洞穴，发现时要用一只脚伸进洞里，尽量地用力向前拗，一直拗到脚能触到洞中的蟳蚱时为止。然后，用双手取泥，把洞挖大，最后伸手进洞，取出蟳蚱。捉蟳蚱时，要先用大拇指按住蟳蚱的尾背，再用其他手指捏住它的肚脐，即可将其提起投入篓中。为了不让"篓里蟳蚱自咬自"，渔民还在捉住蟳蚱的瞬间，用稻草或尼龙绳将它捆绑起来。小贩们还将绳子也计入斤两出售，于是就有了"一斤蟳蚱三两绳"的俗语。弶即人为打假洞诱蟳蚱，在涨潮前寻找滩涂打洞，退潮后就用一根带有铁弯头的长竹条，伸进假洞里探究一番，发现洞内有蟳蚱时，把竹条抽出来，用长条形板耥挖洞取泥，再捉出洞中的蟳蚱。据说在过去，芝湾人多用此法捉蟳蚱，蟳蚱旺发季节，内行人一个潮水可捕捉数十斤。

三

蟳蚱四季皆有，但在金秋时节最为肥美。此时的蟳蚱壳大如盘，蟹螯肉厚，膏黄鲜嫩，胜于常时。烧煮蟳蚱无非是清蒸、红烧、羹汤等几种方法。清蒸简单方便，清水至沸，将蟳蚱肚脐朝天放入蒸笼，蟹身铺层紫苏叶，蒸15分钟左右即可。掀开胭红的蟹壳，蟹膏白而透明，结团而不散，甘腴而润。再来一碟用醋、酱油、白糖、姜末调制的蘸料，就可以大快朵颐了。蟳蚱焖酒有浓郁的地方风味，将雌蟹对半切开，佐以姜片、蒜瓣、料酒等一齐熬煮，熟时撒上葱花，盛出时上面漂着一层橙红色的蟹黄油和碧翠的葱丝，色、香、味俱全，令人垂涎欲滴，胃口大开。掰开蟹壳，蟹黄金黄浓香，油而不腻，无论蟹黄还是蟹肉，都是极鲜极美的。不过，对于不够肥厚的蝤蛑，人们在烧煮时，往往打一个鸡蛋，让蛋汁塞满蝤蛑壳的空隙，看起来像满肚红膏，有的则直接与蛋汁同蒸，称为"芙蓉蝤蛑"，民间则戏称为"水壳蝤蛑炖卵腐"。

芙蓉蝤蛑

由于蝤蛑肉色洁白，质地细嫩，营养丰富，味道鲜美，长期以来深受平头百姓和文人墨客的青睐，所以留下不少吟咏它的华美篇章。北宋苏东坡有《丁公默送蝤蛑》诗："半壳含黄宜点酒，两螯斫雪劝加餐。蛮珍海错闻名久，怪雨腥风入座寒。堪笑吴兴馋太守，一诗换得两尖团。"清代郭钟岳也有《东瓯百咏·蝤蛑》诗："蝤蛑多肉真堪煮，田蟳纤螯未可持。劝学岂徒攻尔雅，莫教误食当蟛蜞。"清末方鼎锐则有《温州竹枝词·蝤蛑》曰："博物宜从尔雅举，蟛蜞误食也须防。江湖稻蟹双螯健，艳说蝤蛑满壳黄。"不过，在众多赞咏蝤蛑的诗词中，我最欣赏的是南宋诗人方岳的《浣溪沙·赵阁学饷蝤蛑酒春螺》词：

半壳含潮带靥香。

双螯嚼雪进脐黄。

芦花洲渚夜来霜。

短棹秋江清到底，长头春瓮醉为乡。

风流不枉与诗尝。

蝤蛑是海洋的产物，也是生猛海鲜中的典范，它们将极致的美味馈赠给人间，并将我们引向诗与远方。

梅雨时节说梅蛤

meige
梅蛤

明代文人屠本畯在
《海味索隐》中记:
"诸蛤皆产于海中,
而此间又有呼为黄
蛤者甚佳。"

细雨黄梅蛤子肥,
登筵弄舌赛杨妃。
虚名却笑江珧柱,
颐朵徒怜见者希。

又是江南的梅雨时节了。

这是一个天地人间遍布湿热气流的时期，一段山川万物似乎都要霉变的日子。在滴滴答答、淅淅沥沥、疏疏密密、乍晴又雨，地上看起来永远不曾干燥过的气候中生活，人们往往感到心情有些郁闷，脾性有些浮躁。正像柳宗元所说的："梅实迎时雨，苍茫值晚春。愁深楚猿夜，梦断越鸡晨。海雾连南极，江云暗北津。素衣今尽化，非为帝京尘。"

还好在我居住的这座江南小城里，这个时期有三样美食可供我们享用：一是柳宗元所说的梅子，二是比梅子更具诱惑力的早熟杨梅，三就是海鲜珍品梅蛤。当然，由于在我们这里梅子产量很少，馋食者又不多，也就没有引起大家对梅雨时节的丰富遐想。而杨梅则是形色味俱佳且人人喜食的水果，与梅子相比，优胜了许多。可问题是，杨梅已成为吴越山区一带普遍栽培的物种，近几年都有足够数量的杨梅进入市场，似乎也算不上是稀罕的东西。这样，就剩下梅蛤了。依我看，梅蛤分布范围狭窄，产量有限，供应有时，价格不菲，无疑地就成了蓝色海洋里不可多得的金贵的海产品。所以在这个雨季里，我更看重梅蛤。

梅蛤是古人取的名字，它的学名叫彩虹明樱蛤，这是多么浪漫温馨、美好别致的名称。当然，梅蛤还有许多通俗的称呼，像扁蛏、扁蛤、黄蛤、瓜子蛤、海瓜子等都是它的形象的叫法。别看梅蛤是个小不点，模样比南瓜子稍大，但它长得小巧玲珑，温润精致，那薄脆的壳白里透点粉红，纹理美观，色彩斑斓，看上去宛如美人耳垂边戴着的小玉坠，又像一颗叠加有致的五彩玛瑙，煞是可爱。

梅雨时节的雨下得让人心里发霉，然而，这段时期出产的梅蛤却粒粒饱满，肥嫩鲜美，是一年中最好的，让人看一眼垂涎欲滴，尝一口大快朵颐。尽管吃梅蛤的时候，我们有浪费时间的嫌疑，但我觉得品尝这种至美至鲜至爽的海珍，浪费一些时间，让

梅雨

彩虹
明樱蛤

生活慢下来，显然是值得的。

梅蛤肉质细腻，鲜嫩爽口，称它为"小海鲜之王"一点也不过誉。明代文人屠本畯在《海味索隐》中记："诸蛤皆产于海中，而此间又有呼为黄蛤者甚佳。"清代诗人倪象占还说它比杨妃舌，也即江珧柱更胜一筹，他曾有诗："细雨黄梅蛤子肥，登筵弄舌赛杨妃。虚名却笑江珧柱，颐朵徒怜见者希。"我平时喜欢吃贝壳类海鲜，泥蚶、蛤蜊、缢蛏或花蛤会轮番摆上我的餐桌。但当我在菜市场转悠，看到摊位上有梅蛤出售时，我的眼睛就会放光，总要买几两回家。所以，"对梅蛤青睐有加"这句话，我是当仁不让的。

梅蛤最主要的烧法是放油里爆炒，这道菜叫"葱油梅蛤"。将洗干净的梅蛤盛在碗里，添置少许葱末、味精、食盐和黄酒，拌匀后，倒入烧滚了油和姜片的锅里，炒至梅蛤一个个张开了小嘴，像小花一样次第绽放，即可起锅。当然，这种烧法火候很要紧，炒得过长，肉会脱落，无需费力耗时嗑肉，只要在盘中拨壳、搜寻、捡肉便是。这种情形省力是省力，省时也是事实，不过这一盘菜看起来全是壳子，色香味形则会大打折扣。而掌握住火候端上来的梅蛤，壳红肉白，葱绿点点，香气扑鼻，鲜爽无比。

对贝壳类海鲜，东海沿海人家惯用的办法是水煮，如盐水蛏子、盐水沙蛤、清汤蛤蜊、烫花蚶等，他们要的是原汁原味。水煮梅蛤也一样，将洗净的梅蛤放在沸水锅里烫上十来秒钟，待梅蛤的壳如一把把小扇子样打开，露出雪白鲜美的嫩肉后，浇点酱油，撒些葱花、蒜末，然后捞出装盘。这样做出来的梅蛤肉嫩鲜香，味浓汁醇。

在各地的大酒店里，也有厨师用梅蛤做"铁板梅蛤"。在烧热的铁板上撒上梅蛤，浇上事先调制好的配料，一会儿梅蛤如爆米花一样"噼里啪啦"地开壳，露出壳内的嫩肉。这时的梅蛤脆嫩鲜美，咸香微辣，味道很是不错。当然，在浙东南地区，有些殷实的人家还将梅蛤腌制了吃。方法是把洗净的梅蛤置于小瓮中，撒进蒜泥，投入食盐，倒进黄酒，以刚好淹没每个梅蛤为准，密封两三天后，待梅蛤微微张开小口即可取食。那种咸鲜清爽之味，绵软柔嫩之趣，是其他贝类无法比拟的。

吃梅蛤是有讲究的，过去大多数人都是将一颗颗梅蛤肉用筷子从壳里剔下来，放置到小碟子里，用汤勺舀一点汤蘸着吃。或者夹上一颗，递到嘴边，用舌尖一卷，囫囵下肚。现在，我发现不少人吃梅蛤很有技巧，差不多到了出神入化的境界。他们不是一个一个地剥，而是舀一勺放进嘴里，舌头像搅拌机似的，自动进行壳肉分选。分选完后，壳齐刷刷吐出，肉含在嘴里，稍稍嚼嚼便下了肚，动作煞是干净利落。一盘梅蛤到他们嘴里，三下五除二就没了。

不过，古代人吃梅蛤多是用牙齿嗑的，清代宁波诗人、画家王莳蕙有《海瓜子》诗云："冰盘堆出碎玻璃，半杂青葱半带泥。莫笑老婆牙齿软，梅花片片磕瓠犀。"诗中所说的瓠犀是瓠瓜的子，因排列整齐，色泽洁白，所以常用来比喻美女的牙齿。《诗经·硕人》篇中有句云："手如柔荑，肤如凝脂，领如蝤蛴，齿如瓠犀。螓首蛾眉，巧笑倩兮，美目盼兮。"这"齿如瓠犀"就是形容女子的牙齿细密整齐，洁白美丽。的确，吃梅蛤吃得优雅的美女也大有人在，她们端坐在桌前，轻举筷子，翘着优美的兰花指，夹一个梅蛤，轻启樱唇，用洁白的牙齿轻嗑蛤壳，随之粉舌尖轻轻一吸，梅蛤肉就进入口中了。面对此情此景，周边翘首观望的"君子"们已有三分醉意，七分诗情。

梅蛤是海洋泥涂的产物，在含少量沙粒的泥涂上生长最佳。而我家乡的乐清湾正好有大片的泥涂可供其生长，当然多是养殖的。但没关系，在这个世界上，野生之物本来就越来越稀罕，我们无须讲求十全十美。在梅雨时节，我与大多数人一样，一般不轻易远行，除上班和去菜市场外，其他时间就闭门待在家里，读点书，码点字，烧点菜，其中必有一盘自己爱吃的梅蛤。于读写的空隙，我先将梅蛤置于淡盐水中吐沙、养净，每日变换着方法烧煮，就二两白酒下肚，那悠长的滋味，唇齿生香的感觉会在心间久久回旋。

香鱼

xiangyu
香鱼

沈莹在《临海水土异
物志》中写：“鮑鱼，
三月生溪中，裁长一
寸，至十月中东还死
于海，香气闻于水上，
到时月辄复更生。”

石门破镜乍开奁，
中有嘉鱼两指纤。
抵网难禁情性耿，
登盘尽喜色香兼。
不容折柳穿鳃卖，
似悔唼花闭口严。
落日腥风吹海角，
谁家罢脍醉厌厌。

许多东西越来越少了，有些东西甚至不见了。

比如在雁荡山盛名了五百年之久，被冠名为"雁荡山五珍"之一的香鱼。早些年，媒体还时常报道香鱼每年有十来吨的产量，人们到雁荡山吃香鱼似乎不是什么难事。然而现在，寻觅野生香鱼可真是件不容易的事。

一

初次见到香鱼是在三十多年前，那时我在雁荡山工作，因读了媒体报道后，得知雁荡山的著名景点石门潭盛产香鱼，于是便凭着一份青春的热情和好奇心，翻越白箬岭古道径直来到这里，近距离观看渔民捕捞上来的香鱼。

看到刚出水的香鱼时，我一下子就被它迷住了：那苗条、侧扁的身材，圆润、下抿的嘴巴，细密、整齐的银白色鳞片，还有青色的脊背，黄色的侧线，淡黄色的鳍和尾巴，怎么看都是一种青春窈窕、端庄清丽、玲珑可爱的鱼儿。

香鱼在生物学上隶属于胡瓜鱼目香鱼科，因其两道腹腔能射香脂而得名。它在各地还有年鱼、溪鳁、瓜鱼、细鳞鱼、香油鱼、海胎鱼、仙胎鱼、秋生子、记月鱼等俗名。香鱼为咸淡水洄游性鱼类，每年秋季亲鱼到河口产卵，产卵后亲鱼体质虚弱，力绝而死。它们的生命极为短暂，只有一年时间，故又有"年鱼"之称。另外，到了大海的香鱼常混入形态与它们较相似，被俗称为青鳞鳁、扁鳁的青鳞鱼、沙丁鱼的鱼群中，故它还有"溪鳁"的别称。

年鱼

孵化后的幼鱼先进入大海越冬，待次年春季幼鱼体长达到三四厘米时，再成群结队溯河而上，到水质清冽、纯净的溪流里生长发育。据说香鱼在逆流中游泳时，即便遇到急流、洪峰或其他障碍物，也会奋不顾身地冲破重重阻力，奋勇前进。最快时，一天行程可达20公里。这就让人惊叹了：小小香鱼，为了溯回父辈生活的地方，拼尽力气，一路向前，由此足见它们对故乡的依恋。

而这也恰恰说明香鱼不是随便在什么地方都可以生活的，只有那里的水质符合它们的要求，它们才会在那里安家。所以，尽管香鱼在日本、韩国等地也有分布，但其地域十分有限。这便是它们名贵、稀罕的缘由。在我国，香鱼在一些地方亦能生活，然而比较知名的，似乎仅有福建九龙江、台湾新店溪、浙江宁波凫溪和雁荡山水系所产的香鱼，这其中以雁荡山香鱼名气最大。学术界给出的理由是，香鱼在雁荡山历史悠久，文化底蕴厚重，影响深远。故而旧版《辞海》收录的"香鱼"词条，举的例子就是雁荡山香鱼。这显然是别地的香鱼无法比拟的。

雁荡山香鱼

二

历史上，最早将香鱼收入志书的是三国时期的沈莹，他在《临海水土异物志》中写："鮕鱼，三月生溪中，裁长一寸，至十月中东还死于海，香气闻于水上，到时月辄复更生。"经后世学者考证，"鮕"同"鮎"字，鮕鱼就是鮎鱼，也即溪鮎。到明代，嘉靖年间的乐清名士朱谏，则对雁荡山香鱼的生物学习性进行了更为详细的描述。他在《雁山志》里写："香鱼，一名细鳞鱼。无腥而鳞极细，肉甚美，生雁山溪涧中与潮水相通处。春初时生，月长一寸，九月以后可盈一尺，则赴潮际生子。生已，则黑瘠而死于咸水中。次年春初，子复化为鱼苗，仍入淡水中随月而长，五月以后可长五寸，味极清美，作干鱼尤佳。凡山水入江处皆有之，在乐清则石门潭为盛，筋竹溪芙蓉溪次之……"这也是雁荡山香鱼见诸文字的最早记录。

溪鮎

朱谏十分喜爱香鱼，他曾说过一句"岂以五斗，易我五珍"的话。这"五珍"就包括了香鱼。后来，万历年间的文学家冯时可将雁茗茶、观音竹、金星草、山乐官和香鱼正式写进了《雨航杂录》，并引用了朱谏《雁山志》中写香鱼的内容，称香鱼为"记月鱼"。所谓记月鱼，也就是计月鱼，即香鱼的生长速度可以用月份来计量。朱谏还是一位有趣的人，好好的江西吉安太守不当，却极力呈辞回家，在建完"雁山书院"之后，便全力编纂《雁山志》，为后人留下了丰厚的文化遗产。他还写有一首《寄香鱼与赵云溪》诗："雁荡出香鱼，清甜味有余。谁令过河泣？不带故人书。"

在朱谏的影响下，后来许多文人雅士也来雁荡山寻觅香鱼，并留下不少的诗作。明万历永嘉诗人王至言在《石门潭》诗中有"每见香鱼泛，兼之元鹿舐"之句。清嘉庆瓯海人张振夔在《香鱼》一诗中写道："石门破镜乍开奁，中有嘉鱼两指纤。抵网难禁情性耿，登盘尽喜色香兼。不容折柳穿鳃卖，似悔哆花闭口严。落日腥风吹海角，谁家罢脍醉厌厌。"清人陈朝酆也有《香鱼诗》曰："研脍如何味更长，调姜屑桂费思量。谁知臭浪腥风外，异种生来体自香。"

关于香鱼，清代著名思想家、曾任两江总督的梁章钜还演绎了一段佳话。其时，梁章钜已退休，伴随时任温州太守的三儿子梁恭辰长住温州府衙。他久闻香鱼之名，曾到雁荡山寻觅香鱼，因是春季，不是捕捞季节，回府后一直惦念在心。后来，其学生之子，时任乐清县令的蔡琪（字子树）花工夫觅得香鱼若干，亲自送给这位老太师，并呈诗两首。梁章钜看后，心里很高兴，就将这两首诗收进他的《雁荡诗话》中，并写道："余游山时，寻之不得，盖此鱼无鲜食者，惟腊为宜。越数月，而蔡子树大尹来郡，以鱼腊献，兼呈诗云'拨拨香鱼耀锦鳞，本来水族作山珍。一潭明月初开网，半岭秋水正理纶。脆美直疑生丙穴，甘芳雅合配盘辛。薄将土物申芹献，好佐重阳漉酒巾。''山草山花集众芳，潭中鱼小亦名香。纤纤正待迎潮长，寸寸偏教计月量。斜阳一竿来竹屿，秋风千里忆莼羹。筠笼烘出邮筒送，画锦堂前好共尝。'子树喜吟诗，前后作雁荡诗至数十首，此二首咏物，尤清新可喜。"至于蔡琪的这两首诗艺术水准如何，我无法评定。

三

**淡水鱼
之王**

香鱼因其肉质细腻多脂，品味鲜美香甜，营养价值很高，素有"淡水鱼之王"的美称。据史料记录，一位名叫丹尔的美国鱼类专家，曾宣称它是"世界上最美味的鱼类"。

香鱼形态优美，花色艳丽，本来也可以作为一种观赏鱼类饲养，但它性格暴躁，出水后如不迅速投放到饲养的地方，会蹦跳不止，很快死去。既然，香鱼出水即死，那么香鱼的吃法当然以烘焙成干食用为最佳选择了。这也是雁荡山人最为普遍的吃法，他们将网捕的香鱼剖后洗净，在炉火的锅上慢慢烘烤数十分钟，待香鱼油脂渗溢后捞上餐桌。此时，香鱼色如黄金，香气四射，肉脆味美。

对香鱼的食法，台湾著名作家林清玄深谙其道，他在《香鱼的故乡》里写道：

在台北的日本料理店里有一道名菜，叫"烤香鱼"，这道烤鱼和其他的鱼都不一样；其他的鱼要剖开拿掉肚子，香鱼则是完整的，可以连肚子一起吃，而且香鱼的肚子是苦的。苦到极处有一种甘醇的味道，正像饮上好的茗茶。

有一次我们在日本料理店吃香鱼，一位朋友告诉我香鱼为什么可以连肚子一起吃的秘密。他说："香鱼是一种奇怪的鱼，它比任何的鱼都爱干净，它生活的水域只要稍有污染，香鱼就死去了。所以它的肚子永远不会有脏的东西，可以放心食用。"朋友的说法，使我对香鱼产生了极大的兴趣，它究竟是怎么样的一种鱼，这样高贵。容不下一点环境的污迹？这也使我记忆起，十年前在新店溪旁碧潭桥头的小餐馆里，曾经吃过新店溪盛产的香鱼，它的体形细小毫不起眼，当时还是非常普通的食物，如今，新店溪的香鱼早就绝种了，因为新店溪被人们染污了，香鱼拒绝在那样的水域里存活。

林清玄说台湾新店溪的香鱼绝迹了，事实上，中国各地的野生香鱼都已少得可怜，甚至还有灭绝的危险。当代的水污染和围塘填海运动已经使香鱼没有多大的生存空间，恶化的海洋环境使香鱼找不到可以生儿育女的场所，许许多多的堤坝陡闸隔断了溪流与大海的交汇。香鱼在寻找童年故乡的途中已惨死在臭气熏天的江河中，故乡只成了它们心中一个永远的梦想。

即便在水质较好的雁荡山大荆溪和蒲溪，前几年人们为了整治河道、蓄水观景，拦腰建造了几层大坝，生生地将通往石门潭的水路切断。若春季雨水不足时，任凭洄游的香鱼怎么勇敢，也无法跨越这些对香鱼来说像山一样的大坝。我真担心野生香鱼还能在雁荡山生存得长久吗？

不过，香鱼还没有灭绝。如今，各地多建起了香鱼的人工育种繁殖场，只是这些经人工育种繁殖、放养后的香鱼，都被饲料喂得又肥又胖，到捕捞上来吃时难以品出原来的味道。我想，我们现在吃的香鱼，与古人吃的香鱼味道肯定是不一样的。因为，那时香鱼不仅数量多，而且全是野生的。不会像今天，人们吃香鱼，似乎都在图个名，管它是养殖的还是野生的呢！

格高味厚江瑶柱

jiangyaozhu
江瑶柱

沈莹《临海水土异物志》："玉珧,
似蚌,长二寸,广五寸,上大下小,
其壳中柱炙之,味似酒。"

扁舟渡江适吴越,
三年饮食穷芳鲜。
金齑玉脍饭炊雪,
海蜇江柱初脱泉。

一

　　很早就在古人的文史著作和诗词里读到江瑶柱，也想写一写它，只是在这座浙南小城，我一直未得目睹它的真容，每每提笔却不知从哪里着手，于是便一次次地搁置下来。

　　有一天，当我与几个文友在雁荡山西门岛一处海鲜大排档就餐时，老板说，今天有江瑶柱，宁波来的，要不要尝尝？我脱口而出：要！同时飞快地来到摆放海鲜的柜台前，开始仔细端详这种被历代诗人吟咏不休的极品海鲜。

　　谁知，不看不知道，一看却吓了一跳。原被古代文人们视为"海味之冠"，也被描述得神奇、神秘的江瑶柱，却与我心目中的形

粗陋

象大相径庭——这是怎样的一种海物呢？从外表上看，完全可以称得上是一种粗陋的海蚌，其形状近似牛角，又稍像半开的扇子，前广后尖，体表粗糙，纹理杂乱，青灰中带着黄褐色，薄薄的贝壳在开口处还有不规则的凹缺。虽然看不到蚌内的肉，但光凭这外表，我就想，这不是我们经常在酒店里见到的贻贝吗？况且贻贝曲线圆润，表面比它光滑多了，要是翡翠贻贝，那就更美了。就凭江瑶柱这样的贝壳，我觉得它们很对不起那些与它们摆放在一起的外壳圆润光洁、色彩斑斓的蛤蜊。难怪乎广东人根据其形状，直接称它为杀猪刀。

　　然而，这就是江瑶柱，一种被古人称为"杨妃舌"的海鲜，一种被诗人们誉为"格高味厚"的珍馐。

二

　　江瑶柱学名栉江珧，又名江鳐鱼、江珧、江珧贝、玉珧等，

栉江珧

地方俗名还有添丁、蜜丁、马甲、马颊等，为贻贝目江珧蛤科曲江珧蛤属的一种贝类，因其蚌肉中的后闭壳肌形如肉柱，故而得名。

栉江珧的这颗后闭壳肌为圆柱形，大小如指尖，洁白如雪，既可鲜食，也可将其去皮晒干后制成干贝。有意思的是，海味都讲究新鲜、生猛，唯有这闭壳肌却例外，干制品的滋味比鲜活的更加鲜香浓烈。

栉江珧古已有之，早在2000多年前的《尔雅》中已有"蚌"字："蜃小者，珧。"东晋郭璞注："珧，玉珧，即小蚌。"后来，三国时期沈莹撰写的《临海水土异物志》作了较详细的记录："玉珧，似蚌，长二寸，广五寸，上大下小，其壳中柱炙之，味似酒。"栉江珧通常栖息在海洋潮间带至20米水深的浅海沙泥底质中，过去，乐清湾是它理想的栖息地，产量不低。据明隆庆《乐清县志》记："江珧，蜃之小者。俗呼牛角蚶，又名海介刀，三月潮落时，于沾海洼涂取之。"明万历《温州府志》则写得更明确："沈一中尝称其乡海错之美，如海月、江瑶柱，可敌三吴百味，乐清为最。"明万历距今已有400余年，世事无常，期间可以发生许多事情，时代更迭，地域变迁，乐清湾沙泥质的滩涂也为数不多了。我想，我现在难得一见江瑶柱，这应该很正常吧。

三

江瑶柱肉质脆嫩，味道鲜美，营养丰富，为海产珍品，沿海渔民有俗谚曰："海参鲍鱼江瑶贝。"故而受到历代文人的赞美，也屡屡有奇文出现。自东晋郭璞在《江赋》中将"玉珧、海月、土肉、石华"列为"海品四佳"后，五代吴越文学家毛胜在《水族加恩簿》中，对近五十种海产品进行封赏，开篇第一个就写到江瑶柱，说它"鼎鼐仙姿，琼瑶绀体，天赋巨美，时称绝佳。宜以流碧郡为灵渊国，追号玉柱仙君。"这应该是历史上赞颂江瑶柱的第一篇奇文。

到北宋，大名鼎鼎的苏东坡也有一篇奇文《江瑶柱传》："生

玉柱仙君

厚味高格

姓江，名瑶柱，字子美，其先南海人。十四代祖媚川，避合浦之乱，徙家闽越。……媚川生二子，长曰添丁，次曰马颊。始来鄞江，今为明州奉化人，瑶柱世孙也。"苏东坡在文中拟人叙事，说江瑶柱祖籍南海，徙家闽越，今为明州奉化人，写得生动、有趣，令人忍俊不禁。苏东坡是一位美食家，他在吃过江瑶柱后还给出"厚味高格"的评语，说它与荔枝、河豚相媲美。他在《四月十一日初食荔枝》诗中注："予尝谓荔支厚味、高格两绝，果中无比，惟江鳐柱、河豚鱼近之耳。"他又作《和蒋夔寄茶》诗曰："扁舟渡江适吴越，三年饮食穷芳鲜。金薤玉脍饭炊雪，海螯江柱初脱泉。"看来，大文豪对江瑶柱是情有独钟啊。

也许受苏东坡的影响，清代著名诗人查慎行在《食江瑶柱》中也用"格高味厚"赞颂江瑶柱，其诗云："半生梦想江瑶柱，客或夸示长朵颐。……格高味厚少为贵，中间甲柱孤撑揸。瀹以百沸汤，逡巡发华滋。鲜于金盘露，洁比白玉脂。"以这样的词语赞美江瑶柱，你不想吃它都难矣。

果然，历史上为江瑶柱垂涎三尺的诗人比比皆是。请看这些诗："平生耳热江瑶传，十载空寻江海游。朝来忽动子公指，添丁马颊纷见投。充庖已觉南烹异，入口俄惊玉柱柔。"（清彭逊遹《食江瑶柱偶题》）"鳐柱春刳玉，蚝山夜凿霜。"（宋刘弇《莆田杂诗》）"江瑶贵一柱，嗟岂栋梁质。"（宋刘子翚《食蛎房》）"海鲜第一江瑶柱，恰被人呼海刺名。我欲释名先品味，西施乳未较他赢。"（清蒋诗《沽河杂咏》）"驼峰擅西北，瑶柱夸东南。"（宋王之道《饱食》）"异味传方域，嘉名注食经。连江谁布网，独漉忽登铏。递自三山速，风来五月腥。"（清朱彝尊《江瑶柱》）……还有很多很多，这样罗列下去，有掉书袋的味道，我还是就此打住吧。

四

江瑶柱得到这么多诗人的青睐，于是发生了争最佳产地的纠纷，海南、福建、浙江三地均加入这个行列，差点成为文化史上一个无厘头的公案。据清李调元《南越笔记》载："江瑶如蚌而稍大，……仅四肉牙佳耳。长四寸许，圆半之，白如珂雪，一沸即起，甘鲜脆美，不可名状。……江瑶以柱为珍，崖州者佳。"这是为海南江瑶柱打的广告词。清文学家李渔则说："海错之至美，人所艳羡而不得食者，为闽之西施舌、江瑶柱二种。西施舌予既食之，独江瑶柱未获一尝，为入闽恨事。"李渔是浙江金华人，虽然没有吃过江瑶柱，却惦念着福建的江瑶柱，说明在他心里，福建的江瑶柱是排在第一位的。身为河南人的周亮工，清初宦游福建时，也为福建的江瑶柱推波助澜。他在《闽小记》中说："江瑶柱出兴化之涵江，形如三四寸扁牛角，双甲薄而脆，界画如瓦楞，向日映之，丝丝绿玉，晃人眸子，而嫩朗又过之，文彩灿熳，不忝瑶名。予骤见之，语人曰'即此肤理，便足鞭挞海族，不必问其中之所有矣。'"他又指出，江瑶肉不堪食，其美只在肉柱，莆田人多以酱粉一锅煮，所以味道平常。他发明了用江水和竹笋煮江瑶柱的方法，觉得味道极佳。

再看看对浙江宁波江瑶柱的推销，北宋江休复在《江邻几杂志》里写道："张枢言太博云：四明海物，江瑶柱第一，青虾次之。"明文学大家王世贞也在《艺苑卮言》中写道："奉化四月间，南风乍起，江瑶或一再上，可得三四百枚，或连岁不上。如蚌而稍大，中肉腥而韧不中口，仅四肉牙佳耳，长可寸许，圆半之，白如珂雪。以嫩鸡汁熟过之，一沸即起，稍久则味尽。"很显然，江休复和王世贞是极力推崇宁波江瑶柱的，一个说海物第一，一个直接说制作方法。由于他们的言辞还不够果断，似乎很难让人信服。还是明代宁波人屠本畯说得比较公允，他在任福建盐运司同知时，曾比

崖州

兴化

奉化

较闽浙两地的江瑶柱，说："江珧之美在柱，四明奉化县者佳。"屠本畯是著名海产专著《闽中海错疏》的作者，对福建的海味爱之有加，深有体会，在其著作中百般抬高闽产海品的地位，福建人都很崇敬他。所以对他的话，大家似乎没有什么意见。不过，依我看，实际情况应该是这样的：在明代前，浙江宁波的江瑶柱名气较大，明代以后江瑶柱的风光则被福建抢走了。江瑶柱的这段公案，即是它第二个有意思的地方。

现在，江瑶柱在乐清湾已难得一见，但在浙江宁波和福建等地已成为常见的贝类品种，鲜活的、干制品都有出售。这些年，随着水产技术的进步，人工养殖江瑶柱已不是什么难事，我也常有耳闻。那么，我今天在西门岛吃的江瑶柱会不会也是养殖的呢？

管它呢！还是先下箸为强吧——反正第一次尝到它的味道，又没有参考物作为鉴定依据，自然无法比较，我们自认为好吃，这不就行了么。

海月，大海里的镜子

haiyue
海月

三国时期的沈莹在《临海水土异物志》中记："海月，大如镜，白色，正圆，常死海边，其柱如搔头大，中食。"

浪花堆里影浮浮，
写出冰轮水国秋。
磨去银沙生古泽，
琢成新样玉搔头。

一

好多年没有见到海月了。

原先，海月可是乐清湾海涂上非常普遍的贝壳动物。明代作家冯时可在《雨航杂录》里写道："海月大如镜，白色正圆，其柱如搔头。土人鳞次之为天窗。沈大参一中尝称其乡海错之美，如海月、江瑶柱，可敌三吴百味。乐清甚盛。"明隆庆《乐清县志》也载："形圆如月，一名蛎镜，土人取之以盖天窗。"试想，连平民百姓都将它的壳用来做窗棂，那么它在乐清湾有着多么庞大的数量哟！

然而眼下，我多次逛这座城市的菜场，看到的多是蛤蜊、泥蚶、花蛤、缢蛏、泥螺等贝类水产，几乎不见有哪一个摊位出售海月。若不是海洋水产部门的年度生物监测调查报告上还有海月的记录，我甚至怀疑这一物种已在乐清湾消失了。

蛎镜

二

早些年，当我初次听到海月之名时，我觉得有点不可思议。古人竟然把这样蕴含诗意的名字送给一个贝壳生物，那它该有多大的魅力？但在见过海月之后，我才知道，它无愧于这个美称。洗干净的海月，形状和月亮一模一样：每片壳接近正圆，密布着一圈圈生长纹，如同月球上的山脉阴影。壳体呈月白色，又薄又平，薄到可以透光，简直就是一面镜子。

最为奇妙的是，在阳光下，海月可以闪现出云母矿石般的虹彩，而且一层层的生长纹也和云母的片状晶体相似。正因如此，它还有个别名叫"云母蛤"。

海月是软体动物双壳纲、珍珠贝目、海月蛤科云母蛤和薄云母蛤的统称，这个科的蛤类我国仅此两种，薄云母蛤为东海特产，

云母蛤

云母蛤分布在东海南部及以南海域。除蛎镜和云母蛤的名字外，海月在各地还有石镜、海镜、窗贝、明瓦、膏叶盘等俗名，这些都是对它的形象的称呼，也非常符合人类对它的审美要求。海月一般栖息于潮间带中、低潮区，甚至可在20余米水深的沙质或泥沙质的海底生长，较凸的左壳向上，较平的右壳朝下。壳表常沾有泥沙或藤壶、苔藓及藻类等附着物。成熟后的个体壳长10～12厘米，高9～11厘米，厚3～5厘米。分布于东海、南海及其海湾，产卵期在5～7月。

海月在我国的生活史悠久，也早已进入文人的视线。三国时期的沈莹在《临海水土异物志》中记："海月，大如镜，白色，正圆，常死海边，其柱如搔头大，中食。"沈莹所说的"搔头"，原为古代妇女戴在头上的簪子，这里即指海月的蛤足。东晋文学家郭璞也在著名的《江赋》中写了不少的水物怪错，其中有："玉珧海月，土肉石华。三蝬蚼江，鹦螺蜁蜗。璅蛣腹蟹，水母目虾。"

而唐代刘恂则在《岭表异录》里载："海镜，广人呼为膏叶盘，两片合以成形，壳圆，中甚莹滑，日照如云母光，内有少肉，如蚌胎，腹中有小蟹子，其小如黄豆而螯足具备。海镜饥，则蟹出拾食，蟹饱归腹，海镜亦饱。余曾市得数个，验之，或迫之以火，即蟹子走出，离肠腹立毙。或生剖之，有蟹子活在腹中，逡巡亦毙。"这个官衔为广东司马的刘恂不简单，居然将海月观察得这么仔细，还把在其壳内蹭食的寄居蟹也写得活灵活现，完全是一种科学的考察结果。这也与郭璞所说的"璅蛣腹蟹"有着异曲同工之妙，与今人对海月的生物学描述也是基本相同的。

据唐代李善注引《南越志》曰："璅蛣，长寸余，大者长二三寸，腹中有蟹子如榆荚，合体共生。"今人考证，这"璅蛣"大体是指双线紫蛤、贻贝、花蛤及海月一类的双壳海贝，我们在食用这些贝类时，偶尔都会吃出豆粒大小的寄居蟹来。

三

　　海月味美，也一直来都受到古代文人的追捧，他们多把海月与江珧柱、石华相提并论。清代纳兰常安在《受宜堂宦游笔记》中云："大如小镜，白色，正圆，其柱如搔头者，曰海月，与江珧柱等，其味甚美。"

　　最早将海月写进诗歌的，是我国山水诗鼻祖谢灵运，他在《游赤石进帆海》中有诗句曰："扬帆采石华，挂席拾海月。"石华即石花菜，为海水中的藻类，素有"琼枝"之美誉，状如珊瑚，可制成胶冻，味道十分鲜美。宋代大诗人梅尧臣也在《杜和州寄新醅》诗中写道："淮南寄我玉醅酒，白蚶海月君家有。欲持就味明日期，穷羹易覆已反手。从事开筵不可辞，燕脂秀脸罗前后。长颈善讴须剩讴，只恐老来欢意休。"

　　对海月之味体味较深的是清代的张綦毋和邓克旬。温州文人张綦毋在竹枝集《船屯渔唱》中有诗写道："海月江瑶味最清，望潮锁管亦堪羹。劝君莫嚼西施乳，只是乌郎浪得名。"宁波象山贡生邓克旬则在《海月》诗里写道："浪花堆里影浮浮，写出冰轮水国秋。磨去银沙生古泽，琢成新样玉搔头。"这样细腻、生动、传神的描写，应该算得上是一首吟咏海月的好诗了。

　　在漫长的吃海历史中，人们还不断摸索烹制海月的方法，以期达到最佳的滋味。唐代药学家孟诜在《食疗本草》中认为，用生椒和酱将海月"调和食之"，口感最佳。宋代的唐慎微也在《证类草本》中认为，食用海月最好用生姜和酱做调料。此外，据隋代医家崔禹锡的《食经》记，海月"味辛，大冷，无毒。主利大小肠，除关格、黄疸，消渴"。不过，清代画家聂璜在《海错图》里，则说它"肉扁小，而味腴，薄脆易败，不耐时刻，故海滨人得食，无入市卖者。"这大概也是当下渔民不去养殖海月的一种理由吧。

　　海月不仅可食，更是不可多得的装修材料。因海月的贝壳明

明瓦

亮如镜，透明度非常高，过去东南沿海人家常将这种贝壳打磨一番后当作明瓦，镶嵌在屋顶或门窗之间，用以透光和阻挡风雨。如明末清初李邺嗣写的这首诗："沙白滩头潮汐撞，人家面面对鄞江。蚝山叠作墙根石，海月开为屋上窗。"指的就是海月在当地建筑上的用途。对此，聂璜还在《海错图》写下赞语曰："昭明有融，是称海月。暗室借光，萤窗映雪。"这使我想起二十多年前的一个夏天，我到台州渔村石塘采风时，曾看到很多石头房的窗户都嵌有这种明瓦。我们几个人进入房子时，尽管外面阳光毒辣，但室内却只有柔柔的黄光，像是褪了色的相片，让人觉得清凉、舒适和美好。

海月还被用在江南的游船上。现代作家周作人在《乌篷船》一文中写道："在两扇'定篷'之间放着一扇遮阳，也是半圆的，木作格子，嵌着一片片的小鱼鳞，径约一寸，颇有点透明，略似玻璃而坚韧耐用，这就称为明瓦。"这"小鱼鳞"，其实就是海月的壳。据说，绍兴一带，那些高级的乌篷船就被称为"明瓦船"。

而今，海月渐渐被蚶、蛤、蛏、螺等养殖水产品所取代，早些年遍及东南海域的海月生产区，也包括乐清湾自然分布区已没有多少人养殖它们了。看来，这种活跃了千年之久的美食，已失去了曾经拥有的炫目的光华。

最是美味梅童鱼

meitongyu
梅童鱼

梅鱼头大碎成金，
石首分支非本音。
琐尾纵难登伟器，
别传风味到如今。

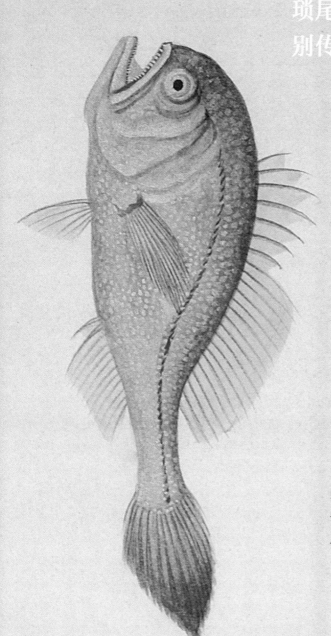

明代冯时可也在《雨航杂录》中
说："鳁鱼，即石首鱼也……最
小者名梅首，又名梅童。"

有海的城市是令人钦羡的，傍海而居更是这一方居民的福祉。

我庆幸家在海边，一年四季总有无穷无尽的海鲜可以品味。浙东南沿海有渔谚说："正月雪里梅，二月桃花鲻，三月鲳鱼熬蒜心，四月鳓鱼勿刨鳞。"当农历五月如期而来的梅雨笼罩在江南大地时，东海里的海水珍品——梅童鱼，也跳着叫着来到了我们的餐桌。

梅童鱼因在梅雨季节洄游产卵、繁殖而得名，它在1700多年前就有记载。三国时期沈莹在《临海水土异物志》中载："石首鱼，小者名'踏水'，其次名'春来'，石首异种也，又有'石头'，长七八寸，与石首同。"有学者认为这踏水就是梅童鱼。明代冯时可也在《雨航杂录》中说："鰔鱼，即石首鱼也……最小者名梅首，又名梅童。"至于说它为什么是"梅童"，我想，一定是它身材较小，形似大头娃娃、童稚可爱的缘故。后来《台州府志》将梅童鱼作进一步描述："似石首而小，黄金色，味颇佳，头大于身，人呼为'梅大头'。出四明梅山洋，故名'梅鱼'。或云，梅熟鱼来，故名。"

梅童鱼在水生动物学中属鲈形目、石首鱼科、梅童鱼属，是大黄鱼、小黄鱼、黄姑鱼、黄唇鱼、白姑鱼、叫姑鱼、鳖鱼等的远房兄弟姐妹，这个家族由于头部的内耳处，各长有二枚像牙齿模样的大小不一的白色石头，生物学家便把它们统称为石首鱼类。梅童鱼还有不少的俗名，如梅子鱼、大棘头、朱梅鱼、大头宝等。

二

关于梅童鱼，民间有个传说，说东海龙王张贴黄榜为三龙女招驸马，梅童鱼看看榜文，又看看自己，心想：别看我个子矮小，

踏水

可全身金鳞锃亮，赤口金身，长相多么标致俊秀，只有我才配当驸马！便托鳎鱼去做媒。

第二天，鳎鱼上朝，在龙王面前为梅童鱼说亲。龙王一听，什么？小小梅童鱼也想当驸马？太自不量力了！龙王气得胡子根根倒翘，撩起一巴掌，只听见"啪"的一声，媒人鳎鱼被掴到墙壁上，掴得扁扁的，两只眼睛也挤到一边去了。而梅童鱼趁鳎鱼上朝的时候，也偷偷混进龙宫，躲在门口偷听。正在这时，它看见龙王一巴掌把鳎鱼掴扁了，吓得回头就逃，一不小心，一头撞在珊瑚礁上，头也撞肿了，成了蜂窝状，还嵌进两块珊瑚石。

梅童鱼怕被龙王看见，忍着痛拼命往外逃。逃出龙宫后，偏偏碰上爱管闲事的水潺，水潺看梅童鱼神色慌张，头肿得像个铜锤，便拖住它，问这问那。梅童鱼十分惶恐，支支吾吾不肯讲。水潺见它吞吞吐吐，越发死死缠住不肯放。梅童鱼晓得无法脱身了，只好把事情经过讲了一遍。水潺听说梅童鱼想当驸马未当成，还撞得头破血流，变成一个"大头梅童"，不觉哈哈大笑起来，直笑得下巴骨脱落，张开的嘴巴再也合不拢了。所以大家说：大头梅童起祸殃，鳎鱼眼睛单边生；幸灾乐祸烂水潺，下巴脱落变了样。

别看梅童鱼最长也不过20厘米，与大黄鱼相比它更是一个小不点，但它头大、身小、肉少，头、身比例严重失调，相对来说，比大黄鱼的头所占的份额都要大。这也正像我家乡歇后语说的："一篓梅童鱼——都是头。"可我一直认为，在众多的海洋鱼类中，梅童鱼是至鲜至味至爽的鱼儿。在每年梅雨季节和九月"小阳天"的两个鱼汛期里，它是我的最爱。

三

梅童鱼有两种，一种叫墨鳃梅童鱼，主产区在渤海；一种叫棘头梅童鱼，黄海、东海皆有分布，但东海较多。在我家乡的乐清湾海域，我们平时看到的大多是棘头梅童鱼，它比墨鳃梅童鱼个体要大，且味更美。刚起捕不久的梅童鱼眼睛锃亮，金黄鲜艳。简单去鳃、清洗后，加绍兴黄酒、姜丝，再撒点盐清蒸，起锅时撒些葱末，其味道之鲜爽、肉质之细嫩，吃到嘴里好像马上会化掉，那种鲜会在舌尖萦绕，直透人的骨髓。

于是，小小的梅童鱼便得到了许多文人的青睐。宋人孙因有诗句："彼赤鳝黄颡何足数兮，又况梅鱼与桃鲻。"他将梅童鱼与桃花鲻并列，可见梅童鱼在宋代就已受到重视。清代诗人潘朗有《海村竹枝词》："梅子酸时麦穗新，梅鱼来后麦鳊陈。春盘滋味随时好，笑煞何曾费饼银。"清范观濂也有《海物》诗曰："梅鱼头大碎成金，石首分支非本音。琐尾纵难登伟器，别传风味到如今。"而光绪年间的谢元寿则将梅童鱼夸为第一小海鲜，他有诗句云："小鲜娇嫩夸双绝，第一梅鱼次泽鱼。"泽鱼是鲻鱼家族中的一种，学名棱鲛，为著名的经济鱼类。

在乐清湾，最好的梅童鱼在七里港海域。这里因为水深流急，港底含沙，生长的梅童鱼体大肥厚，不带泥腥，品质特别优良。因此，在每年五月，我会呼上几个好友到七里港一带，直接从渔船上购买刚起捕的梅童鱼。在买鱼的等待中，有时我们还会看到梅童鱼在渔网里翻滚的身姿，那闪烁的身影就像一道道金色的闪电在眼前掠过，美妙极了。有时，我们也会听到刚出水的梅童鱼发出"吱吱，咕咕"的叫声，那稚嫩的声音就像小孩的娇啼声，可爱极了。

梅童鱼的吃法，一般以新鲜清蒸为佳，有时也可以加点酱油，使颜色更加鲜艳。这样做出来的梅童鱼鲜肥细嫩，美到极点，鱼肉吃到嘴里还带点甜，可谓海鲜之最高境界——鲜甜。但梅童鱼切莫冰冻，冷冻过久的梅童鱼肉如棉絮，一点吃头也没有。正如有的餐饮店里把它错写成"棉同"一样，真的成了破棉花的味道。

在我居住的这座城市里，一直有一个习俗，婴儿第一次开荤只能吃梅童鱼。当婴儿长大到六七个月时，年轻的妈妈怀抱宝宝，

七里港

婴儿开荤

在旁的长辈用筷子细心剔去鱼刺，并剥落如琼脂般细腻的瓣瓣鱼肉，蘸一蘸鱼汤，送到婴儿的小嘴里，让宝宝抿一下。城市的历史记忆告诉我们，梅童鱼细嫩而富营养，润口而无鲜毒，是婴儿开荤的理想食物。当然，无论是谁都不曾记得自己的第一口海鲜吃的是梅童鱼。我倒是知道女人在坐月子时，吃的海鲜常常是梅童鱼，说是有催乳的效果。梅童鱼养眼、馨鼻、爽口、可心，无须掩腥，无须提鲜，真正的鲜味来自鱼儿本身。

人人都道黄鱼好，不过，作为一名海边人，我要说句实在的话：如果不求虚名，与其在高级饭店吃冰冻过的养殖黄鱼，倒不如选一个好天气，约几位好友，到海边排档吃透骨新鲜的梅童鱼。这一点，我的家乡早有话说："冷水梅童赛黄鱼。"

我国内陆和沿海饮食差异极大，内陆人家多在蔬菜、肉类上做文章，比如，湘菜辣、川菜麻，东北人爱辣习俗、人文等元素摸索出来、传承下来的。西北人喜卤当地人根据地理、气候、习俗、人文等元素摸索出来、传承下来的。

但东海人家的筵席除极少数几个肉类和蔬菜外，几乎满席都是海鲜，尤其是浙江宁波、温州、台州等地，一直以来有"无鱼不成宴"的俗语。当然，"无鱼不成宴"并不单单指筵席上只有鱼，而是绝大多数菜肴都是鱼的引申，海鲜的扩展。这样，虾、螺、蛤、蚶、海蜇、乌贼、虾蛄、鳗鲞等，都会成为筵席上亮丽的风景，成为筵席上的常客。

第二辑
筵席常客

泥蚶，筵席上的常客

五彩缤纷的虾

香螺

海蜇，水做的骨肉

乌贼是"贼"吗

透着年味的鳗鲞

龟足，在石头上开花的海味

斓鲋，跳着走路的鱼

天下第一鲜

弓鱼干，冷菜中的妙品

龙头凤尾虾

泥蚶，筵席上的常客

nihan
泥蚶

明代学者屠本畯在
《闽中海错疏》中写
道："蚶，壳厚有棱，
状如屋上瓦垄，肉紫
色，大或专车，壳可
为器……"

瓦垄名争郭赋传，
江乡蚶子莫轻捐。
团沙质比鱼苗细，
孕月胎含露点圆。
愿祝鸥凫休浪食，
好充珍羞入宾筵。
东南美利由来擅，
近海生涯当种田。

一

新年伊始，便有无数丰盛的收获在渔人的笑靥中刊出。在这
纷纷争宠的千百种海产中，有着2000多年食文化历史的泥蚶，则
以其特有的形、色、味令人瞩目，惹人喜欢，成为春节前后以及喜
庆日子宴会上一道不可或缺的佳肴。

泥蚶，也称花蚶、血蚶，是一种埋栖于沿海滩涂的双壳贝类，
因其壳表面的放射肋形似房屋上的瓦垄，古人又称它为瓦垄蛤。泥
蚶在生物学上属软体动物门、双壳纲、列齿目、蚶科、蚶属，原产
于印度洋和太平洋海域，为我国四大养殖贝类之一，也是我国东南
沿海最主要的海水养殖贝类。有文字表明，浙江东南沿海的泥蚶在
唐代时已成为朝廷贡品。

瓦垄蛤

据史料记载，蚶在2300多年前的战国时期就有记载，古籍
《尔雅》称它为"魁陆"，东晋郭璞注曰，"《本草》云：'魁状如海
蛤，圆而厚，外有理纵横。'即今之蚶也。"当然，这里所说的是指
大块头的蚶，若是泥蚶的话，肯定也需五年以上的蚶龄。三国时期
沈莹的《临海水土异物志》中则有"蚶侧径四寸尺，背似瓦垄，有
文""蚶之大者，径四寸，肉味佳"的描述。唐陈藏器在《本草拾
遗》中记蚶："出海中，壳如瓦屋。""利五脏，健胃，令人能食。"
明代学者屠本畯在《闽中海错疏》中写道："蚶，壳厚有棱，状如
屋上瓦垄，肉紫色，大或专车（注：专车，语出郭璞《江赋》，'紫
蚢如渠，洪蚶专车'，专作满字解，专车即满车），壳可为器……按
四明蚶有两种，一种人家水田中种而生者，一种海涂中不种而生
者，曰野蚶。壳缁色而大，肉韧，医书取壳入药，名瓦垄子。"

魁陆

素有"海上牧场"之称的乐清湾，更是泥蚶及蚶苗的主产地
之一，且历史悠久，品质、产量当冠，名声远扬。据明嘉靖《温州
府志》记载："乐清石马、蒲岐、朴头一带为多，取蚶苗养于海洋，
谓之蚶田。其苗小者如芝麻，大者如绿豆，有细垄粗垄之别。细垄

能飞不可养，养者惟粗垄，然必三五年始成巨蚶。每岁冬杪，四明及闽人多来买蚶苗。"由此可见，乐清湾至少在嘉靖年间，就已成为泥蚶的苗种中心，其范围辐射到福建和浙东地区。

如今，乐清湾蚶业方兴未艾，水产育苗场遍地林立，泥蚶自育自养自产，同时蚶苗还远销齐鲁、吴越等地。在大海退潮时，登上乐清湾海堤眺望，但见湾内蚶田纵横，田垄重重，其布局之整齐，规模之浩大，连田地连绵的平川、旷野都难以望其项背，此刻，的确让人有"沧海变桑田"的感受。

泥蚶在欧洲、美洲原无子嗣，只有近代才进入欧美市场，并愈来愈被世人所珍重。据学者透露，前些年也有不少韩国泥蚶流入乐清市场，但这种蚶含血量很低，味道远不如本地泥蚶鲜美。区分韩国泥蚶与乐清湾泥蚶，则要看蚶壳的放射肋，放射肋多于21条的就是本地泥蚶，少于19条的则是韩国泥蚶，而介于这两者之间的，很可能是杂交种。所以，在购买泥蚶时，我们还得看看放射肋的数量。

二

海水和泥涂孕育了深厚的海洋文明，也演化出泥蚶这种难得的生物。你看：

那蚶壳，坚硬厚实，褐中泛白，轮脉清晰，放射肋互相对嵌，壳表膨胀如鼓，形如圆卵，如一颗颗闪亮的珍珠，也似一枚枚昂贵的玛瑙。无论往哪儿一摆都是一道绝佳的风景，直诱得人垂涎欲滴。

那蚶足，虽不起眼，比鸡舌还小，初看很难想象是足的外延，却灵巧，能在辽阔的滩涂上挖掘栖身之穴，纵横游动，并鼓动水流滤食水中浮游的藻类植物，补充自身的营养，让自己迅速膨大起来，肥壮起来。

沧海蚶田

那蚶肉，颜色鲜红，肥嫩鲜美，营养丰富，让你看一眼终生难忘，咬一口一个惊喜，使你暂忘了餐盘中其他菜肴的存在，那个鲜爽的回味，悠长久远，深入肺腑。这时，你会情不自禁地嘴里含着，手里掂着，眼里看着，顾不上作君子淑女之态，直把盘中之物收拾干净才罢。

早年，泥蚶是宴席上的珍馐，每人只分得几个，有些人舍不得吃，便用油纸打包回家，好让家人分享。而随着泥蚶育苗技术被攻克，如今泥蚶只是寻常之物，价格适中，老百姓吃蚶自然就成了平常事。每当季节一到，蚶肉饱满、蚶血鲜艳之时，老幼妇孺就会一齐出手，大啖花蚶，吃着吃着，便在不知不觉中将双手和桌面弄得蚶血淋漓。尽管半生不熟的泥蚶壳很是难剥，但人们早就发明了剥蚶的专用工具，酒店、饭馆也全有配备，这工具就是蚶钳。泥蚶上桌后，只要稍稍用点力道，于蚶钳的一张一合之间，一整盘流淌着殷红血色的泥蚶就已摆在了我们的面前。

蚶血淋漓

我所在的这座城市，吃泥蚶最常见的方法是，用开水将它们烫至六七分熟便食用。这时的泥蚶血汁充盈，肉质脆嫩，味道腴美，让人食之不厌。至于用泥蚶制成的腌蚶、芙蓉蚶、酒蚶等也已久入人心，被世人所喜爱和推崇。

三

蚶也历来被文人所赞美，而描写它们的华美篇章也被渔人世代传咏。东晋书圣王羲之有《啖蚶帖》书："蚶二斛，蛎二斛，前示啖蚶得味，今旨送此，想啖之，故以为佳。"明代文人将军张如兰有《蚶子颂》道："内柔而茹，外刚而错。惟柔乃食其肉，惟刚几磨其壳。茹其肉弃其壳。蚶乎蚶乎，其赞食指之甘，而扶糟丘之醉者乎？"

对泥蚶，清代文人似乎情有独钟，不仅诗作数量较多，而且质量亦属上乘。道光玉环厅同知陆玉书写乐清湾蚶田的诗曰："永嘉江外水连天，一望苍茫不见边。渡过铧锹三十里，谁知沧海变桑田。"同时代的台州知府南京人朱绪曾则有《瓦珑》诗云："紫云满腹酒曛初，魁陆名曾附释鱼。一脔竟分天上炙，洪蚶更欲觅专车。"奉化文人孙事伦也有《养蚶》诗："芊芊瓦垄子，纷产东海涂。剡川尤著名，风味良不粗……"在写泥蚶的诗篇中，我较为欣赏的是清代临海诸生的朱邺华，他有《椒江竹枝词》诗："一夜潮回茛汊船，花蚶白蟹不论钱。祀过周七娘娘庙，满地青虾带雨鲜。"这首诗虽然带有宋文学大家王安石《黄田》诗的韵味，但言简意赅，值得玩味。而咸丰年间王步霄的《养蚶》诗："瓦垄名争郭赋传，江乡蚶子莫轻捐。团沙质比鱼苗细，孕月胎含露点圆。愿祝鸥凫休浪食，好充珍羞入宾筵。东南美利由来檀，近海生涯当种田。"则被公认为古往今来所有泥蚶诗中的佳品。

当代著名作家汪曾祺十分喜欢泥蚶，他在《初访福建》一文中对泥蚶赞不绝口。他写道："泥蚶亦名血蚶，肉玉红色，极嫩。张岱谓不施油盐而五味俱足者唯蟹与蚶，他所吃的不知是不是泥蚶。我吃泥蚶，正是不加任何佐料，剥开壳就进嘴的。我吃菜不多，每样只是夹几块尝尝味道，吃泥蚶则胃口大开，一大盘泥蚶叫我一个人吃了一小半，面前蚶壳堆成一座小丘，意犹未尽。吃泥蚶，饮热黄酒，人生难得。举杯敬谢主人，曰：'这才叫海鲜！'"这样的文字就是对泥蚶最大的褒奖。对此，著名作家林斤澜也在文章里说："扬名海内外的美食家汪曾祺，食量随年增而日减。任凭山珍海味，也不过一二筷子。唯对此物剥一食一。连剥连食，积壳成丘，方抽空赞曰：'天下只有这位，不加任何作料就是美食。'"

人们爱蚶，还在于泥蚶有多种用途。早在唐代，孟诜撰写的《食疗本草》载蚶："润五脏，治消渴，开关节。"同朝代的萧炳也在《四声本草》中说蚶："温中消食，起阳。"后来，宋代陈师道在《后山丛谈》中记："蚶子养血，盖蚶属，惟蚶有血。"由清朝汪绂

**吃泥蚶
饮热黄酒**

辑于1758年的《医林纂要》也载蚶:"补心血,散瘀血,陈烦醒酒,破结消痰。"清王士雄在《随息居饮食谱》里对蚶的宜忌记述则更为详细:"蚶甘温。补血,润脏,生津,健胃,暖腰,息风,解毒。治泄痢脓血、痿痹不仁。产奉化者佳。可炙可胙。多食壅气。湿热盛者忌之。"现代医学表明,泥蚶富含特有的血红蛋白和维生素B_{12},有补血、温中、健胃的药效,至于能否医治虚痿瓣痹、胃病、消化不良、下痢脓血等症状,我就不得而知了。

泥蚶在生物界中成长了亿万年,目睹了整个人类的发展历程,至今仍在食物链中为人类做出巨大的贡献。养蚶已成为东海沿岸人民发家致富奔小康的途径,蚶产业也逐渐成为海产品中的朝阳产业。我相信,在"乐清湾泥蚶"的知名商标和"中国泥蚶之乡"的金名片的影响下,泥蚶及其衍生产品将以明珠般的容姿展示在全人类不同肤色人的面前。

五彩缤纷的虾

xia

虾

长须翁卧瓮头春，
醉不胜扶绝可人。
琥珀色浓红透肉。
珊瑚钩嫩冷生津。
欲酬野句不当价，
粘出侯家总是珍。
此法纵传无此料，
石桥雪水玉粼粼。

由陈耆卿编纂的《嘉定赤城志》云：
"虾，有赤、白、青、黄、斑数色。
青者大如掌，土人珍之，以饷远。
梅熟时曰梅虾，蚕熟时曰蚕虾，状
如蜈蚣而大者曰虾姑，身尺余、须
亦二三尺曰虾王，不常有。皆产于
海。其产于陂湖者曰湖虾，二钳比
他种其长倍之。"

一

　　我以为，虾是所有海产品中，对人们最具诱惑力的海鲜之一。那五彩缤纷、绚丽多姿的外表，结实而富弹性的肉质，鲜甜而馥郁的香味，像妖姬那样透露出无限的杀伤力，直勾得人欲罢不能。

　　所以，在我的家乡，不论是什么样的酒筵，虾都是必上的一盘菜。甚至在红白喜事的筵席上，不仅冷盘中有虾干，而且热菜里还有一盘水煮的鲜虾。这也表明，虾在父老乡亲的心目中占有重要的地位。

　　虾也是所有的海鲜里，最容易识别的生物：外壳白色的叫白虾，红色的叫红虾，青色的叫青虾，黄色的叫黄虾，有斑节的叫九节虾，背穿甲胄、身子拱起的叫龙虾，而扁平的叫扁虾，其他剩下的倘若都叫它对虾或蚕虾，似乎也不会有什么问题。

　　当然，这是指海洋底栖生物的虾类，也就是我们平常见到的体长超过5厘米以上的虾，若是遇到浮游生物一类的虾，比如磷虾、糠虾、莹虾、毛虾等，那么对不起，这个识别方法就会失灵。我也会被这些用来制作虾皮的物种搞得晕头转向，不明就里。

　　虾的繁体字写作"蝦"，取了"霞"字的下半部，有一种霓霞映照、灵光闪烁的感觉。这是汉字的伟大，老祖宗的睿智。说真的，当我们看到虾那斑斓锦绣、绚丽多姿的色彩，窈窕玲珑、轻巧敏捷的身手时，的确会在视觉上感到愉悦，有一种世界真美好的感受。尤其是那种大龙虾，完全可以说是海洋生物里扮相最为英武帅气、富丽堂皇的物种之一，既给人惊奇，也让人欣喜。

霓霞映照

二

　　虾分为河虾和海虾两类，均归属于甲壳亚门软甲纲十足目，这个目包括了虾类和蟹类，种类庞大，据说全世界有9000多种，其中虾类也有2000来种，识别起来相当困难。对于平民百姓来说，是认识不了那么多虾的，因此，我们平常所说的虾，一般都是指白虾、红虾、青虾或对虾这一类海虾。

在东海沿岸，人人都吃过虾，也伴随着吃虾而慢慢长大。但吃什么虾，却是有些讲究的。

有许多次，在大排档里点菜，有朋友问我，该点什么虾？我说，自己人小聚，小虾好吃而实惠。而在诸多的小虾里，我通常选择的是青虾、红虾或白虾。

白虾学名脊尾白虾，体长5~8厘米，甲壳薄脆，通体洁白如雪、晶莹剔透，又带有满肚子黄色的虾子，在水箱里活蹦乱跳的，应是不错的选择。但白虾也有美中不足的地方，现在它们几乎全是养殖的，不仅可以在海水中养殖，还可以在淡水里养殖，而我们不知道它们吃的饵料是否会按照养殖标准执行。

红虾有两种，一是俗名叫大头虾的大管鞭虾，这是一种菜市场里最常见的虾，一般体长6.5~12厘米，甲壳薄软，表面光滑，头较大，全身橘红色，较为亮眼，肉质脆嫩而松软。二是俗名叫铁壳虾的须赤虾，体长5~8厘米，甲壳厚硬，表面粗糙，身被绒毛，粉红中伴有棕红色的斜斑纹，味道清甜。虽然红虾基本不是养殖的，但它捕捞上来时都已死去，有时经过运输后，头与身子往往若接若离，卖相实在不敢恭维，如将它剥壳做虾仁，则是上好的材料。

青虾也叫剑虾、硬壳虾，学名哈氏仿对虾，体长6~10厘米，甲壳较厚而坚硬，体表光滑，清晰透明，散发着青色光泽。同时与棕色的腹肢和棕黄色的尾肢，形成较为明显的色彩对比，能很好地吸引人的眼球。青虾肉质鲜美、细嫩，富含蛋白质和钙质，又基本是野生的，对人体有较大的利好。要好朋友的一般聚会，吃青虾应该是很好的选择——价廉物美，味道不错。

当然了，如果有贵客或是面子上的宴请，那就要做另一种选

白虾

红虾

青虾

蚕虾

对虾

择。首选可以是俗名叫蚕虾的中国明对虾或近缘新对虾，它们也一直以来是我们酒筵上的常客。比蚕虾更上一个档次的是九节虾，学名日本囊对虾。日本囊对虾体长8～20厘米，身上镶着九条蓝色与棕色的横斑，腹肢黄色，尾肢在黄褐色中还绘了明黄、孔雀蓝，像一只花蝴蝶，十分斑斓艳丽。据说日本人称它为"车虾"，因其斑纹黄褐相间，卷起来时好像车轮外胎的一节节纹斑，故而名之。

在对虾里，最大的一个物种是俗名也叫九节虾的斑节对虾，它的体长可达30～35厘米，也有日本囊对虾的斑节，但身体上有暗绿色、深棕色和浅黄色的横斑相间排列，腹肢、尾肢更加鲜艳华丽，体重可超过三四两，大的超过半斤甚至接近一斤。端上餐桌，一只虾就可让人吃个半饱，的确能给主人撑住场面。

在筵席上，至于要不要龙虾，那就看着办吧。

三

我国吃虾历史悠久，编著于战国时期的《尔雅》里就有"鰝，大虾也"的记载。公元前176年，汉初著名政治家贾谊曾在《吊屈原赋》中写："夫岂从虾与蛭螾？"后来，东晋郭璞也在《江赋》中写："璅蛣腹蟹，水母目虾。"再后来，唐代药学家陈藏器又在《本草拾遗》里记："海中红虾长一尺，须可为簪。"在唐代，还有虾酱的记载，由文学家、书法家欧阳询等人编著的《艺文类聚》中记："梁刘孝仪谢晋安王赍虾酱启曰：龙酱传甘，退成可陋，蚳醢称贵，追觉失言。上圣闻雷，未之能覆，嘉宾流歠，羞无辞窭。"

对虾与龙虾进行较具体描写的是唐末刘恂，他在《岭表录异》中记："海虾，皮壳嫩红色，就中脑壳与前双脚有钳者，其色如朱。余尝登海舸，忽见窗版悬二巨虾壳，头尾钳足俱全，各七八尺。首占其一分，嘴尖如锋刃，嘴上有须，如红筋，各长二三尺，前双脚有钳，云：以此捉食，钳粗如人大指，长三尺余，上有芒刺如蔷薇枝，赤而铦硬，手不可触。脑壳烘透，弯环尺余，何止于杯盂也！"龙虾是虾中的王者，头戴雉尾，龙首甲胄，金黄戎装，英气逼人。我想，刘恂即便仅仅看到它的虾壳，就写下这段文字，也是十分正常的。

到宋代，人们对虾的认识开始深入，也能够进行简单的分类。由陈耆卿编纂的《嘉定赤城志》云："虾，有赤、白、青、黄、斑数色。青者大如掌，土人珍之，以饷远。梅熟时曰梅虾，蚕熟时曰蚕虾，状如蜈蚣而大者曰虾姑，身尺余、须亦二三尺曰虾王，不常有。皆产于海。其产于陂湖者曰湖虾，二钳比他种其长倍之。"在这里，作者记述了虾的颜色、形态、成熟季节及生活环境，大体上可以反映宋代东海沿岸人民对虾的认识水平。

虾肉质纯净，味道鲜美，形态优雅，色彩艳丽，自然也受到历代诗人的赞颂。唐代诗人唐彦谦有《索虾》长诗写道："姑孰多紫虾，独有湖阳优。出产在四时，极美宜于秋。双箝鼓繁须，当顶抽长矛。鞠躬见汤王，封作朱衣侯。所以供盘餐，罗列同珍羞。……厌饮多美味，独此心相投。别来岁云久，驰想空悠悠。衔杯动遐思，啰口涎空流。封缄托双鲤，于焉来远求。慷慨胡隐君，果肯分惠否？"宋代诗人梅尧臣也有《虾》诗写道："自生江海涯，小大形拳曲。宫帘织以须，水母凭为目。贵将蔽其私，贱用资不足。於物岂无助，况能参鼎肉。"

在古代咏虾的诗歌中，我很推崇元代诗书画家杨维桢的《十月六日，席上与同座客陆宅之、夏士文及主人吕希尚、希远联句》："新泼葡萄琥珀浓，酒逢知己量千钟。犀盘箸落眠金鹿，雁柱弦鸣应玉龙。紫蟹研膏红似橘，青虾剥尾绿如葱。彩云吹散阳台雨，知有巫山第几重？"以及宋代方岳的《府公徽猷饷酒虾》："长须翁卧瓮头春，醉不胜扶绝可人。琥珀色浓红透肉，珊瑚钩嫩冷生津。欲酬野句不当价，粘出侯家总是珍。此法纵传无此料，石桥雪水玉粼粼。"也应当算是咏虾诗歌中的名篇。

此外，与聂绀弩并称为"北聂南熊"的熊鉴的《咏虾》诗："跳跃灵于蟹，峥嵘势若龙。生前无滴血，死后一身红。"则言简意赅地表述了虾的特质，让人回味无穷，遐思深远。

四

虾做法简单，一般不外乎水煮、红烧、酒醉三种。

对于中小型虾来说，水煮虾是最好的做法，可以充分享受虾的原汁原味。有人认为水煮虾很简单，其实要做得好，还是颇有讲究的，关键的一步就是要把握住生熟的程度，过久会身首分离，虾肉过老，质地坚韧；过生则壳肉粘连，难以剥离，口感不佳。最佳的时机是，在锅中水烧开后，倒入鲜虾，再加黄酒，沸腾一两分钟后即捞起。这里还要切记一点，冷水与活虾不能同时烧，否则，虾的尾巴多会紧缩，而不会张开。在虾投入沸水的那一刻，还需加一点盐，滴几滴油，让咸味渗入虾肉，让油光点缀虾壳，使虾肉更为鲜美，也使虾体更加鲜妍亮丽。

**把握
生熟程度**

烹饪很大的虾，比如几两重一只的斑节对虾时，需要对虾进行解剖并要用红烧的方法了。这种烧法，无非也是热油与姜片、蒜头、黄酒、酱油、葱丝等佐料的搭配，跟红烧鱼、红烧蟹似乎没什么两样。

在江浙沪一带，还有很多人喜欢生食鲜虾，那就要做醉虾了。何为醉虾？简单地说，就是将活虾剪须、洗净、切段，然后盛在容器中，再加上适量的烧酒、胡椒粉、姜末、白糖、盐、酱油、醋，盖上盖子，将容器晃荡一番，静下来稍稍待上几分钟，这道菜便大功告成了。

炝虾

醉虾，又称为炝虾，古已有之。唐刘恂在《岭表录异》中说："南人多买虾之细者，生切舷莱兰香蓼等，用浓酱醋，先沃活虾，盖似生菜，以热釜覆其上，就口跑出，亦有跳出醋楪者，谓之'虾生'。鄙俚重之，以为异馔也。"这可能是对制作醉虾的第一次记载。而宋代诗人方岳的诗句"鲟香透白琼瑶片，虾醉殷红玛瑙钩"则把醉虾的形和色描写得活灵活现。

历史上，许多文人都爱食醉虾，明末清初文人李渔曾在他的《闲情偶寄》一书中写虾"惟醉者糟者，可供匕箸"。清朝著名文人兼美食家袁枚则在《随园食单》中写道："带壳用酒炙黄捞起，加清酱、米醋煨之，用碗闷之。临食放盘中，其壳俱酥。"当代作家汪曾祺先生也是醉虾的拥趸者，他在《切脍》一文里说："我们家乡的呛虾是用酒把白虾'醉'死了的。解放前杭州楼外楼呛虾，是酒醉而不待其死，活虾盛于大盘中，上覆大碗，上桌揭碗，虾蹦得满桌，客人捉而食之。用广东话说，这才真是'生猛'。"

不过，刘恂、方岳、李渔、袁枚、汪曾祺说的醉虾极有可能是河虾，但小型的海虾也可以如法炮制，其味道还要更胜一筹呢！

香螺

xiangluo
香螺

宋代苏颂在《本草图经》
里记："海螺即流螺，
厣名甲香，生南海。今
岭外、闽中近海州郡及
明州皆有之。"

各种螺名出海乡，
何如金玉赋其相。
旋纹逾入味逾美，
尖壳含黄胜蟹黄。

一

　　香螺很有名，尽管它只是一种小海鲜。

　　香螺物如其名，它最大的特点便是香。那是一种鲜中有香，香里带鲜，能够直透人的五脏六腑的鲜香。

　　在我的印象中，吃螺类主要吃的是鲜味，比如，河螺、海蛳、钉螺、泥螺、花螺、辣螺、芝麻螺、东风螺、织纹螺等，都是以鲜味取悦于人的，唯有香螺是鲜与香兼得，香更胜于鲜，让人食后余香满口，久而不散。

二

　　俗称为香螺的螺类在东海海域有两种，分别是扁玉螺、微黄镰玉螺，它们均属于腹足纲中腹足目玉螺科。这个科的螺类全世界有400多种，我国也有80多种，东海海域有15种，除可食外，其贝壳多是雕刻的原材料。如今，在许多地方的贝壳雕专题博物馆里，以它们为材的作品都有展示。

白香螺

　　扁玉螺贝壳呈半球形，壳的宽度大于高度，看上去胖嘟嘟、矮墩墩的，壳面为黄褐色，较为亮丽，因它的近壳口处有一层白色的光晕，人们又俗称它为"白香螺"。微黄镰玉螺贝壳呈卵圆形，高度要大于宽度，身材修长匀称，螺旋部较小，体螺层膨大。尤其是半月形的壳口，外唇薄且弧线分明，内唇光滑、温润如玉，栗色的角质厣能恰到好处地将壳口紧封密盖，以免肉身春光外泄。壳顶为淡淡的烟灰色，壳面为黄褐色或灰黄色，甚至是浅灰色。如果生长在沙涂上，其壳面会向棕黄色转化，因此，在一些地方，人们也

黄镶玉螺

称它为"黄镶玉螺"。这是一个既形象又诗意的名字，可惜，分类学家偏偏选择了"微黄镰玉螺"作它的学名，而它也已成为香螺的代名词。

当然，专家们叫它微黄镰玉螺，肯定有其道理，因为这种螺体色微黄，又归入玉螺科玉螺属，所以，这样的称呼似乎没什么问题。关键是这个"镰"字，得让人费心思猜测了。"镰"代表什么？现在我告诉你：别看这螺的外表相当朴素，一袭黄灰色衣装，不大惹眼，低调内敛，稳重矜持。其实这螺是一个厉害的角色，干的是肉食性的营生。它的舌头也就是斧足十分发达，表面生有许多锯齿，形如镰刀。说是镰刀，其实更像稻锯，只不过以前北方农人收割稻麦用的都是镰刀，似乎没有稻锯一说，那就取名为微黄镰玉螺吧。

那么，香螺的斧足能厉害到什么程度呢？我再告诉你，这斧足既用于走路，又用于钻孔，去取食那些双贝壳类如蚶、蛤、蛏的肉体，不仅如此，它还能制伏较小的蟹和蜘蛛。据生物学家观察，香螺在滩涂爬行，能像锄头一样挖掘涂泥，深度可达8厘米。虽然它的视觉已经退化，但嗅觉还是很灵敏，触角前端呈扁平三角形，一旦捕捉到涂泥里猎物的信息时，就会用斧足将一些比自己躯体小的猎物包裹起来，或依附在一些比自己躯体大的猎物身上。确定攻击位置后，便会调整自己的齿舌，吸住猎物外壳，然后齿舌腹面的穿孔腺分泌出一种酸性物质逐步溶解猎物外壳，待慢慢地摩擦出一个小孔后，再将齿舌从孔中探入猎物体内进行锉食，直至将猎物肉体全部吃掉。所以人们有时会在海滩上发现一些蛏子壳、泥蚶壳、蛤蜊壳上有个圆孔，这十有八九都是香螺的杰作。

香螺如此，花螺更是这样，不单能吃蚶、蛤、蛏，连较大的蟹和蜘蛛也能吃。花螺在闽南一带还有"蚶虎"的称号，这话听起来有点天方夜谭，却是千真万确的存在。现在，渔民在围塘里养殖泥蚶、缢蛏、蛤蜊时，挑选蚶苗、蛏苗、蛤苗都会小心翼翼，如果稍有不慎混进了香螺苗或花螺苗，那渔民的收成就有极大的风险了。

斧足取食

不过，香螺也只是海洋动物食物链中的一环，一些底栖鱼类诸如竹甲（鲗鱼）、老虎斑（褐菖鲉）、蜻蜓虎（中华乌塘鳢）等，又是它们的天敌，遇到这些鱼，它们往往难以逃遁，只有被吃掉的份。这是它们的宿命。

三

每当晨昏时光，特别是雨后落潮时，香螺会从一两寸深的泥穴中钻出，在泥涂上成群滑行，身后拖着一条条长长的爬痕。这时，乐清湾沿岸的渔民就会在滩涂上打着手电筒，采用"按痕索骥"的方法捡拾它们。据说运气好时，一个潮水便可捉到五六斤。

美味的香螺是浙东南人家筵席上必备的冷菜之一，素有"盘中明珠"的美誉，它壳薄肉肥，肉质香浓，口感脆嫩、柔糯，远远胜过其他螺类，也是同样被称作"香螺"的扁玉螺所无法比拟的。毕竟，扁玉螺的膏太少了。如果说花螺是霓裳羽衣的小姐，扁玉螺是雍容华贵的贵妇，那么香螺就是香气袭人的香妃。

香螺之香源自它的膏，这是它的精华所在。每年农历三四月份是香螺的成熟季节，这时香螺肉质甘腴，膏黄醇香，味道最为鲜美，尤其是其尾部的膏，那股天然的香气，即便是最不喜欢吃螺的人也抵挡不住它的诱惑。内行人吃香螺，正是为了品享这股独特的香味，他们用牙签挑香螺肉时，会顺着香螺的螺纹即按逆时针方向挑，将它连肉带膏挑出来，有时香螺膏断落在壳里了，他们还千方百计、绞尽脑汁地将其挑出，有时实在没辙了，不惜将螺壳敲碎，也舍不得留半点膏在壳里。

在我的家乡，烧香螺一般有三种方法，最简单的就是清煮，这是家庭和酒店的基本做法，这样做出来的香螺原汁原味，保持了

香妃

111

其固有的鲜味与香味，是老饕们的最爱。而大排档或烧烤店里制作香螺大多采用爆炒法，这种做法与炒螺蛳没有两样，吃的是鲜和辣，其实也掩盖了香螺的本味。因香螺的壳较薄较脆，早年，乡人们常将香螺腌制了吃。腌过的螺肉因蛋白质经过独特的发酵，其醇厚的香味会随着每一次咀嚼而不断呈现。

香螺虽然不是筵席上的主角，然而它很早就已进入了古籍。宋代苏颂在《本草图经》里记："海螺即流螺，厣名甲香，生南海。今岭外、闽中近海州郡及明州皆有之。"据李时珍的《本草纲目》记载，这"甲香"就是香螺。此外，南宋《宝庆四明志》还对不同种类的海螺一一加以区别、命名："螺，多种。掩白而香者曰香螺，有刺曰刺螺，味辛曰辣螺……"明代隆庆《乐清县志》也载："有香螺、蓼螺、刺螺、田螺、丁螺、斑螺、黄螺、白螺、马蹄螺。"这些记载说明古人对螺类已有较科学的认识，他们将香螺列在首位，也证明了它在人们心目中的地位。

既然香螺在螺类中排名第一，那么它自然就得到了文人的青睐。清代虞景璜有《芦江竹枝词》："清明时节饱风腴，红壳香螺入馔初。最是乡村鲜味好，青煎园韭麦簪鱼。"同朝代的谢辅坤也有《蛟川物产五十咏·玉螺》诗："各种螺名出海乡，何如金玉赋其相。旋纹逾入味逾美，尖壳含黄胜蟹黄。"此诗的后两句不仅写出了吃香螺需要的手法，还赞美香螺膏比蟹类膏更胜一筹。这足见谢老先生也是香螺的爱好者。

不过，提到香螺古诗，一般情形下，都绕不开唐代大诗人白居易的《骠国乐》诗，以及元代王举之的《水仙子·春日即事》曲。白居易在诗中有句子写道："玉螺一吹椎髻耸，铜鼓千击文身踊。"王举之则写道："兔毫香墨闲工课。饮琼浆卷玉螺。柳丝长忙煞莺梭。"白居易说玉螺能当乐器吹奏，这玉螺是不是我们熟悉的香螺呢？我至今不得而知。或许，它应该是一种大海螺的美称吧。而王举之在曲中唱的"卷玉螺"，依我看，说的当是古

甲香

代女子头上的螺髻，与吃螺的动作并无什么关联，实则是一种形容罢了。

但不管他们写的是不是香螺，这样的优美之作都值得我们好好地赏读。

海蜇，水做的骨肉

haizhe
海蜇

明代作家冯时可在《雨航杂录》中写道："蛇鱼，一名蟥，一名挎蒲，一名水母，俗所谓海蜇也。雨水多，则是物盛。其形如覆笠，以虾为目，虾动则沉。土人食之，皆以为去积，其实损脾。南人以为性暖，能治河鱼疾。"

生以虾为目，
来从水母宫。
堆盘疑冻结，
停筋便消融。
莹洁玻璃白，
斑斓玛瑙红。
酒边尝此味，
牙颊响秋风。

一

秋风乍起，潮流涌动，便是海蜇到处漂游的时节了。

海蜇，我的家乡方言叫**蛇鱼**，温州城里人称藏鱼，古称蜡、樗蒲、石镜、鲊鱼、水母。因海蜇在海水里的活体顶端呈平滑的半球形，粗看极像是光秃秃的和尚头，故在有些地方也称它为尚鱼、海僧帽。

海蜇为水母类浮游生物，准确来说是动物界刺胞动物门、钵水母纲、根口水母目下几种水母的统称。在全世界目前发现的250多种水母中，只有根口水母科的海蜇和黄斑海蜇，叶腕水母科的叶腕水母和拟叶腕水母，以及口冠水母科俗称沙海蜇的口冠水母可以食用，其他的或有毒或离开水即化，故皆不能食用。尽管也有人说，另外一种属于钵水母纲、旗口水母目、羊须水母科的海月水母也可以食用，然而海月水母脱水之后会变得非常干瘪，食用部分极少，也没有多少营养，目前仅作为一种观赏性水母，被一些大城市的水族馆饲养，因而也就上不了餐桌。不过，在东海海域，我们能够见到又可吃的也就只有海蜇、沙海蜇这么两种，其他几种都生活在别的海域。

海蜇的长相、习性与鱼类毫无共同之处，将海蜇称作"藏鱼""鲊鱼"或"蛇鱼"，我觉得这是古人开的一个很大的玩笑。你看：海蜇的外形如伞，伞体由上端的伞部和下端的口腕部组成。平常伞部呈青蓝色、黄褐色或暗红色，伞径一般40～60厘米，大的可超过1米，伞部边缘有8个感觉器。内伞环肌发达，当环肌收缩时，喷出的海水强而有力，可使身体迅速行动自如。口腕部长有8条口腕，呈紫红色，下面布满许多形如悬絮的丝状或棒状附属物。海蜇的口腕能卷缩自如，并放出有毒的刺细胞，以刺伤其他动物，并将它们吸入腔肠，充为食物。

海蜇全身含水量高达90%，可食时其体重、身躯和肌肉不知

蛇鱼

外形如伞

缩小了多少，完全是一种由水做成的骨肉，这与鱼类捕上来是多大，可食时基本也有多大是很不相同的。此外，海蜇还没有眼睛，其平时遇到危险时，依靠共生在它身上的一种小虾的动静来判断是进还是退。这种虾俗称大肚虾，体色棕红，间以黑白斑点，喜食海蜇口腕附着的丝状物所分泌出的涎质，当它们看见敌物时就会一齐往下钻，海蜇也随之沉入海中。这种现象在古人的文献中多有记载。

虾为目

最早记录这种现象的是成书于秦汉时期的《越绝书》，书中写："海镜，蟹为腹；水母，虾为目也。"随后，唐代李善注释《南越志》时也写道："海岸间颇有水母，东海谓之蛇，正白濛濛如沫，生物有智识，无耳目，故不知避人，常有虾依随之，虾见人则惊，此物亦随之而没。"同朝代的刘恂亦则在编著的《岭表录异》中记载："广州谓之水母，闽谓之蛇。其形乃浑物凝结一物，有淡紫色者，有白色者，大如覆帽，小者如碗，腹下有物如悬絮，俗谓之足，而无口眼。常有数十虾寄腹下，咂食其涎，浮泛水上，捕者或遇之。即欻然而没，乃是虾有所见耳。"再后来，明代作家冯时可又在《雨航杂录》中写道："蛇鱼，一名蠟，一名揩蒲，一名水母，俗所谓海蜇也。雨水多，则是物盛。其形如覆笠，以虾为目，虾动则沉。土人食之，皆以为去积，其实损脾。南人以为性暖，能治河鱼疾。"海蜇的这种属性，使民间有了"蛇鱼虾当眼"的俗语。

二

据记载，我国食用海蜇已有悠久的历史，晋代张华在《博物志》中写道："东海有物，状如凝血，从广数尺，方员，名曰鲊鱼，无头目处所，内无藏，众虾附之，随其东西，人煮食之。"唐代陈藏器也在《本草拾遗》中说："炸出以姜、醋进之，海人以为常味。"具体怎么个炸法，刘恂还在《岭表录异》中记："南人好食之，云性暖，治河鱼之疾。然甚腥，须以草木灰点生油，再三洗之，莹净如水晶紫玉。肉厚可二寸，薄处亦寸余。先煮椒桂或豆蔻生姜，缕切而煠之，或以五辣肉醋，或以虾醋如鲙，食之最宜。"到北宋时，人们依然熟食海蜇。北宋名臣沈与求在《钱塘赋水母》的长诗中有："水母弃掷罗纵横，试令收拾输庖丁。绛綟收涎体纤紫，飞刀镂切武火烹。花鬈钉饾粲白英，不殊冰盘堆水晶。稻醯齑寒芼香橙，入齿已复能解酲。"的句子。诗中的"武火烹"即表明是烧煮而食的。显然，在此之前，人们还未掌握用明矾来给海蜇脱水的技术，也不知道海蜇可以生食，所以才或煮或炸而食之。

经考证，海蜇生食始于南宋，绍兴二十一年（1151年）十月，抗金名将、清河王张浚，曾向临幸王府的宋高宗供进御宴。据传，席上水陆杂陈，荤素毕备。其下酒十五盏菜中的第十四盏为水母脍，即生海蜇。这道菜的制法是：海蜇清水洗净，切成薄片，浸五六个时辰，把咸味、腥味除尽。食用时，将海蜇片捞起，沥干水分，加盐、葱花、姜末、酒、醋拌和，蘸酱油、麻油而食。由此，百姓人家生食海蜇开始盛行。

早年，海蜇是东海最为常见的大宗水产品。在每年初秋海蜇旺发时，成千上万只海蜇在海面上随波逐流，时现时隐，宛如一群群头戴红帽、身着纱裙的俏丽女郎踏着浪花，摇曳生姿而来，成为海上的一大奇观。这时，沿海渔民便齐齐出动，采用竹竿戳、兜网撩，及草绳网捕、机帆船围网等方式捕捞海蜇。一个潮水下来，就能满载而归。清朝诗人王步霄在《海蜇诗》中曾写道："美利东南甲玉川，贩夫坐贾各争先。南商云集帆樯满，泊遍秋江海蜇船。"这首诗描述了海蜇汛期时，玉环、洞头洋面上帆樯云集、商贾争先的盛大场面，可见当年海蜇生产的规模之大和产量之高。

三

腌渍去毒

当然，刚捕获的海蜇是不能直接食用的，必须用明矾和食盐先进行腌渍，促其脱水并流掉毒液。然后用竹刀将海蜇体（俗称蛇鱼白）、海蜇头、蛇鱼花和蛇鱼乌剖开，分别用水洗净，涤去血污，并把连接头、体的筋肉、血衣膜和黏液刮净，再由水产公司收购。当然，这些工序都是由经验丰富的老渔民完成的，因为海蜇有小毒，外行人操作时皮肤易被蜇伤而造成危害。

因海蜇价格不高，易于贮存，在捕捞海蜇的时候，周围的农人也纷纷挑着水桶过来购买。在二十世纪六七十年代，海蜇价格非常便宜，父亲在每年的这个时候都会挑一担回来，有次我问父亲：花了多少钱？他说，只需一元钱。买回来的海蜇，母亲还要用明矾与盐进行腌渍脱水，反复三次后，再将海蜇头和海蜇皮分开，存入瓮中，过段时间才取出一些食用。那时，海蜇是平民菜肴，就像农家的咸菜一样，几乎家家都有储备。家庭条件稍好的人家蘸蘸酱油、麻油佐酒，无钱的人家就着虾蚜酱、蟹酱卤过饭。正像清代郭钟岳在《瓯海竹枝词》中写的："朝餐盘中鲊鱼添，暮食釜底山薯甜。梭船撑往溪河窄，不贩糖霜贩白盐。"蛇鱼配红薯是当时穷苦农民生活的写照。不像今天，海蜇已成为高档佳肴，只有在逢年过节的日子里或在宴请贵宾的酒席上才能吃到。

除蛇鱼白和蛇鱼头外，海蜇身上还有两种美味的食材。一种是供鲜食的，叫"蛇鱼花"。这种食物因为数量少，又不易久存，故只有捕捞海蜇或加工海蜇者及其少数亲友才能品尝到，所以，我多年来都没有吃过这种食物。2017年，我到一个海岛采风，中午就餐时，大排档的老板向我们推荐了这道菜。据老板说，蛇鱼花是海蜇伞部和口腕部中间割取下来的木耳状物，它不像蛇鱼头和蛇鱼白需要腌渍了吃，而是要趁鲜吃。于是，我们就点了一盘

韭菜炒蛇鱼花。端上来时，碧绿的韭菜里间杂着猩红的蛇鱼花，
令人眼睛一亮，而嫩中带着一丝韧劲的蛇鱼花让我们大呼过瘾，
其鲜香之味，令人没齿难忘。另一种叫"蛇鱼乌"，是将海蜇伞
体上一层褐红色的皮（血膜衣）用竹片刮下晒干后的干制品，它
是煮粉干、素面的极佳配料，有补血、活血的功效，是过去渔村
妇女坐月子时用来补身体的。既然是特殊的食物，我没有尝过它
应是很正常的。

四

　　海蜇味美，脆而爽口，吃时有嚼劲，从而得到许多文人的赞
美。在众多写海蜇的古诗中，我最为欣赏的是明代书画大家沈周的
《食海蜇》和元朝谢宗可的《海蜇诗》。沈周诗曰："生以虾为目，
来从水母宫。堆盘疑冻结，停筋便消融。莹洁玻璃白，斑斓玛瑙
红。酒边尝此味，牙颊响秋风。"此诗把海蜇的特性、色泽和吃时
的神态描写得活灵活现，尤其是"牙颊响秋风"一句，令人叫绝。
谢宗可诗云："层涛拥沫缀虾行，水母含秋孕地灵。海气冻凝红玉
脆，天风寒结紫云腥。霞衣褪色冰涎滑，璘缕烹香酒力醒。应是楚
宫萍实老，误随潮信落沧溟。"这首诗词语华丽，想象力丰富，情
趣盎然，极尽形容之能事。让人读后，非去买些海蜇过过瘾不可。

　　海蜇不仅是美味的食物，还是一味良药。李时珍在《本草纲
目》中写水母"割取之，浸以石灰、矾水，去其血汁，其色遂白。
其最厚者，谓之蛇头，味更胜。生、熟皆可食，茄柴灰和盐水淹
之良"。又说海蜇"气味咸温无毒，主治妇人劳损，积血带下、小
儿风疾丹毒、汤火伤"。此外，海蜇还有清胃、润肠、化痰、平
喘、消炎、降压等药疗作用。据悉，从海蜇中提取的水母素，在抗
菌、抗病毒及抗癌方面，均有极强的药理效用，有望成为一种食疗
良方。

**牙颊响
秋风**

美食良药

如今，野生海蜇的产量越来越少，而市场上更有人造海蜇出售。人造海蜇据说是由海藻酸钠、无水氯化钙和明矾，或者由明胶、海藻酸钠和琼脂等制作而成的。这样的海蜇尽管对人体无害，但它怎么还会有"水做的骨肉"那种原生的、熟悉的滋味呢？

乌贼是「贼」吗

wuzei
乌贼

唐代药学家陈藏器《本草拾遗》：
"昔秦王东游，弃算袋于海，化
为此鱼。其形一如算袋，两带极长，
墨犹在腹也。"

海若有丑鱼，
乌图有乌贼。
腹膏为饭囊，
鬲冒贮饮墨。
出没上下波，
厌饫吴越食。
烂肠来雕蛆，
随贡入中国。
中国舍肥羊，
啖此亦不惑。

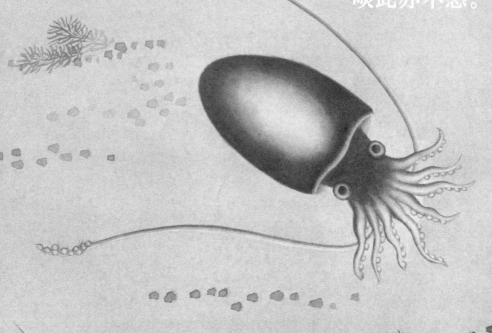

一

蓝色海洋，神秘深奥；动物世界，千奇百怪。在光怪陆离的海洋生物中，乌贼无疑是一种奇怪的动物。

乌贼确实奇怪，它一直有墨鱼之名，可它并不是鱼，全身找不到骨刺、鱼鳞和鱼鳍这些鱼类应有的基本特征。说它属于贝类，可它却没有背着裸露在外的壳，它的贝壳已退化，变成了一个小小的石灰质的小舢板——乌贼骨，且附生在它的胴体内，被身上的膜紧紧包裹着，无法像别的贝类那样能用贝壳来藏身。而且，乌贼也不像泥蚶、缢蛏、文蛤、贻贝、鲍鱼、海螺等贝类动物那样：或埋栖在滩涂里，或匍匐在岩礁上，守株待兔式地滤食着细小的浮游动植物，活动范围很小，移动速度缓慢，一整天也没有爬行多少距离。乌贼吃的是鲜鱼活虾，走路靠游泳，不仅能往前游，还能利用液压原理，将吸进的水用嘴巴喷射出一道水柱，借以推动身体向反方向突进。其游速瞬间可超过普通鱼类，甚至能跃出海面，具有惊人的空中飞行能力，把"游泳健将"的称号送给它，一点也不过分。难怪民间有"乌贼活溜溜，一日一夜游九洲"的谚语。

乌贼还是变色动物，皮肤中有色素小囊，会随"情绪"的变化而改变身体的颜色，从而与海底环境一致，达到避开天敌隐藏自己而又容易捕猎他物的目的。最令人惊异的是，乌贼在遇到强敌时，肚子里会喷出乌黑的墨汁作烟幕弹，搞混一片海水，然后溜之大吉。种种情景表明，乌贼真的像贼一样狡猾，所以，古人把"乌贼"的名字送给它，依我看应是比较恰当的。

贼一样狡猾

二

对一种行动神速、行为奇特的生灵，民间总是会有传说附加于它，乌贼也绝不例外。相传秦始皇统一中国后，有一年到海边南巡，和众随从都被大海的美景迷住，竟将一只装有文房四宝的白绸袋子丢失在海滩上。天长日久，袋子受大海之滋润，得天地之精华，变为一个小精灵：袋身变成雪白的胴体，两根袋带变成两条腕须，袋内的毛笔化作头颅，墨块裹在肉体中的墨囊内，伺机喷发。根据这个特点，后人将这个海洋精灵命名为墨鱼，又称它为乌贼、乌鲗、墨斗鱼。

这一故事最早见于唐代药学家陈藏器的《本草拾遗》，他说："昔秦王东游，弃算袋于海，化为此鱼。其形一如算袋，两带极长，墨犹在腹也。"随后，文学家段成式也在《酉阳杂俎》中记："乌贼，旧说名河伯从事小吏，遇大鱼辄放墨，方数尺，以混其身。江东人或取墨书契，以脱人财物，书迹如淡墨，逾年字消，唯空纸耳。海人言，昔秦皇东游，弃算袋于海，化为此鱼，形如算袋，两带极长。一说乌贼有碇，遇风则蚪前一须下碇。"从段成式的话来看，乌贼当是河伯属下的小吏，其本领在于身上有"墨"，故而能混迹"江湖"。而其身上的"墨"又被人类利用，用以写假借条骗钱。

后来，宋末元初的周密引申了段成式的这段话，并将"乌贼"之名作出定义。他在《癸辛杂识》续集中写："其腹中之墨，可写伪契券，宛然如新，过半年则淡然如无字，故狡者专以此为骗诈之谋，故谥曰贼云。"明代李时珍对此也有这样的记载，墨鱼"腹中血及胆正如墨，可以书字。但逾年则迹灭，惟存空纸尔。"现代科学表明，由于乌贼墨汁中的黑色素其实是一种蛋白质，时间久了就会自然分解，所以字迹也就销声匿迹了。

不过，我个人觉得，仅以墨汁被人拿去写假借条，就将它定性为"贼"，这似乎有点荒唐。如果按此逻辑，那么，在木工作业中，木匠师傅也会拿它的墨弹线，然后按墨线锯柱凿穴，建造房子，制作家具。难道，建成后的这些房子或家具也要归乌贼所有吗？

取墨书契

三

乌贼虽然狡猾，却瞒不过有经验的渔民。渔民在捕捞乌贼时，会根据它们喷出的墨汁确定它们的活动范围，然后用拖网捕获它们。宋末元初台州学者林昉就在所著的《田间书》里写："海有虫，拳然而生者，谓之墨鱼。其腹有墨，游于水，则以墨蔽其身，故捕者往往迹墨而渔之。噫！彼所自蔽者，乃所以自祸也欤？人有恃智，亦足以鉴。"这段话的大意是，乌贼想靠喷墨把海水染黑，伺机逃走，不想渔民恰恰利用乌贼的这一特点来抓捕它。

每年的谷雨、立夏时节，乌贼会向近海靠拢，在岩边产卵。据沿海老渔民介绍，早些年在此时节，沿海渔民会临时组成捕捞队，下设小组，三四人一伙，采用木船、河泥溜并带小型拖网，出海捕捞。小型拖网的结构是这样的：先用手把苎麻搓成一根绳子，将铜钱或铁圈再间入几个榆树木轮盘和拖排穿成一串，称为铜钱纲；接着将铜钱纲系在拖担筇（采用一根约二人多长的实肚筋竹，称为拖担筇）两端的千斤纽上；然后由两根拖担筇吊绳子，一端锁在拖担筇上，一端锁在铜钱纲上，从中间吊起，形成三个网门，使拖担筇全身受力；再将网的下口接合在铜钱纲拖排一端的小绳上，网的上口接合在拖担筇上，在网的上爿中间扎上适量桐木浮子，下水后能将网的上层浮起，在网袋尾部放一个泛筒，将网袋半浮沉在水中；最后在拖担筇上系上一条20多米长的盈握拖绳。这样，一张乌贼拖网基本完成。

捕捞乌贼是一项艰苦的作业，因为在乌贼旺发季节，渔民们要在近海的荒岛上自搭简易棚住，一住两个来月，没有床铺，只能睡在地上，常有毒蛇、蜈蚣出没伤人。随着天气的变暖，蚊子、苍蝇满室飞。若逢雨天，拖来的乌贼才晒成半干，堆放在棚里变质腐烂和腌在桶里的乌贼卵散发恶臭，令人作呕。而拖乌贼需靠近岩边作业，水底地形复杂，不是每个地方都可以撒网，否则网放下去就会被岩石钩住撕破，空忙一场。当然，老拖手会根据多年积累的经验，对水下的地形做出判断，认为海底比较平缓时才放网。一般每条船上由三人作业，两人划船，一人放网并握住拖绳拉动拖网。收网时，双手用力抽绳将网拉上，从网袋尾部放出乌贼。

这一捕捞原理是，因乌贼要在海底岩上产卵，随着船往前划，拉动拖网，铜钱或铁圈在海底岩上滚动，发出声响，乌贼突然被惊，即离岩浮起，被拖入网中。乌贼刚被捕上来时，背部不断变换着五颜六色的花纹，美不胜收，同时嘴里喷出墨水，发出"呼呼"之声。不过，乌贼离开水不一会儿就"寿终正寝"了。拖乌贼分头水、二水、三水，头水历经谷雨、立夏两个节气，该时期乌贼肥大，若遇旺发之年，渔民会大获丰收，所以民间有"一潮发起大财主，两潮打过作富翁"的渔谚；二水为小满至芒种阶段，乌贼个体中等；三水即芒种至夏至阶段，拖来的乌贼瘦小。夏至一到，渔民便结束捕捞，拆厝棚归航。

四

乌贼属于头足类软体动物，我国的水产志书认为它是一种平常的大宗的海产品，原先与大黄鱼、小黄鱼、带鱼一起被称为"中国四大海产"，一年四季在沿海各地菜市场都能见到。可惜，由于过度捕捞，这四种海洋水产资源都已严重衰退，其中大黄鱼、带鱼已经多年形不成鱼汛，小黄鱼和乌贼资源也明显衰减，产量急剧下降。

人们大多认识乌贼，却很难区分它们的差异。其实，乌贼只是乌贼科物种的统称，我国的乌贼科主要有金乌贼属、无针乌贼属、后乌贼属3个属10多种。东海是曼氏无针乌贼和金乌贼两个种的主要产地，我们平常所称的乌贼就是曼氏无针乌贼，它与金乌贼外形差别不大，主要是前者胴部卵圆形，尾部无骨针，干制品叫螟蛸鲞；后者有骨针，个头较大，俗称冬鸡或冬乌，干制品叫乌贼干。曼氏无针乌贼是百姓公认的正宗的乌贼，其食用价值和经济价值要比金乌贼高出不少。

历史上，我国许多著名诗人都吃过乌贼，并留有诗作。北宋梅尧臣有《乌贼鱼》诗："海若有丑鱼，乌图有乌贼。腹膏为饭囊，鬲冒贮饮墨。出没上下波，厌饫吴越食。烂肠来雕蚶，随贡入中国。中国舍肥羊，啖此亦不惑。"苏门四学士之一的晁补之则有诗："那识春将暮，山头躑躅红。潮生芳草远，鸟灭夕阳空。乌贼家家饭，槽船面面风。三吴穷海地，客恨极难穷。"元代进士岑安卿也有《咏墨鱼》诗："媻跚不似蟹无肠，蠢尾惟余一饭囊。腹贮软膏包紫玉，口濡腥液染元香。杀身能使人厌饫，用智反为乌攫伤。勿恨坡仙寓讥刺，品题还有宛陵章。"而清代著名学者梁章钜居温州时，爱吃海鲜，也咏过不少诗作，他有《乌贼》诗云："乌贼即乌鲗，吾乡称墨鱼。沿讹作明府，县官亦何辜。"

乌贼全身都是宝，其肉质鲜美，营养丰富，脂肪含量低、蛋白质含量高，并含有氨基酸，经常食用可提高人体免疫力，防止动脉硬化。乌贼墨具有抗癌和增强机体免疫力的作用，因而意大利和日本等国常用来制成面条一类的黑色食品。近年我所在城市的饭馆、排档里推出了一道菜肴叫清蒸乌贼，其做法是将乌贼肉与乌贼墨一起烧制，食用时有原汁原味的感受。与乌贼墨囊相连的，往往还有一些色泽黄褐、淡绿、乳白且形状多样的内脏，它们分别是乌贼膏、乌贼肠，以及雌乌贼的胚胎——俗称为"乌贼卵"或"乌贼双"，古代把这些内脏通称为"鲢鲗"。北宋科学家沈括在《梦溪笔谈》中说："宋明帝好食蜜渍鲢鲗，一食数升。鲢鲗乃今之乌贼肠也。"宋明帝是南北朝的刘彧，他的食量可真大，一餐竟然能吃下这么多的乌贼内脏。后来，清代袁枚在《随园食单》中也有"乌鱼蛋最鲜"的说法。乌贼双腌后蒸煮熟，是过饭的佳肴，而乌贼双蒸蛋又咸又鲜，一个乌贼双吃完，一碗饭也落肚了。

海螵蛸

乌贼在过去是农家酒宴的主菜，最常见的是乌贼炒芹菜。如今，乌贼制菜，烧法多样，可红烧，可清煮，可大煸，等等，但无论怎么做，乌贼入菜都有绝好的口感和滋味。新鲜乌贼如此，螟蜅鲞或乌贼干亦是这样，将它们与排骨或土鸡合炖，嚼起来韧劲十足，吃起来喷香又鲜爽。

乌贼不但味感鲜脆爽口，具有较高的营养价值，而且富有药用价值。将螟蜅鲞和绿豆放在一起煨汤食用能起到明目降火等保健作用；而那条藏在体内的乌贼骨，也就是《本草纲目》中记载的"海螵蛸"，具有收敛、止血、止痛等功效，能治疗痘疮臭烂、火烫伤等病症。记得小时候的一天，我与伙伴们在农家大院中捉迷藏，在奔跑中右脚踢到埋在土里的砖头，顿时脚趾就被掀开一个大口子，肉皮外翻，鲜血直流，痛得我坐在地上流泪不止。奶奶知道了，让伙伴把我扶进屋里，先拿起一块白布仔细地擦干净伤口，然后又找来一块乌贼骨，用剪子刮下很多细末往伤口上抹，再用布条裹好。过了一会儿，伤口就不再渗血，感觉也不那么痛了。据说，乌贼骨还有去污、增白的功效，用来擦铁锅，锃亮；用它来擦牙，满口黄牙也会神奇地变白了。

海螵蛸还可雕刻成工艺品，据段成式在《酉阳杂俎·续集》里记："乌贼鱼骨如通草，可以刻为戏物。"我至今没有见过用乌贼骨雕刻的人物肖像，但在童年时，我却经常将乌贼骨的正面用小刀刮开，将它做成小小的船，放在小溪里漂游，直到它进入宽广的河流，最后消失在视线中才恋恋不舍地回家。

虽然乌贼的名字并不好听，行为也古怪，却是大海馈赠给我们的美食和良药！

透着年味的鳗鲞

manxiang
鳗鲞

南宋罗濬编著的《宝庆四明志》："鳗，海中者极大，似蛇而色青白，齿锯利。……江湖河中者曰慈鳗，小而色黄。"

影曾注鳢托生缘，
石罅泥淤任自然。
具有雄风蛇比类，
鲲烟避蠧重经筵。

一

在我国，还没有比春节更为重大、更让人感到温馨的节日。那是一个中国特有的、令世界瞩目的人类大迁徙行动。人们年复一年如此，坚守传承，乐此不疲，孩子们更是对过年满怀期待。

过年，从本质上说，还是一波物质与精神的大流通、大交融活动。人们通过各种传统的方式与形式展示自己对生活的愿景、情感、理想与追求，同时也在有限的时光里深深体验乡情和亲情，充分享受记忆中的美味，全身心营造年味并融入有年味的氛围中。而年味可以是白花花、甜津津的爆米花，可以是自家酿制的黄澄澄、香喷喷的老酒，也可以是亲手晒制的油光光、酱紫紫的腊肉。但我觉得，在我生活的这座城市里，最能透着年味的，则是家家户户窗前悬挂着的迎风摇曳的鳗鲞。

几年前，我曾听一位女同事说："小时候过年前夕，看到别人家门口挂满了鳗鲞，好生羡慕，心想以后能嫁入这样的人家就好了。"让少女心生这样的绮想，套用现在的话说，对方即使不是"高富帅"，也至少是中产以上家庭。

由此足以说明鳗鲞在我家乡人心目中的地位。

透着年味

二

鳗鲞的原料来自海鳗。我可以肯定地说，在沿海一带生活的人，几乎人人都吃过鳗鲞，也喜爱它那肥嫩、鲜甜、纯粹的味道。但我认为，在大海里见过鲜活海鳗的人，那就寥寥无几了。

海鳗从分类学的角度说，是属于鳗鲡目海鳗科的一种鱼类。这个科的鳗类在我国有5种，除海鳗外，另有细颌鳗、鹤海鳗、原鹤海鳗和山口海鳗等4种。东海海域则有海鳗、鹤海鳗和山口海鳗等3种。而我家乡的乐清湾据记载仅有2种，分别是海鳗和山口海鳗，它们被大家统称为海鳗。

说起海鳗，很多人都会想到学名叫日本鳗鲡的河鳗。是的，河鳗非常有名，一直以来也是我们餐桌上的佳肴，早些年曾一度被奉为筵席上的主角。众所周知，从海水里出生再回溯到淡水里生活的河鳗，虽然生命力十分顽强，也有一口锋利的牙齿，然而它的嘴巴却是樱桃小口，性格是温和、顺善的，说句贴切的话，它一般是不会咬人的。但海鳗不同，它是大海里极度凶猛之鱼。海鳗胴体粗圆，尾部侧扁，身长一般为50～100厘米，最大可达2米之余。其体背、体上侧为灰黄褐色，泛射着青森森的冷光，乳白色的腹部则被网格状的纹路镶嵌，看上去肉身紧致、毫无赘肉，像修武之人达到一定境界的炼体。

海鳗头小嘴尖，那深裂到眼睛下面的大嘴巴，张开时犹如鳄鱼的大嘴，令人不寒而栗。它牙齿锋利，嘴尖长有几枚倒钩的犬齿，及无数枚上、下颌对合的咬嚼牙。更为厉害的是，其上颌两排咬嚼牙的中间，还直直地布着一列像铡刀一样的宽薄牙片——专业术语称作中行犁骨刀，能轻易将猎物一切两半。这可是鱼类中罕见的牙，也成了其他鱼类的噩梦。所以，拥有这些武装的海鳗，不仅能一下子咬住、钩住猎物，还能很快把身躯比它大过数倍的猎物切成散块，囫囵吞进肚里。据我熟悉的一位渔民朋友说，有一次钓海鳗时，稍不小心被钓上来的海鳗在小腿处狠咬了一口，顿时鲜血飙飞，伤口深可见骨，多少年过去了，至今尚留有一道疤痕。

不仅如此，海鳗的生命力也十分强悍、霸道，游动时，豕突狼奔，迅捷无比，像离弦之箭一样飞过，瞬间跑得无影无踪。而在近海岸觅食时，流窜征讨，几无敌手。那些原本强横的虾蛄、江蟹、蜻蛑、乌贼、章鱼、老虎斑若遇到它，都会被它的铡刀牙"咔嚓"一声毙命，绝无逃生的可能。即使被渔民捕捞上来，它也会拼命挣扎，长距离运输都不会轻易死去。用一句拟人的话来说，它完全就是海洋中的枭雄。

三

作为大海中的强者，海鳗很早也理所当然地进入了文人的视线。五代时期药学家日华子在《日华子本草》中记鳗鱼"生东海中"。南宋罗浚编著的《宝庆四明志》也载："鳗，海中者极大，似蛇而色青白，齿锯利。……江湖河中者曰慈鳗，小而色黄。"而清代郭柏苍则在《海错百一录》中写："海鳗有黄鳗、白鳗，青者特巨，而肉乖为脍，逊于黄鳗，鳗性猛。手钓者鲜，名曰钓仔。理饵越宿取之，名曰浮钓，鳗吞钩死水中，其味鲑。凡海鳗海鳝皆食螺蛤，上钓时，具能啮人手足。"。

在古代，由于先人们没有见过鳗鱼的鱼子，故一直认为它们只有雄鳗而无雌鳗，还说它们在繁衍时，都是以影子漫射到乌鳢身上，才会生出下一代。如北宋陆佃在《埤雅》中说鳗"有雄无雌，以影漫鳢而生子"。郭柏苍也说："诸书皆称鳗鲡云：'有雄无雌，以影漫鳢而生子，其子皆附于鳢之鬐而生，故曰鳗鲡。'"清人陈汝谐还有诗写道："影曾注鳢托生缘，石罅泥淤任自然。具有雄风蛇比类，鲤烟避蠹重经筵。"其实，这怪不得古人，就算在科技发达的今天，科学家都难以知晓鳗鱼是如何产卵的，尤其是淡水里的河鳗。

还好，经过多年对河鳗的研究，现在所知的情况大概是这样的：河鳗多是集群生活的，当食物充沛，足够它们食用时，不少雄性河鳗就会变为雌性的，让群体内雌雄按一定比例存在着。当食物不足时，雌性河鳗则会变为雄性，并从淡水中撤离，游到大海深处，等待发育成熟的雌鳗远赴几千里外的神秘之地繁育新一代。但它们是怎么交尾、排卵的？受精卵又是什么样子？在哪个海域繁育？至今谁也不知道。自然，鳗丝的人工育种也就无法取得成功。尽管河鳗可以人工养殖，但是，其种苗都源自从大海洄游到河口时被捕获的鳗丝。

说句题外话，前几年我在海洋与渔业部门供职时，曾发现一个小小的西门岛竟有张鳗丝的渔船300多条。这说明什么？那就是捕捞鳗丝能赚钱。反过来也证明，那些年河鳗养殖在各地风生水起。

　　这是河鳗的状况，海鳗可能好一些，科学家已获知雌性海鳗的怀卵量，也知道它们的产卵季节。研究成果表明，海鳗成熟时，体内含卵量可达18万～120万粒，它们在每年的春夏季，北上进行生殖洄游，秋冬季南下作越冬洄游。但问题是，它们在北方的什么地方繁殖？怎样繁殖？这仍然是一个谜团。

四

　　海鳗肉厚、质细、味美、含脂量高，可供鲜食或制成罐头，而海鳗肉与其他鱼肉掺和制成的鱼丸和鱼香肠味更鲜美而富有弹性。放眼当今世界，将鳗鱼烧烤后制作的鳗鱼饭在欧洲和日本极为流行。只不过，我不知道这鳗鱼饭，用的是河鳗，还是海鳗？

　　在我的家乡，鲜食海鳗的人并不多，人们最喜爱的做法是将海鳗晾干制成鳗鲞。每年腊冬为捕捞海鳗的旺季，此时又常刮西北风，正是晒制鳗鲞的最佳时期。

　　晒鳗鲞古已有之，南宋陈耆卿在《嘉定赤城志》里写："鳗，出海中者，齿尤铦利，冬晴鳔之，名风鳗，宜于致远。"据说，这是对风鳗鲞这一传统风味食品的首次记载，距今已有800余年。所谓风鳗鲞，也即新风鳗鲞，是指晒鳗鲞，实则并不是晒，而是风干。这一要义，乐清湾渔民理解得十分透彻，他们会在离过年还有个把月的时段，就对捕捞或钓来的海鳗进行筛选。当鱼身的长度、宽度和质量符合要求时，就开始下手。先是从鱼背处开刀，再翻转鱼身，掏空肚子，然后放进配置好了调料的大盆里，浸泡几小时后捞起。第二天早上用劈好的小竹条撑开鱼肚子，再在鱼头处穿绳打

风干

结，挂出去在冬日温和的阳光下风干。

听老渔民讲，晒鳗鲞一般只需两日，在太阳底下过度暴晒会造成鳗鱼的脂肪氧化，使黝黑的"鱼油"渗出表面，从而鳗鲞色相大变，同时还会产生微臭的桐油味。这种现象，家乡人称为"走油"，会大大影响鳗鲞的味道。晒后的鳗鲞要挂在阴凉的窗台上或屋檐下，连续吹一周西北风，风越大，气温越低，制作出来的鳗鲞色、香、味就越好。

过去，在年前晒鳗鲞，曾是长辈们认为最有生活情趣的一件事，也向我们传递了快过年的信息。现在的年轻人基本不自制鳗鲞了，除自己手艺不行外，还嫌麻烦，想吃就去熟食店或卤味店买现成的。当然，如果真要过一把晒制新风鳗鲞的瘾，那么你可以到菜市场买几条海鳗，让摊主帮忙宰杀，提回家不用加佐料，直接挂在窗前风干，这也是一种可行的办法。

五

鳗鲞是浙东南沿海地区酒筵上一道必备的冷盘，将它蒸熟切片后，蘸着小碟子里的酱油醋过口，味道极其鲜美、香醇，如果再抿几口自己爱喝的酒，那就会觉得身心畅快。

据药学分析，海鳗富含多种营养成分，具有补虚养血、祛湿、抗痨、治头风等功效，是久病、虚弱、贫血、肺结核等病人的良好营养品。海鳗体内还含有一种很稀有的西河洛克蛋白，具有良好的强精壮肾的功效，是中老年人的保健食品。海鳗的肝脏含有丰富的维生素A，为夜盲症患者的优良食品。

多吃海鳗能治肺病、瘰疬，古籍已有记载。被誉为世界食疗学鼻祖的唐代孟诜在《食疗本草》中载鳗鱼："主治五痔，疮瘘，诸疮瘑疬。"明代李时珍也在《本草纲目》中引《稽神录》的一个故事说："有人病瘵（肺结核，古时称劳瘵），相传染死者多人，取病者置棺中，弃于江以绝害。流至金山，渔人引起开视，乃一女子，犹活，取置渔舍，每以鳗鲡食之，遂愈，因为渔人之妻。"另据报道，海鳗体内的长条气球形鱼鳔还能治疗胃病，是食疗珍品，但价格奇贵，难得一求。

我不知道海鳗是否具有这样神奇的药效，但我想，按照对应的法则，即"吃啥补啥"的古话，吃了强悍的海鳗能让人身体强壮，这应该是没有什么疑问的。

龟足，

在石头上开花的海味

guizu
龟足

《异鱼图赞笺》："蚴土名龟脚，又名佛手蚶，皆以象形立名。其肉端有两黑爪，至春月散开如华……。渔书云仙人掌，一名龟脚，生海礁上，蚌属，上半为硬壳如掌，下半绿皮裹肉，如龟脚，大不盈寸。"

紫薰晔春流，
生来附石头。
初登荀子记，
再被郭公收。
雨长毛如蕊，
龟疑脚可求。
栎园讶古训，
体物固难周。

一

　　江南三月，当人们都在津津乐道李花、桃花、樱花、油菜花的盛大花事时，殊不知在浙东南海岛的礁石上，有一种海洋生物在春风春雨中，也像花儿一样繁葩吐绣，次第绽放。这就是被古人称为"得春雨则生花"的龟足。

　　龟足也叫龟脚，古人写作石蜐，其最初称"紫絠"。我国著名思想家荀子在《荀子·王制篇》中说："东海则有紫絠、鱼盐焉，然而中国得而衣食之。西海则有皮革、文旄焉，然而中国得而用之。"说明在2300多年前的战国时代，它已被世人所认知。而龟脚之名来自元代成宗元贞三年（1297年），温州籍地理学家周达观在其所著的《真腊风土记》"鱼龙"条目中采用温州人的日常称呼，写真腊（今柬埔寨）的"龟脚可长八九寸许"。以至于后来法国著名汉学家伯希和等人翻译这部书时，将"龟脚"译成了"乌龟的脚"，闹出了一个小小的笑话。

　　龟足为大型有柄蔓足类节肢动物，分布在东海及以南海域。它还有许多以形状来命名的别称，如仙人掌、观音掌、龟脚蛏、佛手蚶等。龟足的生物体分头状部和柄部，头部由多块大小不一的壳板组成，护卫着里面的蔓足，一般宽3厘米，高2厘米，呈淡黄绿色。柄部长宽各约3厘米，外表有许多排列紧密的细小石灰质鳞片，质软且呈黄褐色，以此来固着于海水澄清的礁岩石缝中。龟足常密集成群，这样，它们若被发现时，渔民便会有丰盛的收获。三春时节，龟足吸足、喝饱雨水后，就会一个劲地向上、向周边生长，那斑斓的色彩在阳光的映照下，远远看去很像一簇簇盛开在石头上的花。

应节扬葩

石蜐

最早把龟足形容成花的，当属东晋名士郭璞，他在著名的《江赋》中写道："琼蚌晞曜以莹珠，石蜐应节而扬葩。"这"扬葩"就是开花的意思。郭璞是温州人非常熟悉的古代名人，他在温州包括我的家乡至今仍留有不少的传说。那么我想，在1600多年前，他来这里时，兴许还吃过温州湾或乐清湾的龟足呢！

随后，南朝（宋）年间的湖州文人沈怀远在《南越志》中也写道："石蜐形如龟脚，得春雨则生花，花似草华。"沈怀远将龟足形容成一种小草开的花，那会是什么花呢？他在书中没有明说，因而我们也就不得而知了。与沈怀远同属南朝的文学家江淹则在《石蜐赋》序中说："海人有食石蜐，一名紫蕇，蚌蛤类也。春而发华，有足异者戏书为短赋。"江淹由于在35岁之后专注做官，基本不写诗文了，后世人便用"江郎才尽"的词语来戏谑他。其实他在青年时期，佳作迭出，文章冠绝天下。

江淹的《石蜐赋》很短，也没有特别出彩之处，但他却在序里给了龟足一个"紫蕇"的称呼。据学者解读，"蕇"即是"蘁"的异体字，意为香草。依我看，这名字很美，也富有想象力。难怪明代大文人杨慎在《异鱼图赞》书中，情不自禁地写下赞语："兰陵紫鲀，江淹紫蕇。是惟蚌类，发华应春。珠虾锦蛤，玉盘同珍。"写完后，他觉得还不够过瘾，便再续上一篇《石蜐赋》云："江之腴，石之华；南溟育，东海家。晔流吐叶，应节扬葩。水妃缨佩，渊客簪查。珠蛤胎月，锦鲐孕霞。孰与紫蕇，名品骈嘉。谁抽鼍仙之藻，以泳龙伯之涯耶？"

杨慎为明代状元，博学多才，著作等身，一首"滚滚长江东逝水，浪花淘尽英雄。是非成败转头空，青山依旧在，几度夕阳红……古今多少事，都付笑谈中"的《临江仙》词，就让我们咏唱不休。他经、史、诗、文、词曲、音韵、金石、书画无所不通，而且在天文、地理、生物、医学等方面也有很深的造诣。在这部《异鱼图赞》里，他对120多种鱼、螺、贝、蜃、蚶等海错博古引今，先是一一罗列，描叙性状，然后写下自己的赞语，其描述之准确，文字之生动，都是古代渔书里少见的。《异鱼图赞笺》是杨慎著、胡世安补的一部渔书，他们对龟足作了较具体的描述："蛳土名龟脚，又名佛手蚶，皆以象形立名。其肉端有两黑爪，至春月散开如华……。渔书云仙人掌，一名龟脚，生海礁上，蚌属，上半为硬壳如掌，下半绿皮裹肉，如龟脚，大不盈寸。"这种描述已经属于生物学范畴了，说明胡世安也是一个博学多才的人。

不过，清人周亮工（号栎园）对杨慎的赞语却有不同意见，他在《闽小记》中说："杨用修亦效江淹作《石蛳赋》云：晔流吐叶，应节扬葩。言有花也。今海中龟脚，附石而生，并无发花者。用修好奇，未有灼见耳。"但依我看周亮工有点过于较真了，其实杨慎在渔书里对龟足的描写已经很具体了，他的赞语只是使用比喻手法而已，不过是承接郭璞、沈怀远、江淹的话题罢了。这并不关乎真知灼见的问题。

对龟足描述最为准确的是清代画家聂璜，他在著名的《海错图》上题："今但称为龟脚，一名仙人掌，产浙闽海山潮汐往来之处。曰龟脚，象其形也；曰仙人掌，特美其名，取承露之意。甲属中之非蛎非蚌，独具奇形者。其根生于石上丛聚，常大小数十不等，其皮赭色，如细鳞，内有肉一条，直满其爪。爪无论大小各五指，为坚壳两旁连，而中三指能开合，开则常舒细爪以取潮水细虫为食，故其下有一口。食者剥壳取肉醃鲜皆可，为下酒物。据海人云：鲜时现取而食甚美。"在这段文字里，一句"非蛎非蚌"即颠覆了前人将龟足归属于贝类的观念，毕竟是画家，观察之仔细，描述之生动，都是他人无法比拟的。

仙人掌

三

龟足不仅得到了郭璞、沈怀远、江淹、杨慎、聂璜的赞美，还受到了历代诗人们的吟咏。中国山水诗鼻祖谢灵运有《郡东山望溟海诗》写：“开春献初岁，白日出悠悠。荡志将愉乐，瞰海庶忘忧。策马步兰皋，绁控息椒丘。采蕙遵大薄，搴若履长洲。白花皜阳林，紫蘪晔春流。非徒不弭忘，览物情弥遒。萱苏始无慰，寂寞终可求。”唐代大诗人王维在《送元中丞转运江淮》诗中有句子写：“薄赋归天府，轻徭赖使臣。欢沾赐帛老，恩及卷绡人。去问珠官俗，来经石砝春。东南御亭上，莫使有风尘。”清代作家梁章钜有诗写道：“石蜐即龟脚，其形似笔架。粗皮裹妍肉，难免厨子诧。”清代欧阳述在长诗《水族博物馆》中有“山蚝结屋若瑶岛，石蜐吐华如锦茵”的句子。同是清代的全祖望也有《石蜐》诗写道：“紫蘪晔春流，生来附石头。初登荀子记，再被郭公收。雨长毛如蕊，龟疑脚可求。栎园讶古训，体物固难周。”全祖望的这首诗很有意思，把与石蜐有关联的荀子、郭璞、谢灵运、杨慎、周亮工等人统统拉扯进来，极像是一篇短短的龟足史诗。

除诗家外，古代的医学家也推崇龟足。明代李时珍则在《本草纲目》载：“石蜐生东南海中石上，蚌蛤之属。形如龟脚，亦有爪状，壳如蟹螯，其色紫，可食。”“气味甘、咸，平，无毒。主治利小便。”对一些顽症奏效神捷。《海南解语》也指出，龟足“下寒澼，消积痞湿肿胀。虚损人以米酒同煮食，最补益”。

正因为龟足深受文人们的颂扬和药学家的青睐，于是，它也进入了贡品的行列。据《永乐乐清县志》记载，永乐二年（1404年）“岁进海味”所罗列的单子上，龟足和黄鱼、鳖鱼、鳗鱼、鲻鱼、鲈鱼等赫然在目。看来，在文人们的鼓动下，连皇帝老子也喜欢上了龟足。这是龟足的幸运呢？还是它的不幸？这个我就不知道了。

贡品

143

四

　　龟足在我们这座小城里，一般菜市场里并不常见，有的人可能还有点陌生。但在海滨大排档里则屡见不鲜，也会在大酒店里偶尔出现，不过吃的人似乎不多。其实，龟足味道鲜美，营养丰富，烧制也不繁杂，最简单、最常见的是水煮后捞起来作冷盘。因它们长在岛屿的岩礁上，是属于原生态型的海品，吃起来原汁原味，其鲜爽回甜令人口舌生香。有的人喜欢口味重一些，则可以做香油龟足、辣炒龟足，或蘸着芥末过口，也是香喷喷、美滋滋的。还有人以"酒浸法"制作醉龟足，无论下酒还是佐饭，都很鲜嫩柔滑，美味可口。我若碰巧在菜市场见到龟足，总要买些回家烧煮，慢慢享用，而在海鲜大排档里则可以饕餮一番了。

　　龟足虽然好吃，但在食用时还需要花一番工夫，因为煮熟后的龟足并不会像别的贝类那样自行张开外壳，它的壳板仍然紧闭，不离不弃地包裹着里面的嫩肉。面对这种情景，外行的食用者就费劲了。记得有一次，我与几位文友一起到海滨大排档就餐，我点了一盘清水龟足，他们对着这手指一样的龟足横看竖瞧，不知从何处下手。有的剥了半天也掰不开紧闭的外壳，有的干脆塞进嘴内狠嚼，这当然尝不出龟足的原有滋味。其实掌握了要领，品尝龟足并不是什么难事：只要把扁平的龟足直竖起来，捏住头部，先在其柄部的顶端扒开一个缺口，再顺着壳板绕着圈往下掀开，里面微红色的嫩肉就出来了。这时，将肉在面前的酱油醋碟里蘸一下，再送入口，那味道好极了。

斓鰗，跳着走路的鱼

lanhu
斓鲴

状如蜥蜴跃江干，
背上花纹数点攒。
生怕涂田泥滑滑，
不嫌力小几回弹。

明代著作家冯时可也在《雨航杂录》
里说："阑胡如小鳅而短，大者如人指，
长三五寸，头有斑点如星。潮退，数
千百跳踯涂坭中，土人施小钩取之，
一名弹涂。"

一

弹涂鱼，在我生活的这座海滨小城里，人们俗称它为"斓鲥"，古人写作"阑胡"。但我想，绝大多数的弹涂鱼身上都长有色彩斑斓的花点，因而用"斓鲥"二字，显然名实相副一些。

小城濒临东海，有一个美丽的海湾叫乐清湾，那里有广袤辽阔的滩涂，每当退潮时会露出一片片乌黑的滩涂，当地人称为"泥涂"。站在堤岸向泥涂望去，第一眼能够看见的就是涂面上多不可数、举着螯横爬的招潮蟹，小城人叫它为"红骸圆"，其次就是跳着觅食的弹涂鱼了。

弹涂鱼形体似泥鳅，又像小小的蜥蜴，大如手指，头大嘴宽，胸鳍挺立，两只眼睛暴鼓出来，骨碌碌转动时有点凶神恶煞的样子。弹涂鱼身体为灰褐色或灰黑色，有的布满淡蓝色的花斑，有的只有浅褐色的暗点，有的什么也没有，整个儿黑不溜秋，纯粹是泥涂一样的颜色。弹涂鱼不仅会爬行，还爱跳跃，跳跃时动作迅捷，用尾巴拍打泥涂后弹起前行，速度特别快，而且能连续跳跃，像打水漂似的，功夫十分了得。正因为弹涂鱼善于跳跃，因而它也有了另外的名称，叫"跳鱼"或"跳跳鱼"。

弹涂鱼喜欢在咸淡水交汇的滩涂上生长，性喜钻洞穴，居于底质为软泥质的各个潮区。它们自我保护意识很强，钻入洞内后，会将洞口封住，很难发现它的行踪。退潮后，它离洞在泥涂上捕食、嬉耍和互相追逐，有时它还会爬到岩石、树丛上捕食昆虫，或爬到礁崖上晒太阳。弹涂鱼非常机敏，稍受惊动就跳回水中或钻入洞穴、岩缝中，很快消失得无影无踪。

二

弹涂鱼在南、北海域都有分布，而乐清湾更适合它们生长、

红骸圆

跳跳鱼

生活。据赶小海的老渔民说，乐清湾里的弹涂鱼有花斓、网须、长腰、斓鲴狗4个种类。这也包含了东海海域的全部种类。

淡灰色表皮上散布着靛蓝色梅花斑点的弹涂鱼叫花斓，学名大弹涂鱼。花斓全身斑点绚丽，像夜幕下的点点繁星。它是弹涂鱼中个体最大、长得最漂亮的一种，而且花斓爬行的纹路也非常好看，花纹图案清晰美观，就像一条长长的牵牛花藤烙印在泥涂上。

网须学名大青弹涂鱼，其长度与花斓相近，但形体瘦小些，体扁，头塌嘴宽，浅褐色皮肤上布满暗点，其性情较为温和，平时不怎么活动。因它嘴上长着细小的触须，渔民便这么称呼它了。网须又叫龅牙，这可能是因为它的牙齿特别外露而得名吧。

长腰学名青弹涂鱼，长度为花斓的三分之二，头圆，体蓝灰至蓝黑色，头、体、背鳍均散布着黑色小点，体侧下半部生褐色短窄的横带纹，尾鳍还有数条暗色横带纹。因其腰身细小，看起来腰长而苗条，故而名之。

斓鲴狗学名弹涂鱼，体形近似花斓，但比花斓略短，只是深褐色的眼睛特别凸出，发着蓝幽幽的亮光，其身上的斑点则毫无规则，且全都生活在离堤岸最近的硬涂面上。它们最喜欢蹦跳，一刻也不消停，好像顽皮的孩子，一下子钻进洞穴，一下子又滑溜在滩涂上，要不就是在岩石上跳跃前行，心情郁闷时它还会找碴打架，打架时，它支撑胸鳍、高竖背鳍弹跳起来，用胸部互相撞击，一副不要命的样子，让人忍俊不禁。平时我们在海边见得最多的就是斓鲴狗，它们应该最能代表"跳鱼"这个名字。

对于弹涂鱼善于跳跃的这一习性，清代宁海诗人华祝有诗曰："辱在泥涂自古今，再三弹处乐幽沉。想因生爱泠泠曲，流水声中学鼓琴。"晚清宁波文人谢辅绅也在《蛟川物产五十咏》中写："状如蜥蜴跃江干，背上花纹数点攒。生怕涂田泥滑滑，不嫌力小几回弹。"伟大的文学家鲁迅也在散文《故乡》里写："我们沙地里，潮汛要来的时候，就有许多跳鱼儿只是跳，都有青蛙似的两个脚。"

善跳

这些诗文都写出了弹涂鱼能"跳"善"弹"的特质。

三

弹涂鱼很早就在古籍中出现了，据南宋《宝庆四明志》载："阑胡，形如小鳅，大者如人指，长二三寸许，头有斑点，簇簇如星，潮退数千百万，跳踯涂泥中。"明代著作家冯时可也在《雨航杂录》里说："阑胡如小鳅而短，大者如人指，长三五寸，头有斑点如星。潮退，数千百跳踯涂坭中，土人施小钩取之，一名弹涂。"清代康熙《定海县志》也载："弹涂，常在泥中跳跃，故又名跳鱼，味甚美。"

既然弹涂鱼味道鲜美，自然成为海边人猎取的对象。据我平日里的观察，在乐清湾一带，捕获弹涂鱼的方法有多种，但渔民常用的有刉𤃩鯻、弶𤃩鯻和钓𤃩鯻三种。刉𤃩鯻所用的工具为木锨，其形制似铁锨，当地渔民把这种工具叫作"𤃩鯻锨"。"刉"在乐清湾一带作"掘"字用，刉𤃩鯻也就是掘𤃩鯻。刉𤃩鯻时，渔民多骑着泥马船在宽阔的涂面上自由驰骋，有经验的渔民在软涂上掘得很快，就像锄地松土那样，找到弹涂鱼栖息的洞穴一掘一个准，不一会儿就可以收获许多弹涂鱼。

弶𤃩鯻的实质是突出一个"弶"字，弶，既可解释为工具，也可以释义为引诱，本地方言的"把阶嗨物事弶来"就是这个意思。弶𤃩鯻所用的工具是竹筒，是一种古老的工具。晚清著名学者俞樾在《右台仙馆笔记》中说："其捕阑胡之法，先以竹筒千百遍插泥中，乃乘泥鳗东西驰逐。阑胡遇孔必跃入，则尽入竹筒矣。"用竹筒捕捉弹涂鱼，大概情形是，在滩涂上埋上许多小竹管，用泥巴覆盖，手指戳个小洞，伪造出一个个假穴。这边，渔民乘坐泥马船在涂面上来往穿梭，用竹竿驱赶弹涂鱼。它们一受惊就会急急忙忙往最近的洞口钻，正好落入竹筒乖乖被擒。这是一种行动快于思想的行为，未经思考就慌不择路，难免会认错家门，落入陷阱。这道理对鱼对人都适用。

钓斓鲥这种捕猎活动比较特别。先说它的钓具，尽管它的形制与钓鱼竿相差不大，可它的钓竿比一般钓鱼竿要粗、要长，要更有弹性。且钓线必须由承受力大、牢固坚实的最上乘的苎丝（现今也用韧性好的尼龙线）制成，并要浸过桐油，因为它的钓钩是一种特制的多头鱼钩，由 4 ~ 8 个形似船锚的鱼钩组成，比一般钓鱼竿重得多。再说钓斓鲥，当弹涂鱼在涂面上爬行觅食时，钓者要远远地、轻轻地挪动脚步，在距离泥涂上的弹涂鱼还有 10 多米时，就要双手紧握钓竿底部，并使劲舞动钓竿，使钓线带钓钩在空中划出一道弧线，倏地甩到离该条弹涂鱼前方三五厘米的地方。说时迟，那时快，就在被钓的弹涂鱼还没有回过神来时，钓者已猛力抽回钓线、钓钩，飞速钓住它并顺势送往腰间的鱼篓。若失手时，弹涂鱼会受到惊吓，弹进洞穴或钻入泥涂下，这时钓者则要直挺挺地陷在泥里一动也不动，等待它重新出洞，然后继续甩钓，直至捕获。我的家乡有俗语叫"死人钓斓鲥"，说的就是此番情景。

钓斓鲥是门技术活，钓功好的人，碰上好潮汛，一天能钓十来斤；钓功一般的人，一天只能钓个五六斤；而钓功差的人，拿个空鱼篓回来也是常事。在我的记忆里，我的小舅爷是一位钓斓鲥的能手，他家靠近海边，农闲时常下海钓斓鲥，每次都有丰盛的收获，往往隔上几天就将一部分钓来的斓鲥送给我家。他在 81 岁高龄时，还参加了全乡的钓斓鲥比赛，并取得了第一名。这事被小城的媒体报道后，他成了传奇人物。

四

弹涂鱼是一种优质美味的食材，它们肉质鲜嫩，口感细腻，营养丰富，农谚有"冬天跳鱼赛河鳗"的说法。日本人甚至把弹

钓

海人参

涂鱼看成"海人参"。弹涂鱼还是理想的药膳，在食疗保健方面有滋阴壮阳、生精养血、舒筋活络等功效。烧制弹涂鱼的方法多种多样，在我的家乡主要有"斓鳚焖酒""咸菜烧斓鳚"和"炒斓鳚松"这几道菜。花斓是跳鱼中的极品，它不仅形体美观，而且是海味中的上品，肉质特别鲜美，细嫩爽口，同时又是一种滋补品。用它炖自家酿造的糯米黄酒，可以补阴健脾。斓鳚焖酒一直是大众最为喜欢的佳肴，如今也成为各大酒店的一道名菜，大凡有嘉宾光临，主人往往少不了点这道特色菜肴。咸菜烧斓鳚是平头百姓的吃法，做法是：将锅里的食油烧滚，投入弹涂鱼油炸一会儿，再倒进晾干了的咸菜，加佐料和水烧滚即可。这道菜的特点是咸菜里有弹涂鱼的鲜味，弹涂鱼中有咸菜的清香，所谓你中有我，我中有你，菜中有菜，味中有味。炒斓鳚松就是将弹涂鱼倒入热锅里快炒，随后倒入少许黄酒翻炒几下去腥，再放入适量酱油、盐，添加少量水烧煮。待弹涂鱼熟后，减小火力继续烧，直至水烧干，然后用锅铲翻炒弹涂鱼，在炒的过程中，弹涂鱼的肉会逐渐散开，当鱼肉都变成短短的细丝状或粉末状时，斓鳚松便炒好了。这样制作成的斓鳚松肉质松脆，香气扑鼻，美味可口，其味道和营养远超肉松。

近几年，在城市的大酒店里还有"椒盐斓鳚"和"乌龙钻白玉"这两道菜。椒盐斓鳚就是将弹涂鱼在油锅里炸成金黄色，撒上胡椒粉和盐就行，这道菜黄白相间，鲜妍亮丽，让人的食欲大增。乌龙钻白玉的做法是：将弹涂鱼在油锅中煎至两面金黄，加入蒜末、姜片煸出香味，加一点料酒、生抽，然后加入适量的开水，焖一会儿。再把豆腐切块放置锅中，烧15分钟，加盐调味，再加葱花装饰就可以了。这道菜里斓鳚如乌龙，豆腐似白玉，所以有"乌龙钻白玉"一说，其色彩对比强烈，香味四溢，鲜爽柔嫩，让人美得不行不行的。不过在我看来，"乌龙钻白玉"这道菜，应该是著名的"貂蝉豆腐"的翻版，只是所用的材料一个是泥鳅一个是斓鳚而已。

在过去，乐清湾沿岸的农家还有燂斓鲦干的习俗。做法是：用一根削尖了的竹签将洗净的弹涂鱼一条一条从鳃中穿过，十来条穿成一串，十几串排成队列放置在铁丝架上，再架到火堆上烧烤，直到弹涂鱼溢出油脂和香味才下架。燂斓鲦干是门技术活，要掌握好火候，如果卸架太早，则未烤熟，而下架太迟，则全焦了。这全凭闻气味与经验，一般人做不了。上品斓鲦干也是一道名菜，在乡村，来客人时，主人往往在做的各种点心上放一些斓鲦干，使点心增添鲜味、香味。尤其这一带妇女坐月子，都要在姜蛋酒里拌上斓鲦干，因为食用斓鲦干可暖胃健脾，这正是产妇极需要的。

小小弹涂鱼，看似貌不惊人，却是大自然的馈赠，它以其特有的品质和美味，让我们把眼光透过餐桌，面向大海。

天下第一鲜

geli
蛤蜊

唐代段成式则在《酉阳杂俎》
中说："蛤蜊，候风雨，能
以壳为翅飞。"

自笑平生畏蜀游，
无端乘兴到渝州。
千年故垒英雄尽，
万里长江日夜流。
食蛤那知天下事，
看花愁近最高楼。
行都灯火春寒夕，
一梦迷离更白头。

鲜

一

　　蛤蜊是东海滩涂上最常见的小海鲜，也是我所在的这座小城市市民最喜欢食用的贝类，因其肉质又嫩又白，肥而不腻，色香俱佳，味道极为鲜美，故一直以来有"天下第一鲜"的美誉。

　　从生物学上来说，蛤蜊是帘蛤目帘蛤科、蛤蜊科中个体较大的贝类的统称，主要有蛤蜊、青蛤、文蛤、丽文蛤、等边浅蛤、中国蛤蜊和四角蛤蜊等，这些物种在南北沿海都有分布。但我们平常所说的蛤蜊通常是指帘蛤科的文蛤。

　　文蛤外壳近三角卵圆形，长35～55毫米，最大的可达120毫米，壳顶突出并略向前方弯曲，表面光滑，从边口到壳顶颜色由淡白逐渐向淡黄、青灰、青黛、紫色转变，成熟时还有不规则的紫黑色斑点。如取部分文蛤置于盛着清水的盆里，它们密密麻麻地挤在一起，乍看像是玲珑剔透、花纹斑斓的鹅卵石，着实惹人喜欢。文蛤贝壳内面瓷白若漆，光亮如银，与其洁白晶莹的蛤肉相互映衬，相得益彰。难怪乎早些年大家使用的润肤油——蛤蜊油多装在文蛤的壳子里。那时的蛤蜊油价廉物美，芳香扑鼻，既能美肤，又能治疗冻疮皲裂。而且其外包装也绝对赏心悦目，蛤蜊壳完整洁净，上面涂着薄薄的蜡质，光滑柔润，如同精巧漂亮的天然工艺品。看着这样的蛤蜊盒，人便会有一种心理暗示，产生对美白的绮想。记得小时候，一只蛤蜊油用完后，母亲会让我拿着空的蛤蜊壳到供销社购买散装的润肤油，直到蛤蜊破损不能再用了，才重新购买一只新的。但报废了的蛤蜊壳，我依旧舍不得扔，把它们积攒下来，有空一齐拿出来，观赏它们五彩缤纷的图案。

　　文蛤和其他蛤蜊一样，在神州大地已有悠久的生活史。据西汉刘安的《淮南子·道应训》记载，自以为游历丰富的卢敖在北海最北边的蒙谷上看到一位隐士蹲在龟壳上吃蛤蜊，对外人的到访不闻不问。卢敖好奇，通过一番对话，才知道这个隐士的足迹远远超越自己。最终卢敖还发出"吾比夫子，犹黄鹄与壤虫也，终日行不离咫尺而自以为远，岂不悲哉"的感叹。这是一个被后人常常引用的典故，也说明我国食用蛤蜊已有2000多年的历史了。

二

蛤蜊肉质鲜美，肥厚嫩白，除"天下第一鲜"的称誉外，在民间它还有"百味之冠"和"吃了蛤蜊肉，百味都失灵"之说。因它价格不贵，产量又高，特别适合百姓的消费要求，从而也成了大众化的食物。蛤蜊有爆炒、煨汤、烧烤、生炝等多种食法，但在浙南地区，我见到最多的还是蛤蜊豆腐汤这道菜品。蛤蜊豆腐汤烧法简单，只需将买来的蛤蜊放置水中，滴上几滴香油，待它将泥沙吐净，就可以倒入已经烧滚了的豆腐中，用旺火烧开再转文火煨一段时间，最后撒入葱丝即可。盛在大盘里的蛤蜊豆腐汤白上加白，蛤蜊和豆腐你中有我，我中有你，让人吃起来上瘾，撑到肚子圆鼓鼓了还觉得没个够。

百味之冠

爆炒蛤蜊和蛤蜊做汤在清代美食家袁枚的《随园食单》中有过记载，他说："剥蛤蜊肉，加韭菜炒之佳，或为汤亦可，起迟便枯。"而生吃蛤蜊则记载在元朝倪瓒撰的菜谱《云林堂饮食制度集》一书里，生吃蛤蜊的妙法是："用蛤蜊洗净，生劈开，留浆别器中。刮去蛤蜊泥沙，批破，水洗净，留洗水再用温汤洗，次用细葱丝或橘丝少许拌蛤蜊肉，匀排碗内，以前浆及二次洗水汤澄清，去脚入葱椒酒调和，入汁浇供，甚妙。"倪瓒的这道菜做起来很复杂，也很艰难，我尽管是文蛤的老饕之徒，但至今也没有做过、吃过这道菜。

蛤蜊不仅是一种鲜美的佳肴，其营养成分也非常丰富，它的肉中含有大量蛋白质和人体所需的铁、钙、碘等多种元素，而且它对多种疾病有食疗价值。李时珍在《本草纲目》里说蛤蜊有润五

食疗

脏、止消渴、开胃等功效。现代医学研究表明，蛤蜊具有清热、化痰、利湿、开胃、催乳、散结、抑癌等功效。

对于一种美好的物事，古人往往会神化它。晋代干宝说蛤蜊是百年的鸟雀变成的，他在《搜神记》中写"百年之雀，入海为蛤"，这与明代冯时可在《雨航杂录》中说西施舌"是物海燕所化，久复为燕"，其意基本相通。而唐代段成式则在《酉阳杂俎》中说："蛤蜊，候风雨，能以壳为翅飞。"依我说，段成式的想象力也太丰富了，蛤蜊在风雨来临时，能以壳为翅，展翅飞翔，这也太神乎其神了。

三

历史上，许多文人都喜食蛤蜊，也留下不少精彩的文字。苏东坡的好友，诗人、画家王巩在《清虚杂著补阙》中说，宋初都城开封起先并没有吃蚬蛤（黄蚬）、蛤蜊的习俗，后来开封市场上有蛤蜊出售，是因为当时宰相钱惟演的缘故。这位浙江人因怀念家乡的河鲜海味，曾到开封附近的蔡河特意寻找蚬蛤，还喜欢吃浙江亲友送来的蛤蜊酱，从而带动了京都官僚对于蛤蜊的认知和赞赏。所以，与苏东坡同时代的诗人梅尧臣在收到友人寄来的蛤蜊酱后，作了一首《病痟在告韩仲文赠乌贼鲊生酷酱蛤蜊酱因笔戏》的诗："我尝为吴客，家亦有吴婢。忽惊韩夫子，来遗越乡味。"

南宋都城杭州自然常能吃到蛤蜊，吴自牧著的《梦粱录》就记载当地饭馆中有酒鸡蛤蜊、蛤蜊淡菜、米脯鲜蛤、清汤鲜蛤等数道菜品。诗人、宫廷琴师汪元量曾写过一首《鹧鸪天》词："潋滟湖光绿正肥，苏堤十里柳丝垂。轻便燕子低低舞，小巧莺儿恰恰啼。花似锦，酒成池。对花对酒两相宜。水边莫话长安事，且请卿卿吃蛤蜊。"汪元量这阕词的后一句与唐代李延寿著的《南史·王弘传》中沈昭略说的"不知许事，且食蛤蜊"这句话，几乎同出一

157

辙。吃东西时不谈国事、家事、闲事，似乎仅有蛤蜊。这也说明，蛤蜊对文人的诱惑力是多么的巨大。

对蛤蜊的这种体味，元代钟嗣成亦深谙其道。钟嗣成是《录鬼簿》的作者，《录鬼簿》是我国历史上第一部为戏子立传的著作。他在品味完金、元散曲之后，用"蛤蜊味"来评誉其风格、特色。在《录鬼簿·序》中，他写道："若夫高尚之士、性理之学，以为得罪于圣门者，吾党且啖蛤蜊，别与知味者道。"这个钟嗣成居然与汪元量、沈昭略一样，无须与别人说什么，而只管自己吃蛤蜊。

不过，在我看来，著名史学家陈寅恪作于1940年的这首《庚辰暮春重庆夜宴归作》："自笑平生畏蜀游，无端乘兴到渝州。千年故垒英雄尽，万里长江日夜流。食蛤那知天下事，看花愁近最高楼。行都灯火春寒夕，一梦迷离更白头。"似乎更有高度，也更耐人寻味。

蛤蜊味

弓鱼干，冷菜中的妙品

gongyu
公鱼

清代画家聂璜在《海错图》中说:
"厦门海上产一种小鱼,名曰江鱼,
至春则发,背上一条灿烂如银,
长不过二寸,土人宴客,以为珍品,
干之可以贻远人。"

妙品

一

　　我所在的这座城市，每当宴请宾客时，内行的主人大多会点上一盘叫"弓鱼干"的冷菜。虽然这道菜在琳琅满目的佳肴中不太起眼，但识货的人都知道，这可是鱼干中的妙品，也是闻名遐迩的海味。

　　弓鱼，现今写作公鱼。"弓"与"公"这两个字在字典里读音完全一样。但在我的家乡，"公"读音没变，而"弓"的方言却发"㤖"字音，所以当你说出"公鱼"的名字时，连一些老渔民都会愣住，一时间不清楚是什么鱼。

　　据最新资料显示，在东海海域共有4种公鱼，而乐清湾常见的公鱼有2种，学名分别为中华小公鱼和康氏小公鱼（江口小公鱼）。它们归属于硬骨鱼纲、鲱形目、鳀科、小公鱼属，在各地还有江鱼、黄巾、白弓、弱棱鳀等俗名，是公鱼中著名的品种。

　　这两种公鱼体长而侧扁，长度均在6～8厘米，体重一般10克左右，最大的也不超过30克，口大，吻钝圆，全身圆鳞细细，乳白间或黄色，近乎透明。两块青绿斑块标于头的背面，体侧则生有一条银白色纵带，像是被银水涂抹而成，苗条而窈窕，醒目又靓丽，怎么看都算是可爱的小鱼。对公鱼的这种形态，一般人是难以分辨的。若一定要将两者进行区分，那就是前者的尾鳍后端呈淡绿色，胸鳍至腹鳍间的腹部具尖锐骨刺6个；而后者尾鳍全为黄色，尖锐骨刺多为7个，而很少有6个的。这显然已是分类学家的事了。

二

　　在茫茫东海的近千种鱼类中，公鱼可谓是一个小不点。即便数十条结群从海面上游过，也兴不起什么大浪，最多只是摇曳出瞬

间即逝的涟漪。但公鱼很早就进入了文人的视线，三国时期的沈莹
在《临海水土异物志》中记："弓鱼，长三寸，似鲩鱼。"这大概是
公鱼的最早记载。

后来，明代状元、著名文人杨慎也在《异鱼图赞》中写道：
"弓鱼见鱼谱，今误作公。《大理志》：洱河出公鱼，似鲦，细鳞，
长不满尺，大小俱有子，味极佳美。"又写赞语云："西洱弓鱼，三
寸其修。谁书以公？音是字谬。又哂多子，亦孔之羞。"最后还戏
谑说："大理公鱼皆有子，云南和尚岂无儿？"毕竟是状元，将小
小的公鱼写得如此的生动、风趣，让人忍俊不禁。

不过，你且别笑，就算你笑了，也会戛然而止，因为你会迅速
产生一个疑问：洱海不是一个淡水湖吗，怎么会有大海里的公鱼？
在这里，我要掉一下书袋：杨慎所说的"弓鱼"，学名叫大理裂腹
鱼，归属于鲤形目、鲤科。据清末民国初期的白族教育家杨琼在
《滇中琐记》中载："弓鱼生洱湖中，色如银，狭长如鲦，无鳞少骨，
味鲜美。衔尾而跃，形如张弓，因以得名。"从鱼类图谱看，洱海公
鱼的长相与大海里的公鱼十分相似，身体两面也各有一条银白色纵
带，随着时光流逝，纵带也会跟着鱼体慢慢长大。这种鱼大多生长
在深水、低温的河流和湖泊中，对水质要求极高，现已成为国家二
级保护水生野生动物。既然如此珍稀，那么大家可想而知，它自然
就具有特别的美味了（目前市面可食用的公鱼，大都是养殖的）。

我在这里费上这些笔墨，其实就是想告诉大家，公鱼不仅大
海里有，淡水里也有哟！

对公鱼描述最详细的是清代康熙年间的画家聂璜，他在著名
的《海错图》中说："厦门海上产一种小鱼，名曰江鱼，至春则发，
背上一条灿烂如银，长不过二寸，土人宴客，以为珍品，干之可以
贻远人。"聂璜说公鱼可以熟食，也可以干制来吃。但在乐清湾沿
岸，我看到、吃到的都是鱼干。

似鲩鱼

灿烂如银

三

公鱼出名，还与一个民间传说有关。据说清顺治皇帝当年曾御驾亲征攻打郑成功军队，没料想，郑成功夜里巡查时，见海面上樯橹云集，紫光直射斗牛，有一种王者之气，心想此必顺治无疑。遂命令开炮，将王船击得粉碎，顺治随之轰毙海中。而港中公鱼因食顺治之肉，于是质变，突破了一个新的境界。故厦门至今仍有句俗语曰："江鱼仔食皇帝肉，畅得无鳔。"这话意思是，公鱼吃了天子肉，有了灵性，从此无须用鱼鳔，也会游得畅快无比。

厦门人说公鱼无鳔，显然有点夸张。现代生物学表明，鳀科的所有鱼类都是有鳔的，只不过公鱼形小鳔也小，难以察觉罢了。

稗说野史，史家以为荒诞，诗家却生感伤。民国时期诗人邱炜萲（号菽园）有诗道："延平两岛建旌旗，天堑横飞此济师。渡马浮牛龙莫起，黄州赤壁浪频吹。孤凄精卫填东海，缥缈湘娥泣有妨。野战玄黄江化碧，英雄事业至今悲。"邱炜萲还在诗前面写了一段长长的序："俗传清初顺治帝躬在军中，潜师欲渡，被明将郑成功遥轰巨炮，沉没于此。语颇奇诡，料因北兵南下，水战之溃而附会其事耳。余每从厦门张帆过是，舵工辄指点清流，引征稗史，舟人环听，咸动壮容。嗟夫，郑氏英灵虽阅二百六十余载，而犹深入人心也如此。上承季汉，足媲赤壁之勋；远迹吴江，何减胥潮之怒。敢嗤野语，聊纪新诗云云。"

传说终究是传说，事实上，公鱼在明代就已出名。据清代乾隆年间编著的《鹭江志》载，明代福建名士池直夫曾将公鱼干寄给好友蒋中黄，并有诗句云："凭将肝胆千回语，寄与箬笪三寸鱼。"如此郑重的做法，可佐证公鱼干在文人心目中的地位：它绝非寻常之物，自是海中珍品。

四

过去，整个东海包括乐清湾，公鱼资源十分丰富，制成的鱼干质量上乘，也很经济实惠，深受平头百姓的欢迎。我出生农村，小时候与家人都在乡村的大院子里居住，每到夏日傍晚，会时常听到"买乌眼猫、公鱼干哦——公鱼干买哦——"的卖货声。那时，乐清湾不缺海鲜，但农民缺钱。然而，我还是发现邻居的嬷嬷、婶婶们都会去买一些公鱼干，尽管数量不多，但从她们舒展的脸上，也足以看得出对这种鱼干的喜爱。

据我的渔民朋友老鲁说，每年夏秋之交，大批公鱼聚集在乐清湾的各个入海口，形成盛大的鱼汛，渔民会用鼓缯（小型围网）实施捕捞。此时，捕获的公鱼正处在育肥阶段，个体大，背呈金黄色，眼如玛瑙，味道鲜美。因公鱼出水易烂，故很少有人鲜食，通常都加工成公鱼干，或在农贸市场出售，或由渔村妇女沿村叫卖。

老鲁还说，加工公鱼有两种方法，一种是煮熟晒干，一种是直接晒干。但都要选取个体完整、质量好的新鲜公鱼，以取得好的卖相。品质上乘的公鱼干黄澄澄、亮闪闪，中间一条银带摄人眼目。除制成干制品食用外，剩余那些断头的或肚子残缺的公鱼，也可煎炸而食。公鱼体形小，不需剖杀、掏去内脏就可油炸，炸成后骨松刺软，包含鱼头，可全部食之，味道酥脆醇香，清爽可口，是配粥的好菜。渔民大多善于喝酒，公鱼干正是佐酒佳肴，一口酒一条鱼，令人十分痛快。

现在，乐清湾乃至整个东海，公鱼已很稀少，我们也早已不再捕捞了，市面上也见不到有人卖公鱼干了。而酒店里出售的公鱼干都不是绿尾巴的那种，口感发硬，还会硌牙，不知是从哪里来的。老鲁又补充说。

老鲁的一席话让我猛地打了一个激灵：是啊，我原以为自己年过半百，牙齿咬不动了，故而在吃公鱼干时总觉得它们很硬，全不是过去的味道。缘由竟然如此。这真是"听君一席话，胜读十年书"矣！

龙头凤尾虾

xiagu
虾蛄

绚云如紫剥腥苔，
拥剑爬沙九月魁。
软骨虾姑谁许聘？
郎君鲞自爵溪来。

清代施鸿保在《闽杂记》
里载："虾目蟹足，状如
蜈蚣，背青腹白，足在腹
下，大者长及尺，小者
二三寸，喜食虾，故又名
虾鬼，或曰虾魁。"

一

春暖花开，虾蛄肥美。

虾蛄头戴坚盔，尾着骨扇，身披具有倒钩的甲胄，手握一对像刀又像锤的利器，看起来全副武装、威武霸气，有一种剑拔弩张、令人惊骇的模样。

从生物分类角度说，虾蛄应是甲壳类口足目、虾蛄科海洋动物的统称，它在全国各地还有一连串的别名，如蹦虾、爬虾、琴虾、琵琶虾、皮皮虾、虾爬子、蜈蚣虾、濑尿虾、螳螂虾、虾公驼子等。

皮皮虾

虾蛄在海洋里有悠远的生活史，也较早进入了人们的视线，古代文人大多将它写作"虾姑"。唐代文学家段成式在《酉阳杂俎》中记："虾姑状若蜈蚣，管虾。"随后，明人林日瑞也在《渔书》中写"海中又有虾姑、虾侯之类"，并认为它们也属于虾族。到清代，施鸿保又在《闽杂记》里载："虾姑，虾目蟹足，状如蜈蚣，背青腹白，足在腹下，大者长及尺，小者二三寸，喜食虾，故又名虾鬼，或曰虾魁。其形如琴，故连江、福清人称为琴虾。"而清代郭柏苍则在《海错百一录》中写道："虾姑，一名管虾，以其足善弹又名琴虾，形似蜈蚣，又似鼍（tuó），大者广三指，能食大虾，小者食小虾，炒食味丰，或为醢，疥疮最忌。"

除文字记载外，虾蛄还入了画家的法眼。清代画家赵之谦曾在一幅《异鱼图》里绘制了15种鱼虾。这些鱼虾均手绘于咸丰十一年（1861年）的温州，其中在虾蛄旁边有小字注释："琴虾，形类蜈蚣，古称管虾、虾公者，鳞甲遍体。"赵之谦画的虾蛄虽然稍有夸张，但形象较为逼真准确，神韵具备，他在温州时当亲眼见过虾蛄。

文人们将虾蛄称为"虾姑"或"虾公"，说明在他们眼里，它比虾类辈分要高，也比虾厉害。

二

据史料记述，虾蛄种类繁多，我国有近60种，东海海域超过10种，而在我家乡的乐清湾海域，虾蛄科的种类也不少于7种，但我们平常在菜市场见到的却只有口虾蛄和黑斑口虾蛄两种，乡人多称它们为虾蛄弹或虾狗弹。

关于虾蛄弹，在乐清湾沿岸还有一则民间故事。从小练武的虾蛄弹和攻读诗书的龙头鱼原是邻居，有一年同赴海龙王开设的试场，龙头鱼高中文状元，虾蛄弹夺得武状元。龙王授冠那日，龙头鱼因病不起，就托虾蛄弹代它领冠帽。领到冠盔后，虾蛄弹身披银甲，头戴武状元冠盔，手捧文状元冠帽，威风凛凛地回家。路上休息时，他试着把文状元冠帽套在屁股上，正好合适，觉得自己更威风了，于是起了贪心，不再把文状元冠帽还给龙头鱼。为此龙头鱼恨死了虾蛄弹，一见到虾蛄弹就一口将其吞到肚子里。

当然，民间传说归传说，真假我们暂且不辨，但未成年的虾蛄弹会成为龙头鱼的美味却是千真万确的。在雁荡山，正是因为这个故事，人们将虾蛄弹冠名为"龙头凤尾虾"。这是一个有诗意的命名，虽然未得世人公认，也名不见经传，却为"天下奇秀"的雁荡山增添了几许文化。

虾蛄弹多穴居，常在浅海泥沙中掘穴，穴多为"U"字形。虾蛄弹虽平时深居海底，但视力十分锐利，弹跳惊人，游水速度极快，其猎物大部分为底栖性不善于游泳的生物，包括各种贝类、螃蟹、海胆等，它能够轻易破坏猎物的外层硬壳，享用内部的鲜肉。虾蛄弹也是打仗的高手，平时非常善于打埋伏，即使立着脚尖悄然路过的螃蟹，也常成为其攻击的对象。它会用位于头部的两个锤节对猎物进行猛烈打击，并用它头下带倒刺的臂飞快地刺向食物，可以毁坏食物的神经系统并使其当场毙命。更令人惊叹的是，虾蛄弹还能抓住比它身体大十多倍、

打仗

重十多倍的头足类动物，如章鱼等。有时候，即使它被猎物吞到嘴里，也会在嘴中挣扎不已，让猎物很难下咽，最终会被原封不动地吐出来。

由于虾蛄弹大多时间会在海水里浮游，渔民们捕捞它们时，会将一种细细的粘网在涨满潮的时候下到海里，善于游泳的虾蛄弹此时大都成群游动，遇到粘网就很难脱身，而且越挣扎粘得越牢固。待到起网时，粘网内外会挂满了正在挣扎的虾蛄弹。不过，粘上容易，摘下来可就费劲了，有时候还会把粘网撕得到处都是大口子，而虾蛄弹身上也会缠上这些网丝，这在菜市场卖虾蛄弹的摊位上随处可见。

三

万物齐发的春天是虾蛄弹最肥美的季节，正如温州各地《海鲜十二月令》童谣说的："正月青蛄二月蟹，三月斓鲴虾蛄弹。"这个时期，只要看看它们脖子处的几道清晰、突出的白色横杠，以及身背上那一行黑褐色的纵带，内行人就知道虾蛄弹最美味的时节已经来了，可以大快朵颐了。

虾蛄弹肉质饱满，鲜嫩可口，让人食之留恋，回味难忘。而它的吃法却很简单，一般加水蒸煮5分钟左右，壳色变红即可。虾蛄弹也可烧炸，在锅内把虾蛄弹油炸至金黄，加入尖椒末和蒜末炒香再吃。若喜欢辣味的，还可在锅内放入适量香辣油再加入辣椒、花椒粒、豆瓣酱、葱、姜煸炒，等到外壳变色后，加点清水，用小火稍微炖一会儿，就可出锅。这种做法的特点是麻辣鲜香，隔着好远都能闻到诱人的味道。

家乡的农人常将虾蛄弹腌制成酱，做好后酱香、咸鲜并举，是下饭的好菜。也有人将活蹦乱跳的虾蛄弹剁成小块制成"醉虾

三月

蛄"，或叫"虾蛄生"，这种做法与虾生、江蟹生如出一辙。虾蛄生味道鲜美，清爽异常，是佐酒佳肴。这几年，我在一些酒店里常见到一道叫椒盐虾蛄的菜肴，它们被烤蒸得鲜红酥脆，既可去壳取肉来尝，也可带壳一块儿嚼。虽然虾蛄弹做法花样不断翻新，滋味各异，然而，我觉得还是水煮虾蛄味道要好些，吃着有一种原汁原味的感受。冬天吃火锅时，餐桌上似乎总少不了虾蛄弹，它们被叠放在一个盘子里，身子蹦跶着，足肢蠕动着，不安地等待着下热锅被涮的命运。

虾蛄弹虽然好吃，但它的背甲两侧长着锋利的倒刺，一不小心就会把嘴巴割破，戳得唇舌流血。因此，吃虾蛄弹还需要一点技巧，一般来说吃水煮虾蛄弹时，把虾蛄弹平摊着，按住头和尾，用筷子伸进它的尾部，用力一撬，壳肉就分离了。还有一种方法则更有效，将虾蛄仰放在桌面，头朝里尾向外，用两个大拇指朝甲壳边缘往下一按，再揭开外壳，就露出完整的肉了。

吃虾蛄弹容易，但到菜市场挑选它们就不简单了。虾蛄弹有雌雄之分，在虾蛄弹的盛产期，人们都喜欢买雌性虾蛄弹来吃，因为它们的肉中有红膏，而最肥的雄性虾蛄弹只有白膏，其味道要逊色不少。其实，尽管雌雄虾蛄弹在外形上比较相似，但区别还是较大的。首先，雄性个体略大，且胸部最后一对步足基部内侧有一对细小的棒状交接器，而雌性个头较小且无棒状交接器。其次，雌性虾蛄弹的脖子部位会有一个凸起的白色"王"字，而雄性就不那么明显了。不过，现在也有许多摊位将雌性虾蛄弹挑出来出售，专门为那些不谙其道的食客分忧。

四

现在，虾蛄弹已成为海产中的珍品，身价一路攀升，尤其是"皮皮虾，我们走"成为2017年的"十大网络流行语"后，

水煮

其价格再次暴增，市场价已卖到七八十元一斤，春节期间价格更高。

但在我的记忆里，早些年的虾蛄弹很不值钱，渔民根本看不上这玩意儿。那时候渔民出海回来，把一担担渔获从渔船挑到码头后，很快将带鱼、黄鱼、鲳鱼之类装进蒲篓里挑走，而虾蛄、水潺、小鱼、小虾之类则弃之地上。渔民还说，这些东西到时会用来磨鱼粉作饲料，或作为农肥用来壅田。因我家与渔业队里的一位渔民沾亲带故，便可以拿着脸盆去翻拣出一大盆虾蛄弹来，然后乐滋滋地端回家烧食。而我小时候居乡村大院时，也经常有渔家女人挑着担子叫卖虾蛄弹，价格便宜到大约只有一毛五分钱一斤。如果赶上虾蛄弹旺发年头，便到处都是挑着担子卖虾蛄弹的人，一元钱可以买上好多，能让一家人饱餐一顿。据我所知，在乐清湾渔村，至今还留有"虾蛄弹，升米兑一篮"的渔谚。一升米可以买到一篮子虾蛄弹，这绝不是天方夜谭，而是真实地存在过。

也许是这个原因，古代诗人也看不起虾蛄弹，故而在我国汗牛充栋的诗歌海洋里，极少有吟咏虾蛄弹的诗篇。在我平时所读到的咏物产的诗歌中，也就那么两三首。如清代诗人姚燮的《西沪棹歌》诗："绚云如紫剥腥苔，拥剑爬沙九月魁。软骨虾姑谁许聘？郎君鳌自爵溪来。"还有同是清人的孙事伦的《虾姑》诗："鱼妾鱼婢命不同，虾姑端正配虾公。公方曲踊逾三百，姑笑三遗一饭中。"两首诗都带有几分戏谑成分，写得并不怎么样。

尽管虾蛄弹是不起眼也不著名的小海鲜，却因其特殊的外表，特有的品质，特别的口感而受到当代食客的喜爱，从而也成为餐桌上的珍馐。

每一地都有饮食文化，每一个人都有自己的饮食嗜好，这也形成了各地形形色色的老饕们。对于东海沿岸的老饕们，海鲜自然成为他们的最爱。

一种海鲜，如果能达到"形、色、味、质、名"五美俱全，那自然是人们的普遍追求、最佳选择。但这样的海鲜太稀罕，太名贵，太高、大、上，对老饕们来说，偶尔吃上一餐是可以的，吃一个星期或许也是可以的，而连续吃一个月就肯定消受不了。这不是吃腻了的问题，也不是钱的问题，而是老饕们刻在骨子里的嗜好问题，心灵中珍藏的"好味道"问题，他们是一群把"特别的爱，给特别的人"的人。所以，他们选择海鲜仅有一种态度：不选贵的，只选对的。

第三辑
老饕好味

勾人思乡的泥蒜

nisuan
泥蒜

明代屠本畯在《闽中
海错疏》里写："其
形如笋而小,生江中,
形丑味甘,一名
土笋。"

一

在我居住的这座城市里，很多人都吃过泥蒜冻，也觉得它是极品美食。但我猜想，见过泥蒜活体的人肯定不多。

俗话说，人不可貌相，海水不可斗量。此话虽然讲的对象是人，但我认为对物也是如此。有些海鲜看似平淡无奇，甚至有点怪异或丑陋，可端上餐桌后，却会让人两眼发光，垂涎三尺，吃得津津有味。泥蒜就是这样的海产。

泥蒜在泥涂中挖掘出来时，的确让人不敢恭维，你看它：头上顶着一条火柴梗似的水管，身子膨胀成圆长的胴体，颜色黄褐，体表布满乳突，活脱脱像一条肥胖而短小的蚯蚓。也正因此，它还有"海蚯蚓"的俗名。如果它再蠕动几下，那么，站在它面前的美女便会吓得花容失色。毋需多言，但凡天下美女，基本上都是怕长虫的。

海蚯蚓

但泥蒜却是异常鲜美的佳肴，用它制成的泥蒜冻晶莹透明，香嫩清脆，富有弹性，风味绝佳，早已成为乐清湾沿岸乃至温州范围内的传统名吃。

二

将泥蒜称作"蒜"，我觉得有点牵强，谁都知道蒜有膨大的茎部，上部是一丛散开的叶子，底下有密密麻麻的根须，而泥蒜全身长得都较均匀，根本就没有被称为"茎"的东西。如果硬要将它顶端那条小水管称作"茎"或者"根"的话，那这茎或根也太细了，全然没有蒜类的模样。我倒觉得泥蒜更像是长出来不久的小黄瓜，体长十几公分，头上有一条连接藤蔓的细瓜柄，身上也有乳突，叫它"泥黄瓜"或"土黄瓜"倒很合适。

然而令我不解的是，古人却将泥蒜称为"土笋""涂笋"或

土笋

"土穿"。明代屠本畯在《闽中海错疏》里写："其形如笋而小，生江中，形丑味甘，一名土笋。"清代施鸿保也在《闽杂记》中写："涂笋生于海滩沙穴中，今泉州海崖有产。"而道光《乐清县志》则载："又一种名土穿，比沙蚕略大，六月煮之汁可成冻。"将泥蒜称为涂笋、土笋、土穿，我以为只有一种解释，那就是它们在春天从泥涂里钻出来觅食时，齐刷刷地一大片竖立着，像竹笋般旺发。

泥蒜的学名有点拗口，曾经在1958年被中国专家陈义和叶正昌命名为可口革囊星虫，也在学界叫了好多年，如今又发现它早在1928年，已被英国生物学家约翰·爱德华·格雷命名为弓形革囊星虫，按照先来后到的命名法则，只好叫它原来的名字。在生物界，它属星虫动物门、革囊星虫纲、革囊星虫目、革囊星虫科。所谓星虫，是指其口边环生的触须很像星芒，故而得名。在浙南一带，它还有泥虫的俗名，这是根据它平常爱吃涂泥的习性命名的。依我看，星虫、泥虫都是虫，这才是符合泥蒜形象的名字。不过，一些不识货的食客常将泥虫与沙虫混淆，这当然是错误的。沙虫大名裸体方格星虫，它的体表纵肌与环肌交织，纹理如同方格的布纹，个头也要比泥虫大了许多，且通常专吃海沙，由是得名。沙虫素有"海中香肠"和"海人参"之誉，营养极其丰富，据说其味道还胜过海参、鱼翅，每斤价格上千元。由于沙虫对生长环境十分敏感，一旦受污染就不能成活，从而有"环境标识生物"之称。因如今乐清湾海水质量很一般，故沙虫已经非常罕见，更不要说作为海鲜成批量出售了。

早年，温州各地沿海滩涂栖息着大量泥蒜，其洞穴在滩涂表面呈大型针孔状，穴旁有细小的皱褶，内部曲折迂回。由于地处高潮位区，泥质较硬，一般只宜用锄头挖掘，也可用铁锹撬开。泥蒜看似像傻傻的蚯蚓，但很狡猾，人靠近时就会被它的触须发觉，很快溜回泥涂里，故渔民掘泥蒜时，眼睛要敏锐，动作要迅捷，它们可不像陆地上的蚯蚓那样，会乖乖地束手就擒。

抓到的泥蒜，身上里外都是泥，要想把它们洗干净，须用力捣、踩，反复地搓、揉、捶，使其体内的泥沙清除。清洗后的泥蒜变得很柔弱，一条条团在一起，就像解剖了的黄鳝丝，并不怎么起眼。据说一斤活泥蒜洗净后也就剩下一二两了。

烹饪泥蒜一般有两种方法：一种是泥蒜炒韭菜，在烧热的锅里放一点点清油，一点点蒜末，再将洗净的泥蒜拦腰剪断与韭菜段先后投入，几番翻动，稍加点黄酒和盐，无需再加其他配料，一会儿浓香已然扑鼻。盛起来开吃，口感很脆，嚼头足，却又不至于太韧太老。这时与同样脆生的韭菜同嚼，那味道委实鲜美得妙不可言。另一种做法就是制泥蒜冻，这也是泥蒜最常见的烧法。把泥蒜放进锅里加水，先旺火，再中火，后小火，慢慢地熬，待至水滚，加一点点盐。待泥蒜胶质渗出后，汤会呈黏稠状，此时连汤舀起，分装在小瓷碗中，盖上桌罩，静放过夜，自然冷却凝固后就成了晶莹剔透的泥蒜冻。

做成的泥蒜冻需切成块或薄片，吃时蘸点海鲜酱油，送入口中，溜滑凉爽，几乎不用咀嚼就顺着喉舌滑到胃里去了，若慢慢咀嚼，则嘎然脆响，满口留香。

泥蒜冻

三

对于泥蒜冻的来历有两个说法。

一是郑成功发现泥蒜冻说。郑成功在攻打台湾时，曾经有一段时间粮草紧缺。而郑成功治军严明，坚持不接受老百姓的任何资助。当时驻军所在地离海滩很近，将士们到海边挖出来大量泥蒜作为食物，而郑成功每日仅食用以泥蒜煮成的汤。忧国忧民的郑成功为了早日收复台湾，经常忘记用餐，而属下将士经常要再次温热泥蒜汤。某日，郑成功不想让手下将士为他温热，直接食用凝结成固态的泥蒜冻，没想到这味道比热汤要好，这才无意中发现了泥蒜冻！经后人不断改进制作方法及佐料，逐渐流传开来，形成了广为人知的泥蒜冻！

二是与戚继光有关。明嘉靖年间，倭寇入侵我国东南沿海，戚继光率兵抗倭。因粮食紧缺，戚继光便下令捉滩涂上的跳鱼、小虾、小蟹、螺贝一起下锅煮汤。而在滩涂上捡蟹螺的时候，士兵无意间捉到了一种像蚯蚓的生物，便将之单独放进锅里煮汤。在戚继光最后用餐时，只剩下冻成块的剩余物，他也只好拔剑取下一块品尝，没有想到这美味比鱼、蟹更鲜美，从此泥蒜冻便流传开来。据史料记载，戚继光曾在乐清湾与倭寇打过不少仗，家乡人也曾传言瓦头锦、清明馃等美食都是他发明的。说戚继光发明泥蒜冻，我倒觉得有一定的历史依据。

晶莹凉滑的泥蒜冻是温州人最爱的美食之一，民间认为它是不可多得的滋阴平火之物，若跟西洋参、瘦肉等一起煲做药膳，则具有补肾壮阳的功效。过去，温州沿岸渔民大多自制自备，如今也是酒店里冬春季的必备菜肴。我曾听几位回到故乡的华侨说，他们每次回家乡在酒店用餐时，不仅先点泥蒜冻来吃，离去时还要捎上好多盒。他们还说，那可是舌尖上的乡愁啊！

眼下，滩涂上野生的泥蒜已不易见到了，但办法总比困难多。前些年，我曾见一些渔民在海边盐碱地里养殖泥蒜，到每年寒冬泥蒜肥壮时，他们便抡起锄头，一锄一锄地挖掘，一下一下地捡拾，一天下来就有百来斤的收获，然后派送到各大酒店，给这座小城里的人带来美味的享受。

每每见此，我想，这也许是海洋饮食文化的延续吧！

滋阴平火

口吐莲花的藤壶

tenghu
藤壶

清代郭柏苍在《海
错百一录》中记：
"蛳，生海中附石，
壳如麂蹄，壳在上，
肉在下，大者如雀
卵……"

知味牙还嫌石牙，
爬罗剔抉到山崖。
莫嫌齿味丝丝其，
老境从来却入岛。

小茶壶

在海洋世界里，藤壶是最常见的生物之一。当大海退潮时，海岸边和海岛四周的礁岩上，它们那白花花的身姿，就会无遮无拦地摄入我们的眼帘。

藤壶给人的印象非常直观，远远望去，它们像是一个个微型的火山口趴在岩石上，凑近看，它们外表一绺一绺地绞着，还真的像藤条编制的小小茶壶。当然，我们也可以将它比喻成别的东西，比如撮嘴，像一张张噘起来的嘴巴；比如石乳，似一个个不太圆润的乳房；又像一列列没有规律的马牙。其实，撮嘴、石乳、马牙都是藤壶的俗名，由于各地方言方音的差别，它还有蚰、触、锉、蠼、蛂、蟭、曲嘴、锉壳、触嘴、雀嘴、触乳、石疥、红蛋曲、老婆牙等一大串俗称。

藤壶在世界各地广泛分布，数量庞大，种类繁杂，全球约有500多种，我国约110种，东南海域有20多种，我家乡的乐清湾海域也有10多种，其中以纹藤壶、鳞笠藤壶、三角藤壶、刺巨藤壶、中华小藤壶、白条地藤壶、白脊管藤壶和日本笠藤壶较为常见。藤壶很奇特，与牡蛎一样会黏附在岩石、竹竿、木栅、浮标、船底和码头建筑物上，也有一个石灰质的外壳。但它却不是贝类，它是由甲壳动物特有的无节幼虫发育起来的。据科学家观察，起初，无节幼虫长有好几条小腿，在海水里一蹦一蹿地游泳。然后，很快变成腺介幼虫，开始寻找附着的地方。在寻找住所时，它会用第一触角在各种基底上试探性"行走"，探测表面的粗糙度、光线。这很重要，因为一旦固定下来，就再也移动不了了，所以必须慎重选择。找到合适的地方之后，幼虫就分泌出一种目前人类已知却无法生产的最强力的胶——藤壶胶，把自己牢牢粘在基底上，最后慢慢长成小茶壶的模样。

正因如此，藤壶就不能算作贝类，而只能归属于甲壳动物。换一句话说，它是虾和蟹的亲戚。这大概出乎人们的意料吧。

二

藤壶很早就进入了古籍，南宋《宝庆四明志》卷四记载："蟢，生于岩或篔竹上。"明代弘治《温州府志》也载："蟝，其大者名老婆牙，壳丛生如蜂房，肉含黄膏，一名蟢，以其簇生，故名。"

撮嘴

而清康熙时期的聂璜在其著名的《海错图》题跋上写得更为详细："撮嘴，非螺非蛤而有壳，水花凝结而成，外壳如花瓣，中又生壳如蚌，上尖而下圆。采者敲落环壳，而取其内肉，烹煮腌醉皆宜。此物凡滨海岩石、竹木之上皆生，鳍身、龟背、螺壳、蚌房无所不寄。与牡蛎相类，故其壳亦可烧灰。张汉逸曰：撮嘴，初生水花凝结成井栏，而壳中通如莲花茎，栏内又生两片小壳，上尖下圆，肉上有细爪数十，开壳伸爪，可收潮内细虫为食。"

聂璜所说的"两片小壳"，如今叫藤壶的盖板，其中一片叫楯板，另一片则叫背板。两片板能像嘴巴一样灵活开合，打开时，就从里面伸出一个"爪子"，在海水里抓一下，又迅速缩回去。这是藤壶摄食的器官，专业术语叫"蔓足"，由好多条附肢组合而成。这些附肢是它小时候游泳用的"腿"，长大了就变得细长，分成好多好多节，就像藤蔓一样，故名蔓足。聂璜说它是莲花茎，吐出时似花朵开放，给人一种口吐莲花的印象。蔓足伸出壳时，就像一张扇形的小网，能够截住海水中的小食物，抓到嘴里吃掉。于是，藤壶也因此叫作蔓足动物，成为龟足的近亲。

对于奇特的生物，总会演绎出一些故事。在民间，曾流传着一个有趣的传说：东海龙王的公主想上岸观赏人间美景，龙王担心岸边礁岩太滑，怕女儿跌坏了，便下令在水族中招聘"门坎石"，铺在礁岩上为公主垫脚。平日里，水族们老埋怨水底的日子太沉闷，很想到礁岩上自由活动，不受管束。有这么个好机会，大家都竞相报名，竞争十分激烈。龙头鱼凭借个"龙"字，第一个应聘。它们一条挨着一条横卧在礁岩上，让公主踩着走。可龙头鱼们平日娇生惯养，身子虚弱，公主踩上去才走了几步，它们便吃不消了，一条条东倒西歪，使公主摔了个跤。龙王大怒，把龙头鱼们痛打了一顿，把它们身上的鳞打掉了，骨头打酥了，成了现在的样子。水族们吓坏了，不敢再试，只有藤壶们挺身而出。藤壶们原在龙宫御膳房打杂，将平日打碎了的酒盅碗盏碎片全都保存着，这一回派上用场。藤壶们把这些碎片往身上一罩，再一层层地附着在礁岩上，公主踩上去，稳稳当当，再也不会摔倒了。从此，藤壶们便既能在水底又能在礁岩上生活了。

三

传说毕竟虚无缥缈，总比不上吃来得实在。

说来让人有点不敢相信，早年原本被贫困人家用来腌制的咸货，以卤汁配饭的藤壶，这几年又回到餐桌，成了海鲜中的香饽饽，其价格也不断攀升，毫无征兆地变成美味珍馐，让人难得一尝。

2019年秋天，我在乐清湾西门岛一家大排档里，终于吃到了大个子的藤壶。这是一种个头四五厘米、圆壳高拱的藤壶，学名刺巨藤壶，它红肉饱满，金黄色的生殖腺膨大，蔓足发达，味道十分鲜美。与我小时候吃的那些只能做汤的小藤壶，即纹藤壶、鳞笠藤壶、日本笠藤壶等，完全不在一个档次。

藤壶做法比较简单，将它洗净后置大盘中，用大火隔水清炖，就可吃它的原汁原味。吃时先吮吸"壶"中的汤汁，再把住"壶口"，用竹签挑出里边的肉就行。炖好的藤壶汤像豆腐花一样柔嫩，一吸即滑入口腔，其味咸鲜、柔糯，而其肉则质地细腻，鲜香扑鼻，既有牡蛎的味道，又有龟足的滋味，别具一种风情。据大排档老板说，藤壶还有几种烧法，最简便的是"汤触"：将藤壶放在开水里，加盐、姜丝煮熟。还有就是"蛋触"：将洗净的藤壶置于汤盘中，把鸡蛋打散成糊，加少量黄酒，浇在藤壶上，蒸熟。再有就是"醉触"食法，因藤壶难保鲜，渔民便发明了生醉和熟醉两种。生醉即把藤壶洗净，挑出肉，放进小瓮或玻璃瓶里，倒入黄酒，加少量食盐和白糖，密封数日后食用。熟醉是把藤壶煮成半熟，加调料后现吃。"一般来说，生醉能比熟醉保存更久，更具风味。"老板最后如是说。

吸附力

烧煮藤壶简单，但要把它从礁岩上挖下来，可就不容易了。藤壶虽然个体不大，但吸附力极强，若想用手把它从附着物上掰下来，那几乎是不可能的事，所以在采挖时，必须借助凿子类的硬金属工具，才能将它凿下来。为此，渔民发明了插竹附生法，以减轻采挖工作量。据清代郭柏苍在《海错百一录》中记："蛎，生海中附石，壳如麂蹄，壳在上，肉在下，大者如雀卵……土人以蛎附石难取，于秋仲竖麻竹于咸水，蛎即绕竹蹙蹙然。冬至后，以刀刮竹，带壳捣之，去其壳乘木桶中，似涕似痰，名曰蛎胨，以蛋煎，味逊蛎房。凡烧灰者，以蛎壳为第一。结实而小，经火易透成灰，则洁白如雪。"不过，渔民办法很多，又发明了一种野路子的吃法，他们在礁石上堆柴点火，直接烧烤藤壶。被火燎过的藤壶，一掰就下来，用嘴一吮，就能吃到肚子里去。

四

美味、奇特的藤壶自然也得到了文人墨客的赞颂。清代谢辅绅有《老婆牙》诗曰："知味牙还啖石牙，爬罗剔抉到山崖。莫嫌齿牙婆娑甚，老境从来渐入嘉。"元代的任士林很有意思，还特地作了一篇《老婆牙赋》："何气母之形幻，纵造儿之紃纻。探川后之珍错，得老婆之蜕牙……忽真牙之坠余，尚流涎之煦煦。登徒腭唇之妻，于是朵颐玉川。赤脚之婢，遂为之掩口。又况青女弄娇，玉妃试手，风姨窥轩，月姊呈膪。堆案上之黄妳，篘瓮中之酒母。倾礌硌于寒釜，堆痤疕于古缶。目抢齿决，搥敲石揞。得金膏于沙砾，吸玉液于洼朽。咽不偿劳，争取恐后。噫嘻悲夫！薶华之姝，觚犀鲜鲜。素质化已，遗鬵谿然。"这篇赋，作者用尽了形容和比喻，细细玩味，还挺有意思的。

不过，我倒是觉得宋代罗大经的一则故事比较有趣，他在《鹤林玉露》中写："杨东山尝为余言：昔周益公、洪容斋尝侍寿皇宴，因谈肴核，上问容斋：'卿乡里何所产？'容斋，番阳人也，对曰：'沙地马蹄鳖，雪天牛尾狸。'又问益公，公庐陵人也，对曰：'金柑玉版笋，银杏水晶葱。'上吟赏。又问一侍从，忘其名，浙人也，对曰：'螺头新妇臂，龟脚老婆牙。'四者皆海鲜也。上为之一笑。"这段文字里的"上"即宋孝宗赵昚，他是被史家称为南宋最有作为的一位皇帝，首功便是平反了岳飞冤案。

还有一个故事更加有趣，发生在浙江台州，据明人蒋一葵《尧山堂外纪》中的一则词话称：徐渊子（号竹隐，名徐似道）好以诗文谐谑，丁少詹与妻有违言，乃弃家居茶寮山，茹素诵经，日买海物放生，久而不归。妻患之，祈徐譬解。徐许诺。出门见卖老婆牙者，买一巨筐饷丁，并遗以《阮郎归》词云："茶寮山上一头陀，新来学者么。蝤蛑螃蟹与乌螺，知他放几多？有一

老婆牙

物，似蜂窝，姓牙名老婆。虽然无奈得它何，如何放得它？"丁见词大笑而归。

在古代，藤壶价格低廉，一箩筐的藤壶就让一对吵了架的夫妻和好，可见这个老婆牙的名字不是白叫的。

别问我像谁

xiaoguanqiangwuzei
小管枪乌贼

《兴化府志》："大如指，其身圆直如锁管，其首有薄骨插入,管中亦有墨，或结子如白饭，其味甘脆，或腌食之。亦名净瓶鱼。"

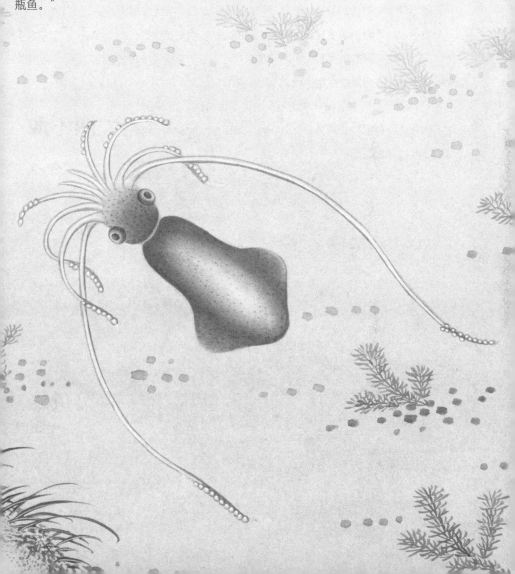

一

大千世界，无奇不有。浩瀚大海，物种多样。

在春、夏、秋三季的每月天文大潮期里，有一种很奇怪的海产品，都会在我生活的这座滨海小城的菜市场里出售。

它足生在头上，胴体后端钝圆，身材近似圆筒形，质地柔软，肉厚薄均匀，半透明的白色体表长有密密麻麻的褐色小斑点，看起来似荧光闪烁。如果仔细搜寻，其体内还藏有一枚披针形的角质内壳，拔出在手中把玩，柔韧，透明，弹性十足。此外，它还有两个平贴在身上的背鳍，长度要超过胴长的二分之一，两鳍相接时，便成了一个略呈纵菱形的图案。由此，从远处看，它的整个身子很像是一支尾部扎着火球的微型标枪。

这种海产品确实长得非常特别，它既不像乌贼，又不像鱿鱼，也不像章鱼，更不像望潮，完全是一种"四不像"的动物。可它的味道却胜过章鱼，近乎鱿鱼，媲美乌贼，略输望潮。然而，对这种海产品，许多年来我却一直不知道它的学名，只是跟着家乡的方言，称它为"子鲂"。直到十多年前我在水产部门供职时，才弄明白它的学名叫火枪乌贼，又叫小管枪乌贼，归属于软体动物门头足纲枪形目枪乌贼科枪乌贼属。

四不像

二

其实，小管枪乌贼还有很多名字，锁管、柔鱼、虷鲂、虷珠、鲂公、鱿仔、小鱿鱼都是它的别名。翻阅古代典籍，早在北宋，药学家苏颂在《本草图经》中就有"一种柔鱼，与乌贼相似，但无骨尔，越人重之"的记载。当然，《本草图经》中所指的柔鱼像是对鱿鱼家族的统称，包括学名叫太平洋褶柔鱼、中国枪乌贼、日本枪乌贼、杜氏枪乌贼、尤氏枪乌贼、田乡枪乌贼和剑尖枪乌贼等几种

柔鱼

被小城人俗称为"鳝"或"鳎鯏"的头足类海洋动物，这样笼统的称呼，很让人容易混淆或不得要领。

还是清道光《乐清县志》写得明白，直接称它为锁管，并引《兴化府志》说："大如指，其身圆直如锁管，其首有薄骨插入，管中亦有墨，或结子如白饭，其味甘脆，或腌食之。亦名净瓶鱼。"锁管，古代写作"镙管"，原是指锁的内身，由锁簧与锁芯构成，圆柱形，中空，插入钥匙可牵动机关将其打开。我想，古人将小管枪乌贼叫作锁管，这显然是一种形象的称呼，也颇有神韵。

小管枪乌贼要比鳝或鳎鯏小得多，其胴长一般只有5～6厘米，加上头足也不过10厘米，重不足半两，它是鱿鱼家族中最小的一种，再给它一些时光它也不会长大。除个子小外，锁管与鳝或鳎鯏最明显的区别是，它的眼睛有透明的眼膜覆盖，而其他鱿鱼则没有眼膜，有的眼睑半闭，有的眼睑全开。

变色 小管枪乌贼非常神奇，它体表有许多大小相间的近圆形色素斑，这些色素斑里有黑、褐、橙、黄、红、棕等色素细胞，能通过眼睛把外部环境的图像传到神经中枢。在安全受影响的情况下，神经中枢就给色素细胞发出指令，扩张和收缩相应的色素斑，从而引起变色。有时在海鲜大排档的大冰柜上能看见一大盘活灵活现的小管枪乌贼，它们正极力变着身上的色素，一会儿颜色变深，一会儿颜色变浅，以期躲避即将面临下锅的命运。于是你会像发现新大陆似的，发出"啧啧"的称奇声。当然，这也是鱿鱼家族的共同特征。

别看小管枪乌贼个头小、身体柔软，可它的游泳速度很快，连一些小鱼都不如它。游动时与乌贼一样，尾朝前，头在后，用口中喷水的方式朝反方向前行。不仅如此，它还是杂食性海洋动物，**趋光** 除捕食浮游生物外，还常冲入虾群、鱼群中猎食。平时它还有趋光性，夜间猎食更猛。也正是这个特性，沿海渔民常在夜里用灯光进行引诱，使用定置张网或底拖网捕获它们。

经生物学家观察，小管枪乌贼多生活在水质清澈的深水岛礁附近，每年春季由南向北洄游，5～6月于江海交接的河口地带产卵，卵子为白色透明的棒状卵鞘包被，许多卵鞘合在一起，很像开放的菊花，颇为美观。一个月后，这些卵子就会孵化出新一代的小管枪乌贼。9～10月，小管枪乌贼再次产卵，到初冬才成群结队开始南下，回归深海避寒。小管枪乌贼的这种习性也明显区别于鱿鱼家族的其他种类，那些比它大的鱿鱼一般都不会来到较浑浊的海湾，也不会来到河口地带，而只在近海岸水质清澈的岛屿边产卵。这也终于使我明白，为什么在我们的乐清湾，仅仅能见到小管枪乌贼，而难得一见鳟或鳛鮰。

三

小管枪乌贼是一种味道鲜美、营养丰富的海产品，与乌贼或鱿鱼相比，它的肉质更细嫩、更松脆，因近海捕捞，不需做长途运输，它的鲜度也更高。烧煮时，它不需要宰杀、解剖，只需要将它的内壳取出后整只洗净，放入锅中烧煮就行。而且它的烧煮方法也极其简单，要么清煮，要么加大蒜鲜炒。据我的一位文友说，在他的雁荡山老家，乡民们还将它与咸菜同烧，使咸菜中渗进小管枪乌贼的鲜香，味道不可言喻。只是，我一直未做过这道菜。

食用小管枪乌贼时，简单明了，一口一个，口感润滑，满嘴鲜爽，正像我家乡的俗语说的："子鲌望潮满口肉。"这可是原汁原味的佳肴，无刺无骨，有满满的肉质感，让人吃得十分过瘾。我在菜市场若看到这种新鲜的小管枪乌贼时，总要买个半斤八两回家煮食，慢慢享受这种人间的极致滋味，因为它们既可下饭，又可佐酒。

肉质感

小管枪乌贼在我国沿海地区都有出产，我有一次在福建东山岛旅游，听当地的文友说，东山岛最有名的一种海鲜就是小管。不过，他们所说的小管，并不单单指火枪乌贼，而把剑枪乌贼、杜氏枪乌贼、尤氏枪乌贼都包括进去了。在他们眼里，凡是个体小的鱿鱼，都叫小管或锁管。如郭柏苍就在《海错百一录》中记："琐管，腹中有烟如墨鱼，而皮略紫，其管琐琐焉，似足非足，气通于管，重不越二三两，鲜炒香油黄韭蒜亦美品。"很显然，这重量超过二三两的锁管，就不是我们所说的子鲂。

少管

由于闽南话里的"少"和"小"读音相近，因此，福建人习惯称小管枪乌贼为"少管"，并经常以此互相打趣："在东山，你要多吃少管。"少管闲事是做人处事的一种原则，借海鲜之名而寓意人情世故，不禁令人莞尔。

三春银鱼味正浓

yinyu
银鱼

西晋张华在《博物志》
中写："吴王江行食
鲙有余，弃于中流，
化为鱼。今鱼中有名
吴王鲙余者，长数寸，
大者如箸，犹有鲙形。"

巢湖映微寒，
照眼正清泚。
低昂媲荷芡，
明灭紫葭苇。
银花脍肥鱼，
玉粒炊香米。
居人自丰乐，
不与他乡比。

小艇瓜皮桂楫香，登瀛桥下趁潮忙。

阿侬一网先开利，捞出银鱼三寸长。

清代诗人周斌的这首《柳溪竹枝词》，向我们展现了早年渔民张捕银鱼的生动画面，也让我们感受到了捕鱼的动态之美：一舟一楫，在浪尖上摇曳起伏，随波出没；一人一网，捕获的银鱼活蹦乱跳，银光闪亮。

一

银鱼是鱼类中的小不点，一般身长只有6～9厘米，最大的也不会超过15厘米。因其洁白晶莹，圆润纤细，色泽如银，恰似古代妇女发髻上佩戴的银簪而得名。银鱼还是一年生鱼类，亲鱼生殖后个体显著瘦弱，不久便死亡。但银鱼成熟较快，从出生到成长，只需半年就可出产。因此，银鱼在一年中有春、秋两个季节可以捕食，即它的产卵期——农历三月和八月，三春时节更胜一筹。

一年两季

不过，我们平常所称的银鱼，是对鲑形目、胡瓜鱼亚目、银鱼科鱼类的统称。据志书记载，全世界有银鱼17种，我国海域从南到北则分布着15种，东海海域及其江河水系有近10种，其中以中国大银鱼、太湖短吻银鱼、有明银鱼、居氏银鱼、尖头银鱼和安氏新银鱼最为常见。目前，在我家乡的乐清湾水系里分布着3种银鱼，分别是中国大银鱼、尖头银鱼和前颌间银鱼。

根据银鱼的生活习性，它们平常生活在近海的江河口，也可以在纯粹的淡水里生活。据说，在淡水里长期生活的银鱼，刚孵化出的小银鱼都会拼命游向大海，只有到产卵时才会重新进入江河湖泊，在岸边水草丛生地繁殖。银鱼的这种特性，专业上叫作"溯河性鱼类"，与我们熟悉的"降海性鱼类"的香鱼、河鳗、花鳗正好相反，它们只有到成熟时才会游到海水里产卵，而孵化出的幼鱼则很快返回淡水里生活。

溯河性

除太湖短吻银鱼外，由于其他银鱼对淡水水质要求非常高，因而在那些直通东海的江河、溪流里已十分罕见。我们平时所食的银鱼多来自大海，其中以中国大银鱼为主。

二

银鱼虽然很小，却很早就进入了我国的许多古籍，并有脍残鱼、银条鱼、银花鱼、面条鱼、面丈鱼、冰鱼、玻璃鱼、白小等别称。西晋张华在《博物志》中写："吴王江行食鲙有余，弃于中流，化为鱼。今鱼中有名吴王鲙余者，长数寸，大者如箸，犹有鲙形。"宋代吴曾则在《能改斋漫录》中引《太平广记》云："晋宝志尝于台城对梁武帝吃脍，食讫，武帝曰：'朕不知味二十余年矣，师何云尔！'志公乃吐出小鱼，依依鳞尾。如今秣陵尚有脍残鱼也。"这是脍残鱼名字的由来。

此外，古人也有把银鱼称作王余的。王逸注《吴都赋》曰："王余鱼，其身半也。俗云：越王脍鱼未尽，因以其半弃之，为鱼，遂无其一面，故曰王余也。"不过，据后人考证，《吴都赋》中所称的王余指的是比目鱼或者鳎鱼而非银鱼。到元代，吴瑞在《日用本草》里将银鱼称为银条鱼，依我看，这应该是对银鱼比较准确的称呼。而明万历年间通州民间学者彭大翼在《山堂肆考》中对银鱼写得较为详细："身圆如筋，洁白无鳞，目两点黑，形如面条而纯白色。"这又是面条鱼名字的由来。

国人历来喜爱银鱼，赞美银鱼，也留下了大量诗章。唐代大诗人杜甫有《白小》诗写道："白小群分命，天然二寸鱼。细微沾水族，风俗当园蔬。入肆银花乱，倾箱雪片虚。生成犹拾卵，尽取义何如。"皮日休也有《松江早春》诗："松陵清净雪消初，见底新安恐未如。稳凭船舷无一事，分明数得鲙残鱼。"清代文人陈文瑞还有《丰城竹枝词》："银鱼纤小玉生芽，上市鲜鲥价倍加。最

银条鱼

是乡谈风味好，曲江茶叶篠塘瓜。"在写银鱼的众多诗词中，被后世人常常引用的有两首，一是宋代史学家司马光的《送巢县崔尉》诗："巢湖映微寒，照眼正清泚。低昂蹙荷芰，明灭萦葭苇。银花脍肥鱼，玉粒炊香米。居人自丰乐，不与他乡比。"二是同为宋代的张先的《吴江》诗："春后银鱼霜后鲈，远人曾到合思吴。欲图江色不上笔，静觅鸟声深在薲。落日未昏闻市散，青天都净见山孤。桥南水涨虹垂影，清夜澄光照太湖。"这两首诗中的"银花脍肥鱼"和"春后银鱼霜后鲈"二句，一直被认为是写银鱼的名句，深受人们拥趸。

三

　　银鱼肉质细嫩，味道鲜美，富含蛋白质和钙，营养学家将它列为长寿食品，它也被誉为水中珍品。据史料记载，在明代时，人们还将太湖银鱼与松江鲈鱼、黄河鲤鱼、长江鲥鱼并称为中国四大名鱼，从而使之成为朝廷贡品。据明末姚可成的《食物本草》记载：银鱼有利水、润肺、止咳的疗效。清代汪绂在《医林纂要》中称银鱼有"补肺清金，滋阴补虚"的功效。李时珍也在《本草纲目》中对银鱼作了较详细的记述（银鱼）："大者长四五寸，身圆如筋，洁白如银……彼人尤重小者，曝干以货四方。清明前有子，食之甚美；清明后子出而瘦，但可作鲙腊耳。"据说日本人尤爱银鱼，称其为鱼中人参，视作稀世之珍。

　　银鱼入肴是席上珍馐。看之，色泽分明，赏心悦目；闻之，鲜香诱人，口舌生津；食之；味美可口，齿颊留香。银鱼的食用方法很多，煎炒熘炸、蒸煮烩炖皆可，较具特色的有炸、炒、煎和做汤羹。干炸银鱼，色泽金黄，食之又松、又脆、又肥、又香。银鱼经调味腌渍，蘸匀蛋液，裹上面粉，入四五成热的油锅中炸熟，则具有外层酥脆鲜香、内层松软鲜嫩的极致风味。蒸食银鱼，鱼肉清

长寿食品

香，鲜嫩油润，肥而不腻。如用虾仁、肥膘肉泥同蒸，其形似燕窝，是一款上乘的高档菜肴。用不同的配料制成银鱼汤，色味俱佳，鲜美可口，喝上一口，鲜味通过味蕾窜入脾胃，也沁入人心。

鸡蛋是银鱼的黄金搭档。在乐清湾沿岸，烹饪银鱼最常见的方法是银鱼炒蛋。就我吃过的蛋品中，要说最好吃的菜就是这银鱼炒蛋。这道菜的做法是：先用香葱炝锅，继而放入洗净沥水的银鱼稍加煸炒，去掉些腥气，捞出后放入鸡蛋液中搅匀，再用旺火起油锅，油热后倒入银鱼蛋液，翻炒至熟，一款银鱼炒鸡蛋便端上桌了。

金镶玉

看着这盘银鱼炒鸡蛋，白玉般的银鱼被金黄色炒蛋包裹着，色泽赏心悦目，简直就是现代版的金镶玉，极大地激起人的食欲。而伸箸一尝，蛋之香裹着银鱼的滑嫩，于舌尖不断流动，且回味特别长久，单单一个"鲜"字已无法完全概括，让人惊艳不已。

由于银鱼不用去鳍、去骨，甚至连剖腹取脏、抠鳃等环节都不需要，只用清水洗净即可，所以它也是最容易烧制，最能够保持原生状态的菜肴。若不信，那你就去试试。

海蜈蚣，恐怖而诡异的海物

haiwugong
海蜈蚣

唐代文学家段成式在《酉阳
杂俎》中记："雷蜞，大如蚓，
以物触之乃蹙缩，圆转若鞠。
良久引首，鞠形渐小，复如
蚓焉。或云啮人甚毒。"

在大海里，有许多令人感到恐怖的动物，比如人们熟悉的鲨鱼、鲸鱼、海蛇、食人鲳，以及不太熟悉的蛙鱼、蛇头鱼、箱水母、鸡心螺、玫瑰毒鲉、蓝环章鱼等，均能致其他动物或人类死亡。但这些动物虽然恐怖，其形体还是漂亮的，看到时不至于让人恶心。

然而，有一种动物却不一样，让人见到时不仅毛骨悚然，而且还有作呕的感受，这就是生长在海边滩涂上的海蜈蚣。

一

在东海沿岸，海蜈蚣是人们非常熟悉的生物，滩涂的旮旯里随处可见。当你在海岸边乱石堆里翻开一块石头，往往就会看见一大窝海蜈蚣在涂泥上盘踞交缠，探头探脑，让胆小的人忙不迭地退避三舍。

海蜈蚣确实很像陆地上的蜈蚣，形体怪异，龇牙咧嘴，须毛怒张，面目狰狞，体侧的毛刺恰如蜈蚣的百足蠕蠕晃动，十分骇人。身体扭动时，不时口吐涎沫，由密密环节构成的躯体会泛发奇光异色，这种颜色混杂着惨绿、猩红、怪黄，实在诡异得很，让人看上几眼，便忍不住要呕吐。

面目狰狞

其实，海蜈蚣的正名叫沙蚕。谁都知道，蚕是可爱的虫类，人们都亲昵地叫它"蚕宝宝"，当蚕吐丝做茧后，就把茧变成蚕蛹，而蚕蛹恰恰是大补之物。过去，乡村养蚕人家都把蚕蛹拿来油炸而食。不过，吃虫类是相当需要勇气的。记得很多年前，我第一次吃蚕蛹时，眼睛不敢看盘子，筷子抖抖地伸着，老是夹不住。最后在家人的鼓动下，只得豁出去，用手拿来塞进嘴里，忍住气、闭着眼睛把它吃下去。

沙蚕

一回生，两回熟，习惯了也就自然了。参加工作后，我曾到一些偏远的山区、林区出差，也慢慢入乡随俗，跟着好客的主人吃松毛虫幼虫，吃知了，吃蜂蛹，也吃蚕蛹。

吃过不少种类的虫后，我由此也在想，既然海蜈蚣被称作沙蚕，那么它就是可食的。但几年前在一个大排档里，初次见到这盘叫海蜈蚣炒大蒜的菜，我还是迟迟不敢动筷子。尽管端上来的菜里，海蜈蚣已被解剖切段，不再有"蜈蚣"的影子，然而，我一想到海蜈蚣那狰狞、恶心的面目，心里依然直发毛。后来，看到同伴们都吃得津津有味，我才壮起胆子尝试一下，没想到一种柔韧而香糯、鲜爽而甘甜的味道，顷刻间在舌尖漫游、萦回。此时，我也忽然觉得，世上所有的恐惧、好恶都已微不足道。一餐过后，我仔细一想，觉得很不可思议，怎么就这样便吃起了海蜈蚣？而吃的过程中我没有呕吐，强迫与自愿相结合，最后毫无抵抗，甚至还有点喜欢。

再后来吃海蜈蚣就简单多了，有油炸的、煮粉干的、与韭菜一起清炖的，都是异常鲜香的美食，咀嚼起来滋味越发深长。

二

海蜈蚣很早就进入了古籍，最初称禾虫，晋代郭义恭在《广志》里有"禾虫"条写："夏暑雨，禾中蒸郁而生虫，或稻根腐而生虫……大者如箸许，长至丈，节节有口，生青，熟红黄，霜降前禾熟则虫亦熟。以初一、二及十五、六乘大潮断节而出，浮游田上，网取之。得醋则白浆自出，以白米泔滤过，蒸为膏，甘美益人。"这说明，我国民众在晋代已开始食用海蜈蚣了。

唐代称海蜈蚣为雷蟤，文学家段成式在《酉阳杂俎》中记："雷蟤，大如蚓，以物触之乃蹙缩，圆转若鞠。良久引首，鞠形渐小，复如蚓焉。或云啮人甚毒。"段成式说海蜈蚣受到外力惊吓时，会盘缩成圆圈状，这应该比较客观，也是海蜈蚣的生活常态，但最后一句说它有毒，则明显错了。尽管海蜈蚣十分令人恐惧和恶心，却与蚕宝宝是一样的，身上并无毒素，也不会毒人。

雷蟤

稻根虫

到清代，施鸿保也在《闽杂记》中记："雷蜞，形似蚯蚓，色微赤，长者五六寸，短者寸许，出近海稻田中。稻获后，根在田，经潮上或暴雨后，则根内生此虫，故亦名稻根虫。食之者，先洗置小盘中，以盐少许糁之，即化为卤，再倾入热汤中，海边人多嗜之。"施鸿保还说，段成式既然将雷蜞讲述得这么形象，却不说它生在稻根，也不说它的食法，他觉得有点不理解。

讲述海蜈蚣最为详细的，则要算清代的赵学敏。他在《本草纲目拾遗·虫部》中写："禾虫，闽、广、浙沿海滨多有之，形如蚯蚓。闽人以蒸蛋食，或做膏食，饷客为馐，云食之补脾健胃……粤录：禾虫状如蚕，长一二寸，无种类，夏秋间早晚稻将熟，禾虫自稻根出。潮涨浸田，因乘潮入海，日浮夜沉，浮则水面皆紫。采者以巨口狭尾之网系于杙，逆流迎之，网尻有囊，重则倾泻于舟。"

海蜈蚣之所以在水稻将熟时"自稻根出"，乃是彼时水稻必须放水干田控蘖、精饱稻粒。而已经适应这种节候规律的海蜈蚣，那时也性成熟了，于是顺水入海繁殖。据我的一位渔民朋友说，过去乐清湾沿岸只有简易的土塘，根本没有高大、宽厚的标准塘，每年农历九月十五之后的天文大潮期，海水会漫入稻田，于是海蜈蚣泛起，在污泥浊水里到处浮游、蠕动。渔民只要在沟渠的涵口设网兜捕，多时一天能捕得上百斤。

在古代水产专著中提到沙蚕的，应该是清代的郭柏苍，他在《海错百一录》中记："沙蚕，产连江、东岱汐海沙中，福州呼之为龙膑，形类蚯蚓，而其文如布，经纬分明。鲜者剪开、淘净炒食，干者刷去腹中细沙，微火略炸，有风味。其形极丑，其物极净。"但从郭柏苍的这段话看，他写的好像是沙虫，即裸体方格星虫，因为海蜈蚣身上没有经纬分明如布一样的纹路，而沙虫倒有。

将海蜈蚣与沙蚕正式挂起钩来是民国时期，由符璋主编，于1925年刊印的《平阳县志》中写："沙蚕，俗名海蜈蚣，煮食味佳。"我想，这时海洋生物分类学已较成熟，外国人命名的多种沙蚕的学名也已经传入我国，比如疣吻沙蚕、多齿围沙蚕、日本刺沙蚕、长吻吻沙蚕等，可能都被学界所承认，故大众也以沙蚕称之。

三

　　海蜈蚣是环节动物门、多毛纲、游走目、沙蚕科里沙蚕的统称，共有十几类400多种，皆喜欢栖息于有淡水流入的潮间带沙泥中，幼虫食浮游生物，成虫以腐殖质为食。而能进入淡水稻田的仅有两种，即疣吻沙蚕和多齿围沙蚕。其中最美味的要算疣吻沙蚕，长可达一米，个体大，肉肥腴，一向被视作盘中佳肴，受到众多食客的青睐。

　　吃海蜈蚣的最佳时期是每年农历十二月到翌年三月，此时海蜈蚣肉质绵软细润，鲜嫩味美，口感尤佳，被公认为上品。到了五月之后，海蜈蚣那些看起来像脚的体毛变硬，就显得肉质粗硬，食用时有毛刺感，味觉稍逊。

　　海蜈蚣可蒸可炖，可煎可炸，或焦香可口，或清甜香滑。在有些地方，还将新鲜的海蜈蚣和晒干的海蜈蚣放在一起煲，让香味和鲜味兼而有之。炮制海蜈蚣就比较复杂了。据我了解，程序如下：海蜈蚣洗净后，先将生油往盆中淋，稍后放入盐粉，盐粉所到之处，海蜈蚣随即爆浆而亡，此后加入鸡蛋、陈皮和橄榄豉油，入炉蒸熟。蒸具必须用瓦钵，蒸熟的海蜈蚣稍凉后再连钵烘烤，然后就散发出一阵奇香，让那些老饕忍不住垂涎三尺。

　　而生炒海蜈蚣，大多用小火慢炒，需费时半个小时，直至炒到爆浆，这一做法能最大程度保持它的原汁原味。总之，烹制海蜈蚣的方法很多，只要加上姜、葱、油、盐，蒸、炒、煲、炖、焗都可以制成味美可口的佳肴。此外，也可以腌制海蜈蚣或晒成干制品，还可以捣烂制成海蜈蚣酱。但无论用哪种方法，海蜈蚣制成的佳肴均清香鲜美，嫩滑甘香，风味独特，且有滋阴壮阳、健脾、暖

爆浆

身、祛湿等功效。

从吃海蜈蚣的群体来看，目前最多的是广东、福建以及浙南的苍南、玉环等地。2016年，我到玉环采风时，就在漩门湾国家湿地公园内一座小型博物馆里，赫然看到一盘大蒜炒海蜈蚣的实物，陈列在显要位置上，旁边还有不少文字介绍。这又勾起了我舌尖上的记忆，回来后，我立马约了几位朋友，去乐清湾畔一个大排档里，点了一大盘海蜈蚣让大家慢慢享受。

福建人对海蜈蚣情有独钟，许多地方还将它美名为"龙肠"或"凤肠"。据史料记载，龙肠的名字在明代就已出现，万历进士、官至南京工部右侍郎的何乔远在《闽书·闽产》中曾写下"泉人美谥曰龙肠"的话。自此，泉州一带的渔民将晒干后金黄而透明的海蜈蚣，冠以名号曰"龙肠干"，用它炖汤，则汤色白如牛奶，味极鲜美，成为当地高级宴席的珍贵名菜。将龙肠干束捆装袋，则是走亲访友的贵重酬答礼品。至于凤肠，我没有看到它的出处，不过，龙和凤都是人们想象中的灵物，将一种菜品上升到龙凤的高度，就会立显尊贵和豪华，也会让饕餮之徒趋之若鹜。

今天，在农药、化肥大量施用后，营生于稻田的海蜈蚣基本已消失了。但这难不倒精明的当代渔民，他们开始人工养殖海蜈蚣，有的出口日本、韩国做鱼饵，有的用作养殖对虾亲虾及其幼虾的饵料——变换成另一种形态，绕一个圈子进入人类肠道。当然，对那些又粗又肥的海蜈蚣，你可以视为龙肠或凤肠，直接端上餐桌就行。

龙肠

神奇的『东海夫人』

yibei
贻贝

白红二种石根生，
水愈深时产愈精。
应是龙宫多嬖幸，
故将一品赐嘉名。

郭柏苍在《海错百一录》中说："淡菜，本草称东海夫人，亦名壳菜，以壳中有菜也。肉有黄白二种……生海石上，壳长而色紫，咂海苔虫也，取时并海苔曳之，数壳累累，然其形其味皆属秽亵，隙中嵌小毛如棕。"

盛夏的阳光照射在海面上，热浪翻滚，水汽氤氲，在大海中隐藏了冬、春两季后，神奇的"东海夫人"终于现身了。

头顶黄褐色的发丝，身披黑中发紫的长裙，翡翠绿的裙摆荧光暗闪，全身曲线凹凸，肥臀丰满，腰肢曼妙。然后轻移莲步，一个、二个、三个……无数个，成群结队，簇簇拥拥，从潮水回落的礁石上款款走出，最后在海岸边迤逦横躺成一座座微型小山。

不对，它们不是美人，那会是什么呢？仔细一瞧，竟然是我们早些年非常熟悉的贻贝！

一

贻贝不就是淡菜、壳菜么？它有什么神奇之处，为什么要美名为"东海夫人"呢？不要急，且听我慢慢道来。

最早将贻贝称为东海夫人的是唐代药学家陈藏器，他在《本草拾遗》里说"东海夫人，生东南海中，似珠母，一头尖，中衔少毛。味甘美，南人好食之。"

随后，明代宁波人屠本畯在《闽中海错疏》中也说："壳菜，一名淡菜，一名海夫人，生海石上，以苔为根，壳长而坚硬，紫色味最珍。生四明者肉大而肥，闽中者肉瘦。其干者闽人呼曰干，四明呼为干肉……本草云：形虽不典，而甚益人。"

到清代，郭柏苍又在《海错百一录》中说："淡菜，本草称东海夫人，亦名壳菜，以壳中有菜也。肉有黄白二种……生海石上，壳长而色紫，哑海苔虫也，取时并海苔曳之，数壳累累，然其形其味皆属秽亵，隙中嵌小毛如棕。"

看了这些话，尤其是"形虽不典""其形其味皆属秽亵，隙中嵌小毛如棕"，我想大家已经感知，在古代人眼里，双壳贝类都具有女性特征。它们柔滑而层次繁复的肉体开合自如，散布于空气中

形虽不典

的气味甜美而微腥，在有意或无意中，模仿了大地上女人的某些形态和神韵。古人毕竟用词隐晦，仅寥寥数字，便精妙地点出了贻贝生理的要义，晦涩地表达了贻贝的隐秘。

文人大多如此，在谈女性身体时，一般都会遮遮掩掩，采取朦胧的手法，婉约喻义。比如，现代著名作家梁实秋，就曾在《雅舍谈吃·炝青蛤》中写："淡菜，一名'壳菜'，也是浙闽名产，晒干了之后可以用以煨红烧肉，其形状很丑，像是晒干了的蝉，又有人想入非非说是像另外一种东西。"

那么，说到这里，大家应该猜到贻贝被称为东海夫人的缘由了吧。

二

贻贝归属于软体动物门、双壳纲、贻贝目、贻贝科，在东海及以北的海域都有分布，种类较多。但最有名的是紫贻贝、厚壳贻贝和翡翠贻贝，其中以东海产的厚壳贻贝个体最大，壳长可达13厘米，它也是我们见到次数最多的一种，菜市场常有出售。除淡菜、壳菜的称呼外，它还有海红、海虹、青口、毛娘的俗名。

贻贝多生活在盐度较高的海滨岩礁上，它小时候是一只只幼虫，随潮水游荡，遇到合适的栖息地，就将自己固定下来，一旦依附，便蜗居下来，一辈子极少挪窝。同时它们还喜欢群居，用那些毛，也就是生物学上所说的足丝———一种坚韧的蛋白质黏合物编织一个庞大的网络，密密麻麻地、牢牢地盘踞在它们的领地上。这些足丝你来我往，相拥相挨，似乎懂得团队的力量，不管潮涨潮涌，或者浪涛拍击，它们依然不会动摇，且更紧密地与礁岩相牵相连。这也说明，贻贝深深地爱着自己的家园，眷恋家园和家族的生活。

倘若遇到环境变化，它们也能忍痛割爱，使足丝脱落，进行较大范围的迁徙活动，寻找新的环境，选准落脚场地后，再次分泌

海红

盘踞

新的足丝，重新固着。贻贝的这种群居习性使得渔民在发现它们时，便有了丰盛的收获。

不仅在礁岩上，贻贝还能固着在海上浮筒、养殖竹或船底表面，因此浮筒会因增加重量而下沉，船只也会因增加重量和阻力影响航行的速度。不过，附着在浮筒和船底的生物不只是贻贝一类，还有牡蛎、藤壶等。为了防止它们带来的麻烦，人们不得不设法在船底涂上各种防污漆，让它们的幼体无法附着。

在沿海各地的工厂里，比如火电厂、核电厂，常常要汲引海水作为冷却用水，在引海水的同时，也把海水中所含的贻贝幼虫引了进来。这些幼虫进入海水管道里以后，可以很快地固着在水管壁上生长起来。由于工厂每天都在大量用水，引水管里的水流经常保持很快的速度，所以就给这些小贻贝带来了大量的食料和氧气，使它们能在管道里很好的生长。这样，贻贝便很快地聚生在管道的内壁上，无形中加厚了管壁，缩小了水管的直径，从而就会大大地减少引进海水的数量，当积累到一定数量时，甚至会把管道堵塞，以至于不得不暂时停工检修。从这一点上讲，贻贝又成为人类烦恼的始作俑者。

三

贻贝入馔，既复杂又简单。说它复杂，是要在烹饪前将它蒸熟，打开贝壳取下肉，然后剪去它的足丝，才可以按我们的意志，决定是吃原汁原味呢，还是进行加工。说它简单，是因为任何一种佐料与贻贝混炒，做出来的菜肴都是味道鲜美的。

据说贻贝还有一个与众不同的特点，一种海产品中极其罕见的现象，那就是野生的肉小，一只10厘米左右的贻贝，煮熟后其肉仅有2～3厘米。而同样大小的养殖贻贝煮熟后的肉却有5～6厘米，其味道依然鲜嫩可口。此外，在繁殖季节，雄性贻贝的肉是橙黄色或乳白色的，雌性贻贝的肉是红色的，这大概是海红或海虹名字的由来。

眼下，野生的贻贝少了，养殖的已充斥市场。所以，专业养殖场大多采取深加工、精加工的方式制作贻贝的干制品——淡菜。这又是淡菜名字的由来。

淡菜

据我的一位老渔民朋友说，过去，贻贝在加工的前一天晚上就要做好准备：渔民们抬来许多口钢灶——一种用柴油桶制作的大灶，一溜烟地在码头的平地上排开。翌日清晨，渔民用箬篓挑来一担担已经洗净了的贻贝，将它们投入已燃起熊熊大火的钢灶上面的大镬里。每口钢灶旁都站着一位内行的渔民，不时用铁丝扎成的大漏勺将开了口的贻贝捞出来。而另一边，渔妇们则负责取肉、剪毛，再把一只只贻贝肉晾晒在竹匾上，让夏天的太阳暴晒它们。这样，一天下来，就可以包装入库，等候水产公司的收购。

在长期的海鲜食用历史中，许多文人还摸索出贻贝的各种烧法。五代时期的日华子在《日华子本草》中记："常时频烧食，即苦不宜人，与少米先煮熟，后除肉内两边锁及毛了，再入萝卜，或紫苏或冬瓜皮同煮，即更妙。"清代王士雄也在《随息居饮食谱》中说："干即可以咀食，味美不腥。产四明者，肉厚味重而鲜，大者弥胜。"当然，如今厨艺的手法更多了，什么清蒸、葱油、红烧、腌拌、香辣、蒜蓉粉丝等，不一而足。现代医学认为，贻贝能补肝肾，益精血，消瘿瘤，可治疗虚劳羸瘦、眩晕、盗汗、阳痿、腰痛、崩漏、带下等症状。由此，人们还送了贻贝一个雅号叫"海中鸡蛋"。

美味的贻贝也受到了诗人们的青睐。明代文人将军张如兰曾作《淡菜铭》曰："食土之毛，有淡其菜；淡而不厌，毛犹有伦。淡味也，内也；毛象也，外也。食其味，核其象；观其外，知其内。可谓之西子不洁，谁言是东海夫人？"清代的欧景岱有《淡菜》诗曰："渔家胜味等园蔬，老圃秋来尚未锄。淡到夫人名位正，无盐唐突又如何。"同是清代的郭传璞也有《象山海错诗》云："水族嘉名记乍闻，夫人只合嫁君郎。前身莫是胭脂虎，浪暖桃花浴鲨裙。"

在写贻贝的诗里，我觉得谢辅绅的这首《东海夫人》有点意思："白红二种石根生，水愈深时产愈精。应是龙宫多嬖幸，故将一品赐嘉名。"在这首诗里，作者既分出了贻贝的雌雄，又指出了深海生长的贻贝质量更好。至于东海夫人是否受到过海龙王的宠幸，那就仁者见仁，智者见智了。

一个季节里的王鱼

我一直觉得，王鱼在乐清湾是一个奇怪的存在。也就那么一个月的时光——农历四月上旬到五月上旬，它来时毫无征兆，似乎突然从海底蹦上了人们的餐桌，然后又很快消失得悄无踪影。让你众里寻它千百度，而它却在灯火阑珊处，给人一种梦里依稀身是客的感觉。

一

初次听到王鱼的名字时，我无法分清家乡人说的到底是"王"字还是"鳎"字。因为在这座城市的西乡，"王"和"鳎"，其方言读音是完全一样的。我花了很长时间查阅各种海洋鱼类志和鱼类名录，均没有看到"王鱼"的名字。尽管我发现名字中带"鳎"的鱼类有很多种，什么美鳎、孔鳎、斑纹犁头鳎、许氏犁头鳎、中国团扇鳐、真燕鳐、尖头燕鳐等，然而，都与我吃过的这种鱼毫无共同之处。

后来，我访问了一些水产分类专家，才知道王鱼的学名叫中华海鲶，在生物学上属于硬骨鱼纲、鲶形目、海鲶科。他们还说，在我们这个地方，古代志书上曾有"海鹞鱼"三字出现，但只有条目，没有注解，到底是指哪种鱼，我们也不得而知。为了区别于软骨鱼纲鳐目的鳐类及硬骨鱼纲颌针鱼目飞鱼科的燕鳐类，且这鱼又有霸道的口味，还有那么一点王者风范，于是，祖辈人就将"王鱼"的俗称送给它，如今在温州范围内通用。至此，我也终于明白，难怪乎这鱼粗看起来与淡水里的鲶鱼和胡子鲶颇有相像之处，将它归属鲶类才是正道。

但我更要说的一点是，此王鱼并非网络上所说的"王鱼"。网络上介绍王鱼是传说中生活在太平洋布拉特岛水域里的虚拟鱼类。我想，既然是虚拟的，那就根本不存在这种鱼，任你叫王鱼、皇鱼、帝鱼都行。

鳎

王鱼的确是一种奇怪的鱼，它们平时都生活在深海里，只有到了谷雨时节，才集体开足马力，成群地游向江河的入海口，然后选择在水流较缓、含沙量较高的水底交尾、产卵。完成繁殖任务后，母鱼用薄薄的泥沙覆盖住鱼卵，便与公鱼一起急匆匆地返回大海，自此谁都不知它们的下落。它们这种对子女毫无顾恋之情，毅然决然的江湖做派，颇有山大王的行事风格。所以，用这个"王"字，我觉得还真有点对号入座。

立夏

王鱼游到乐清湾入海口时已是立夏时分，这时，沿江两岸的渔民纷纷开出渔船，去捕捞这种鱼。渔民们知道，过了这个季节，就得等下一年。世事从来如此，不要过多等待，只要有了羁绊，便会错过机会。就像养蜂人说的："干上这路活，只能人赶花，不能让花等人。"依我看，这话对捕捞王鱼的人和吃王鱼的人而言都一样管用。

捕捞上来的王鱼，一般体长25～30厘米，重约三四斤，大的体长可达35厘米以上，重达六七斤。其鱼体前端近圆筒形，后端侧扁，全身裸露无鳞，皮肤光滑，背上绿褐色，腹部银白色，上颌具唇须一对，下颌两对。看到这种鱼，我有时候想，如果按家乡人的叫法，将胡子鲶俗称为"八须鱼"，那么，王鱼是否可以称为"六须鱼"呢？

但不管叫六须鱼，还是叫王鱼，对于饕餮之徒来说，这时节最为重要的事就是赶紧呼朋唤友、扶老携幼，来几场众彩纷呈的王鱼宴。

二

在乐清湾，吃王鱼的最佳地点在瓯江口的黄华。虽然我知道龙湾状元的王鱼也很有名，每年都会吸引大批食客。但多年下来，我只听过"去状元吃王鱼"这句话，似乎还没听过有"状元王鱼"

黄华王鱼

的名号。而"黄华王鱼"四个字却成为大众的顺口溜，叫得响当当的，无论是官方还是民间，都是这么一路叫过来的。可见"黄华王鱼"已深入人心，俨然成了毋需注册的品牌和不必花钱的广告词。

不过，有意思的是，黄华人写这种鱼的名字时，一定要写作"鳂鱼"。他们还说，"出了黄华港的鳂鱼，都不再是鳂鱼，而是王鱼。"我不知为什么，难道是"鳂"字有"鱼"字旁，而"王"字没有"鱼"字旁，就不能作为鱼的名字了？若如此，那么，带鱼的"带"字、飞鱼的"飞"字、燕鱼的"燕"字，都需要改名了。况且，这世上已有多种鳂鱼，它们与中华海鲶也风马牛不相及，那么我们又何必对"鳂"字念念不忘呢！

前几年，我曾无数次来过黄华，说是吃王鱼，倒不如是看人吃王鱼。在我眼里，吃王鱼吃的是热闹，吃的是氛围，吃的是这个季节的情愫。是的，正值初夏万物葳蕤的时光，大地和生灵充满活力的节候，天气不冷不热，草木葱茏旺发，动物匆忙繁殖，人类更不应该宅在家里。那就去吃王鱼吧！

到黄华吃王鱼是需要预订的，因为抵达目的地时，你会见到每条小小的巷子都停满了车。这个时节，这个地方被大大小小的食客围堵，你没预订就得等，而一等可能就得一两个小时。不过，对于等待，我早已习惯，借等候的空隙我还可以看一看暂养在大木盆里的王鱼，选择属于自己的那一条。王鱼与我们平时吃的大黄鱼、带鱼、鲳鱼不一样，后者多是冰鲜的，而王鱼基本上是活的。当然，你不能逗王鱼玩，它有一枚含毒的背鳍，被它刺破手，那就很不划算了。

王鱼做法比较复杂，从剖杀、剔骨、取卵到烹饪都有一套流程，不是所有人一下子能学会的。这条街上，凡是烧制王鱼的店家，都说是祖传的手艺，所以，你最好不要打听，只管吃就行。

端上餐桌的王鱼，先用筷子挑开鱼身那层黑白相间的皮，便可以看到那花白的鱼肉。夹一块过来，蘸一下盘中的汤汁，轻轻地放入嘴中，就有一种鲜美的气息，肥嫩的质感和微微的辛辣在唇齿之间回旋。当然鱼皮也是美食，且营养丰富，你可以分开享用，也可以皮肉连吃。而此时，如果再就着啤酒下肚，那就是味蕾的福利了。

美味鱼子

王鱼肉质鲜美，甘甜可口，然而对真正吃王鱼的人来说，更美味的是它的鱼子。那一串串像葡萄一样的鱼子真可谓是鱼子中的巨无霸，弹性十足，很有嚼劲。烧好的鱼子呈淡淡的金黄色，色相极好，整个儿放入嘴中，慢慢地咀嚼，便有一股奇特的香味在你的口腔游走，有一种柔韧的力道与你的舌尖纠缠。这时你的味蕾就像开了花似的，整个身心都得到了放松、舒展、享受。

三

这几年我到黄华少了，期间也问过几位老饕，是否还是年年去吃王鱼。他们回话："如今王鱼的滋味大不如前了，我们也很少去了。"他们还解释说，现在的王鱼看上去瘦瘦的，没有过去那么大、那么肥，且大多无鱼子。

那么，这是什么原因呢？

再次到黄华，我终于知道了实情。原来，新的禁渔期制度实施后，正处于产卵时间段的王鱼已不能捕捞。但王鱼还是要吃的，也是能卖个好价钱的。于是，一些不谙"鱼道"的渔民就赶在禁渔期来临之际，将洄游产卵的王鱼拦截在半路上，捕获了它们。很显然，这些没有经历过从咸水到淡水生活的王鱼，其味道就会大不相同，更不要说有成熟的鱼子了。

但王鱼不会成为历史，因为在它的生命信息里，已烙上乐清湾这个出生地的印记。而吃王鱼更是这座城邑几代人无法舍弃的情怀。

虹鱼，大海中的『飞行器』

hongyu
魟鱼

明代屠本畯在《闽中海错疏》中写："魟鱼，形如团扇，口在腹下，无鳞，软骨，紫黑色，尾长于身，能螫人。此鱼头圆秃如燕，身圆扁如簸，尾圆长如牛尾，其尾极毒能螫人，有中之者，日夜号呼不止。"

紫背黄边爱展舒
形如命字尾长舒
瑶丝软骨编成甲
卷似儿童卷角书

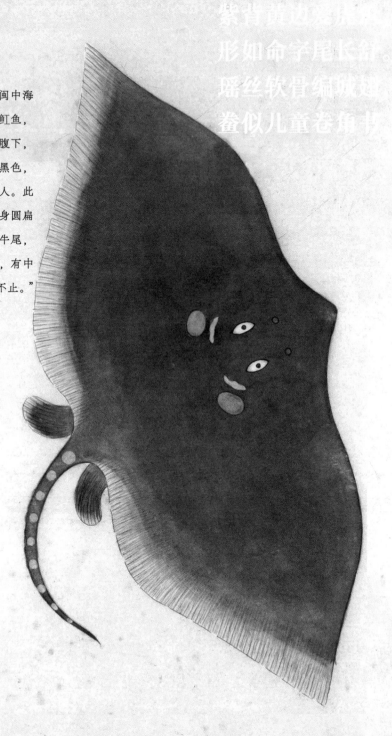

在地球上，海洋与陆地一样，都有能飞的动物，只不过陆地上的动物长有翅膀，是一种真正的飞翔，而海洋里的动物则要借助身体的结构和部件像"飞行器"那样飞行。

如果说，大海里能够一次性在水面滑翔几百米远的飞鱼及其同科的鱼类，可以被人们称为"滑翔机"的话，那么我说，鲼鱼、鳐鱼和魟鱼的游动姿态，就像一架架在水中放慢速度飞行的"战斗机"。

战斗机

许多人可能不认识鲼鱼和鳐鱼，若我说出魟鱼，则大家就认识了：哦，魟鱼啊！我们可是都吃过的。不错，魟鱼是东海里的名产，也是我们这座小城里的市民耳熟能详的鱼，我们平时吃到的"铲魟鲞"，就是将小个子魟鱼或者大个子魟鱼，连肉带骨一片片铲下来，晒干后制成的。虽然吃过，但人们不一定见过魟鱼在大海里游泳的样子。

好吧，让我们先来看看魟鱼身体的基本结构：成鱼一般体长在30厘米以上，最大体长可达2米，尾巴长度超过身长的2倍以上，身体扁平，近五星形状，前窄后宽，为黄褐色或赤褐色，很像蝙蝠的翅膀，又像当代战斗机的机翼。把它竖起来看，则像放飞的风筝。最关键的是，魟鱼的头以弧线形向内凹缩，其双眼长在头顶，恰似战斗机驾驶舱的两扇窗户；而魟鱼吻部尖突，又似战斗机的机头。再来看它们的运动方式：将尾巴作为方向舵，采用体盘以波浪状的摆动来游泳，这样子近看像蝙蝠飞行，远看就如同战斗机在水中飞翔。总之，它的游动极像飞行，美丽极了。

水中飞翔

当然了，鲼鱼和鳐鱼的游泳姿态也差不多如此，不过，鲼鱼身体近似扇形，尾巴较短、较软。如今被人们称为"魔鬼鱼"，在水族馆常见的，或在鱼缸里饲养的燕子魟就是鲼类。而鳐鱼身体近似于菱形，尾巴更像是直升机的机尾。这也是魟类、鲼类和鳐类在形态上的区别。

二

卵胎生

魟鱼在生物学里属于软骨鱼类，据说它还是海中"巨无霸"鲨鱼的近亲，在距今约1.8亿～1.4亿年前的中生代侏罗纪就已出现。于是魟鱼也与绝大多数鲨类一样，具有卵胎生动物的习性，也就是体内孵卵，即魟鱼的卵要在母体内发育成新的个体后，才会将小魟鱼产出母体之外。这种卵胎生的鱼现在非常罕见，在大海中显得尤为珍贵。

凡是特殊的东西，往往更容易被人们关注，魟鱼也不例外，很早就进入了文人的视线并被记载。南宋《宝庆四明志》"魟鱼"条目记："形圆似扇，无鳞，色紫黑，口在腹下，尾长于身，如狸鼠。其最大曰鲛魟，即与鲛鱼可错靶者同，是鲛与魟皆一类矣。其次曰锦魟，皮亦沙涩，擦去沙，煮烂，与鳖裙同。又次曰黄魟，差小，背黑腹黄。其余有斑魟、牛魟、虎魟，皆凡鱼。"随后，明代屠本畯也在《闽中海错疏》中写："魟鱼，形如团扇，口在腹下，无鳞，软骨，紫黑色，尾长于身，能螫人。此鱼头圆秃如燕，身圆扁如簸，尾圆长如牛尾，其尾极毒能螫人，有中之者，日夜号呼不止。"

甫鱼

历史上，乐清湾也盛产魟鱼。对乐清湾海产深有感情的明代冯时可在《雨航杂录》中说："魟鱼形圆似扇，无鳞，色紫黑，口在腹下，尾长于身，如狸鼠……《文选》所谓鲼鱼也。尾端有刺，甚毒。"冯时可虽然把鲼鱼与魟鱼搞混了，但对魟鱼的形态描写得并不离谱。这也是古人的固有观念，他们认为鲼类、鳐类和魟类是一个样的，故统统都称作甫鱼，又称为肤鱼、板鱼、老板鱼、邵阳鱼。清道光《乐清县志》也载："隆庆《志》最大曰鲸魟，次曰锦魟，又次曰黄魟，又有鲛魟、牛魟、斑魟、虎魟等类。"虽然我现在不知道鲸魟、锦魟、鲛魟、牛魟指的是什么鱼，但黄魟、赤魟、小眼魟、古氏魟、中国魟平时还能见到一些。有一次，我和友人乘坐休闲渔船在乐清湾打渔时，就曾捕捞过两只赤魟，体长皆50多厘米，每只重达四五斤，我们一帮人带回来后又唤上几个人，到大排档美美地享用了一番。

魟鱼不仅进入了史料，还被古代的诗人们所吟咏。明万历年间的名士何乔远有《云顶岩》诗写："众峰穿溜甓如纹，星沙乱点海头分。魟鱼港俯笊笥近，白鹭洲传岛屿群。"他还在题注中说："港中魟鱼最美；笊笥港，名也。"清代宁波文人范观濂也有《海产》诗写道："紫背黄边爱虎鱼，形如命字尾长舒。瑶丝软骨编城翅，鲞似儿童卷角书。"范观濂所写的虎鱼即黄魟，其肉蒸熟后嫩白丰腴，味极鲜美。这大概是诗人念念不忘的缘由。

三

魟鱼腥重，尿骚冲天。早年，为晒铲魟鲞，乐清湾各个渔业村必在村头或村尾备一块场地，用来屠宰魟鱼，以免熏倒村民及招来太多的蚊蝇。

杀鱼开始，几十斤、百来斤或数百斤重的魟鱼被渔民用板车拉来，"砰，砰"几声巨响，就被从车上掀翻在污秽不堪的地面上。即使有的魟鱼还没有死透，挣扎着抖动几下尾巴，最终还是寿终正寝。很快，魟鱼被厚背砍刀剁进鱼骨，尽管它是软骨鱼，但它太大、太厚，需用木槌狠狠敲打刀背，才能劈开脊背。接下来渔民的动作就很利索了，先取内脏，然后用锋利的薄刀将它一爿爿铲下来，再次洗净后晒干，就是铲魟鲞了。当然，也会割一些鱼肉下来，一条条的，简单称一下，卖给早在周边等待的人，让他们拿回家烧着吃。也就这么一会儿，一架"战斗机"即被拆解完毕。

这种很血腥的场面，我小时候偶尔见过，至今仍历历在目。

然而魟鱼的味道还是不错的，无论鲜鱼还是鱼鲞，都居鱼类上游水准，而鱼鲞更胜一筹。用铲魟鲞佐酒是无数酒徒的梦想，也

腥骚

是人间至味。

　　因魟鱼长期栖息在海底泥沙中，其鱼皮上带有大量的沙粒、黏液等脏污杂质，故烧制时清洗起来比较麻烦，需用刷子仔细刷才能清除。而魟鱼身上氨气味浓，还需用米醋浸泡几小时。如果鲜吃，魟鱼有红烧和焖煮两种方法，烧时都需加点酱，以解腥气。魟鱼肉质虽然稍有点粗粝，皮也较厚，但咀嚼时嘎嘎有声，口感极好，肉香和酱香会在舌头上打转，透出一股鲜味。在乐清湾渔村，渔家人多用咸菜烧魟鱼肉，借咸酸来化解腥气和氨水味，让菜中有鱼味，鱼中有菜味，最后达到你中有我、我中有你的境地。

加酱解腥

　　魟鱼除食用外，还有一定药用价值。其肉性味甘、咸平，无毒，富含胶原蛋白，有补气、美颜的功效。用其熬油，主治小儿疳积。尾毒的毒液是一种氨基酸和多肽类蛋白质，其药性咸、寒，有小毒，对于中枢神经和心脏疾病具有一定的效用，有清热消炎、化结、除症之功效。

鱼肝油

　　此外，魟鱼身上还有更重要的鱼肝，用它熬出来的油叫鱼肝油，不仅是美食，更含有大量维生素A、维生素D，能预防佝偻病和治疗夜盲症。现代医学证明，视力差的人多吃鱼肝油会有很好的疗效。只是以前渔民不太懂这个，他们多用鱼肝油取代菜油，而用作点灯，或是除稻田里的害虫，这委实有点大材小用了。

　　事实上，对于魟鱼肝油，古人曾有过记载，屠本畯在《闽中海错疏》中说"其味美在肝"。清代郭柏苍也在《海错百一录》中写道："魟鱼，……产于春末极于秋初，种类亦杂，有黄白黑三色。黄者并肝煮酸菜，胜于白者，白胜于黑。作鲞可远，市价亦贱。诸书皆称魟鱼之美在肝。"可惜长久以来，真正的识货者却寥寥无几。

美丽的红娘鱼

hongnianyu
红娘鱼

南宋陈耆卿纂修的《嘉定赤城志》载:"火鱼,头巨尾小,身圆通赤,故以火名。"

丹山东望五云飞,
溪上茅堂次日归。
霜落果园金橘熟,
潮通江市火鱼肥。
邻僧买地邀玄度,
海客占星识少微。
读罢南华卧苍雪,
不知浮世有危机。

一

最近读海产名录书，发现一个很有意思的现象：我们的老祖宗给海物取名字，当喜爱这种海味时，常常会拟人化命名，什么王鱼、大王鱼、秋姑鱼、叫姑鱼、黄姑鱼、白姑鱼、银姑鱼、老头鱼、姜公鱼、石九公、夫妻鱼、帝王蟹、将军帽、黄天霸、西施舌、杨妃舌、新妇臂、新妇鱼、老婆牙、秋生子、打铁婆等，不一而足，多不胜数，看得人云里雾里，一脑糨糊。

这样读着读着，有一天我在无意间又看到了一个拟人化名字：红娘鱼。

初次看到红娘鱼三个字时，我不禁暗忖：什么时候红娘也变成鱼了，她不是活在不朽杰作《西厢记》里吗？这世界居然还有红娘鱼，这可是我从来都没有听说过的呀！

大海里有红娘鱼，这是我不曾想到的。而红娘鱼似乎名不见经传，多年来，我既未见过，更没吃过，是一种超越我认知的鱼。

直至看到红娘鱼的资料和图谱，我才知道它的确名副其实，那修长的身材，窈窕而又玲珑；那红润的肤色，健康而又活泼；那橙黄的眼圈，就像仔细描绘的粉妆；而那蓝色的胸鳍，静待时像是佩戴在红裙子上的翡翠，游动时更像是绣着彩蝶花纹的衣袖在曼舞。此外，我又进一步了解到，红娘鱼在海底行动时，婀娜娉婷，轻移莲步，顾盼生情，如走若游，颇有王实甫的《西厢记》中那位美丽秀气、伶俐乖巧的红娘模样。

名副其实

只是，"变成"鱼后的红娘，是否也能善解"鱼"意，为鱼哥、鱼姐、鱼弟、鱼妹们牵线搭桥，续写一段新的情缘？

二

红娘鱼很特殊，它的名字与西施舌、叫姑鱼、黄姑鱼、白姑鱼、银姑鱼等少数几个海产名字一样，是真正的学名。也就是说，这些名字在学术界是通用的。而其他绝大多数海产的拟人化名字，只是作为地域性的俗名使用，许多外地人看不懂，也猜不出它的学名。

从分类学上说，红娘鱼应该是鲉形目、鲂鮄科、红娘鱼属几种鱼类的统称，这个属里的鱼，在东海海域约有7种，而我家乡的乐清湾也有冀红娘鱼、短鳍红娘鱼、长棘红娘鱼（贡氏红娘鱼）和日本红娘鱼4种，虽然比较平民，也不是酒筵上的珍馐，但长得都很漂亮，也能上得了台面。如果单论长相，将它们与其他鱼类作一对比，那么，偌大的东海里，也只有刀鲚、香鱼、鲥鱼、花鲈、金钱鱼、金线鱼、黄牙鲷、竹筴鱼等寥寥几种能与之媲美。当然，它们与同是鲂鮄科的被称作"新妇鱼"的绿鳍鱼相比，色彩还是稍稍单调了一些；而与大黄鱼相比，则要逊色不少。依我看，红娘毕竟只是丫鬟，在装扮上、风韵上自然无法胜过衣装鲜艳、佩饰华丽的"新妇"，在身份上、气质上，更不可能超越具有王者风范、黄袍加身、贵气十足，又被俗称为"大王鱼"的大黄鱼。

火鱼

翻阅古籍，发现红娘鱼在古代还有一个俗名叫火鱼。南宋陈耆卿纂修的《嘉定赤城志》载："火鱼，头巨尾小，身圆通赤，故以火名。"稍后，《宝庆四明志》也有同样的记载。这说明至少在790多年前，宁波一带的渔民已开始捕捞红娘鱼。明代初期，大法师释来复有《送胡宗器辞官归慈溪别业，有轩名苍雪》诗曰："丹山东望五云飞，溪上茅堂次日归。霜落果园金橘熟，潮通江市火鱼肥。邻僧买地邀玄度，海客占星识少微。读罢南华卧苍雪，不知浮世有危机。"这大概是写红娘鱼的唯一的一首古诗。

不过，古人将红娘鱼称作火鱼，其实犯了一个错误。因为在五代末期宋代初期，一位名叫西延赞的吴越国刺史曾在嘉兴城外的一个池塘中发现了金鲫鱼，即今天所称的金鱼，他觉得这鱼很美，便差人捉来玩赏，因不懂饲养之法，也就不了了之。后来，南宋皇帝赵构定都杭州后，特地命人造了个养鱼池，派人四处搜寻，将捕获来的金鱼投放进去，专门供自己观赏玩味。从此，赵构开创了家养金鱼的先例。再后来，南宋的皇亲国戚也纷纷效仿，在家建造养鱼池，一时养金鱼成风，几乎波及了整个杭州城。被饲养后的金鱼，渐渐呈现出不同的颜色、形态，为此，人们又将金鱼家族分别取名，将其中一个红如血色的品种称为火鱼。南宋理宗时代的王庆升在《入道诗十九首》中写："清高之士贵清虚，捕影追风钓火鱼。阔认高谈惊世俗，老君终是悭回车。"这说明火鱼之名在南宋已经传开。

到明代嘉靖年间，家养火鱼之风更盛。杭州藏书家郎瑛在《七修类稿·事物二·火鱼》中写道："杭自嘉靖戊申（1548）来，生有一种金鲫，名曰火鱼，以色至赤故也。人无有不好，家无有不蓄。竞色射利，交相争尚，多者十余缸，至壬子（1552）极矣。"同是明代的文学家归有光家里也有饲养，还写下了一首题为《火鱼》的长诗："水畜非昔种，火鱼自新肇。仅以数寸奇，忽见五色皦。勺水停渊澄，方池恣回绕。春雨生绿萍，秋风梦红蓼。真于盆盎中，独觉江湖淼。每看银鬣起，时睹宝尾掉……"

这样看来，古人将两个风马牛不相及的鱼都称为火鱼，就有重名的嫌疑，也让我头大了很久：金鱼、红娘鱼到底哪个最该叫火鱼呢？这显然没有答案。不过，话又说回来，火鱼不过是金鱼和红娘鱼的别称，天下重名字的人和物多矣，我们为什么要对古人那么苛求呢？其实，我们只需分得清金鱼和红娘鱼就行了。

三

啰唆了半天，重新回到红娘鱼。

既然我从书中知道了红娘鱼，那便就近取道，到乐清湾的各个港口转悠一番，找一找这种美丽的鱼儿。

海底走路

在乐清湾沙港头渔港，我访问了一位曾以捕捞为业的老渔民朋友。他说，红娘鱼一般长约20厘米，大的可达30厘米，算是一种海洋的中小型鱼类。早年，每年3～4月，鱼群由南海北上作生殖洄游，秋末冬初重回南海越冬场。4～5月为捕捞盛期，但在乐清湾它们可以生活到11月份。因它们平时多栖息在海水底层，故渔民多用底拖网捕获。有时红娘鱼也会在海面上结群游动，形成许多个巨大的红色浪涛，看上去像朝霞映在水面，又像火焰在海面燃烧。所以，当捕获到红娘鱼时，那种鲜艳的中国红会给渔民带来无限的喜庆感和祥和感。可惜由于过去的过度捕捞，现在已很少见到它们了。

朋友还告诉我红娘鱼走路的样子，他说，红娘鱼是他见过的最稀奇的鱼，它能在海底走路。走路时，它那发达的胸鳍下面6个手指头一样的鳍条就会撑开用来做脚，每一面3只，看上去像蜻蜓踮着脚尖在走，飘飘悠悠的，好似跳舞。

这种走法，其他鱼都做不到吧，你说稀奇不稀奇。朋友又补充说。

其实此前，我已知道红娘鱼会在海底走路，也知道它怎么走路。但这时我只得调侃着说："当然稀奇了，它是古书上的红娘么，红娘那么聪明伶俐，自然会跳舞了！"

话题说到最后，自然回到吃的上面。或许想给我一个惊喜，不知在什么时候，朋友已悄悄地打了电话，返回身来对我说："今天有红娘鱼，我们去尝一尝吧。"

在一家海滨排档，我终于见到了红娘鱼，当然它不是活体。摆在冰柜上的红娘鱼原本火红色的体表已经黯淡了许多，仅依稀可见一抹淡红，胸鳍紧贴鱼身，看不出它那蓝色的花斑和伸展自如会行走的鳍条。鱼也不大，每条不足20厘米，但身材仍很苗条，眼睛睁得大大的，尽管不能再用迷人的字眼来形容它们，然而其风韵依旧不减。

催乳

据排档老板介绍，红娘鱼不仅好看，也好吃。其肉质鲜美，营养丰富，价格也适中，很多人都吃得起。经有关机构测定，红娘鱼肉具有高蛋白、低脂肪的特点，同时叶酸、维生素、矿物质含量丰富，非常适合老年人和儿童食用，坐月子的妇女喝它做的汤，还能起到催乳作用。老板接着说："我们店里烹饪红娘鱼主要有清炖、油炸、煨汤、酒糟烧鱼四种方法，今天采用的是清炖，不加多余调料，让你们感受原汁原味。接下来你们好好享用吧！"

那么红娘鱼的味道到底怎么样呢？我暂不告诉大家，就让大家打开脑洞猜吧！

花鲈

hualu
花鲈

江干多是钓人居，
柳陌菱塘一带疏。
好是日斜风定后，
半江红树卖鲈鱼。

郭柏苍在《海错百一录》中记："海鲈，
状类海鳜，又似海鳊，而有黑子，能
食诸鱼，斳脍不腥，其肚尤美，江河
池泽产者肉细。"

一

乐清湾连接瓯江口一带的鲈鱼，体大、肉肥、味美，曾在明代长期被列为朝廷贡品，从而深受瓯越百姓的喜爱。

这世界很大，鲈鱼分布也广，有进入河流湖泊定居的，有短期生活在海中的，也有喜欢在江河入海口游荡的，其名在史书上也有塘鲈、脆鲈、江鲈之分。很显然，塘鲈即淡水里的鲈鱼，俗称河鲈；脆鲈即四鳃鲈，也叫松江鲈鱼；而江鲈，也就是我这里要说的鲈鱼，即被大多数学者所认定的花鲈。

花鲈在生物学上归属于鲈形目、鮨科，为花鲈属在东海海域内的独生种，因其体背两侧及背鳍上散布着不少黑色斑点，好像穿了一件花衣裳，故而名之。它还有海鲈、鲈甲、七星鲈的俗名，也是著名的东星斑、老鼠斑、赤点石斑鱼的远房亲戚。

二

说到鲈鱼，人们首先想到的是松江鲈鱼。没办法，松江鲈鱼的名气太大了，大得我们只有仰视的份儿。晋代张翰的一首《思吴江歌》："秋风起兮佳景时，吴江水兮鲈正肥。三千里兮家未归，恨难得兮仰天悲。"便把这种鱼儿定格在博物馆的镜框里，让我们可见而不可得，只能在想象中体味它的滋味。尽管当今也有养殖的松江鲈鱼可以食用，但已不是张翰那个时代的味道。

其实，从严格意义上说，松江鲈鱼与花鲈是风马牛不相及的，因为松江鲈鱼属于鲉形目、杜父鱼科、松江鲈鱼属。要知道，如果说同一个属里的鱼类属于堂房关系，同一个科里的鱼类具有远房关系，那么两个不相同目的鱼类，其血缘关系已接近为零。本来，在我国分布的杜父鱼科里的16种鱼类，按照惯例，每种鱼的名字都应该叫某某杜父鱼才是，比如，在现有的名字中，就有小杜父鱼、杂色杜父鱼、克氏杜父鱼、图们杜父鱼、阿尔泰杜父鱼等学名。而将杜父鱼科的鱼类称为鲈鱼，我不知道是哪位古人脑洞大开而造成的？

还好，现代人终究能分得清花鲈和松江鲈鱼，不把花鲈当作宝贝看待，平时可以随随便便钓它、捕捞它、养殖它、食用它，不像松江鲈鱼那样，养殖的高价难求，野生的根本动不得——它可是国家二级保护动物啊！

三

说了那么多，现在回归花鲈话题。

瓯江是浙江省的第二大河，发源于浙西龙泉市百山祖西北麓锅帽尖，一路汇集了多条大溪流后，到入海口时，与乐清湾、温州湾交汇在一起，形成一个开阔的水面。

这种地方，潮流通畅，底含沙泥，养分充沛，生物链物种繁荣发达，无论哪种水族，都会被养得丰硕、健壮、肥美。除营养丰富之外，这里更适合鱼类栖息、生活，冬天江河水冷了，可快速游到海底避寒，若这时期是繁殖期，正好兼带产卵；春分后，天气暖和了，亲鱼可以携带幼鱼一同回来，在此快乐无忧地生活。

在这样的环境里生活的花鲈，自然长得肥腴、强健、庞大，几年后身长能超过一米。当然了，花鲈不只在这一个地方生长，它在我国各大海域的入海口都有分布，更以黄海、渤海为多。据说有的还进入长江一带，那可是纯粹的淡水水域。

花鲈主要在水的中、下层游弋，有时也潜入底层觅食。幼鱼以浮游动物为食，稍大后以小虾为主食，成鱼则以虾类、鱼类为主食。花鲈性情凶猛，一条条如狼似虎，食量大得惊人，没过几个月便将自身吃到二三十厘米长。渔民据此还给它送了个"鱼虎"的外号。三个冬天过去，当花鲈身长达到60厘米左右时，便可繁育下一代。秋天到来，江水变冷，花鲈游到海水较深的岛屿、礁岩四

肥腴强健

鱼虎

周，开始产卵。渔民就是根据它的这一习性，开动渔船，在其洄游的线路上，将它拦截，捕获它们。海钓者也到近海岛礁垂钓，往往大有收获。

这期间捕获的花鲈鱼眼饱满，角膜透明清亮；鳃盖紧密，两片鳃颜色鲜红；鳞片细密，完好整齐，透明、有光泽，紧紧黏附在鱼体上；鱼体呈流线形，壮硕但不肥胖，肉质坚实有弹性，满肚鱼子。面对这样透鲜的花鲈，至于怎么做，那就各显神通了。但我想，不管是清蒸、红烧、熬汤还是做成生鱼片——鲈鱼鲙，端出来的菜肴，其肉皆为蒜瓣形，洁白肥嫩，细刺少、无腥味，味极鲜美。尝一尝，还颇像赤点石斑鱼的味道。

药用价值

花鲈不仅鱼肉鲜嫩，营养丰富，滋补强身，且具药用价值。鳃、肉都可入药。其鳃性味甘、平，有止咳化痰之功效，可用以治疗小儿百日咳。其肉性味甘、温，有健脾益气之功效，常用于治疗慢性胃痛、脾虚泄泻、小儿疳积、消化不良、消瘦等症；若手术后食用还能促进伤口生肌愈合。明代缪希雍在《神农本草经疏》里记鲈鱼"味甘淡气平，虽有小毒，不至发病，乃与脾胃相宜之物也。肾主骨，肝主筋，滋味属阴，总归于脏，益二脏之阴气，故能益筋骨。脾胃有病，则五脏无所滋养，而积渐流于虚弱，则水气泛滥，益脾胃则诸证自除矣。"伟大的医学家李时珍也在《本草纲目》中说："补五脏，益筋骨，和肠胃，治水气，多食宜人。作鲊尤良。曝干甚香美，益肝肾，安胎补中，作鲙尤佳。"

四

倘若松江鲈鱼确认在汉代就已经出场，那么花鲈进入古籍则要迟了一千多年。

最初将花鲈写进志书的是南宋的《宝庆四明志》，该书载："鲈鱼，数种。有塘鲈，形虽巨，不脆。有江鲈，差小而味淡。有海鲈，皮厚而肉脆，曰脆鲈，味极珍，邦人多重之。"后来，郭柏苍也在《海错百一录》中记："海鲈，状类海鳜，又似海鲻，而有黑子，能食诸鱼，斮胁不腥，其肚尤美，江河池泽产者肉细。"

历史上，颂咏松江鲈鱼的诗词如汗牛充栋，多不胜数。中国文化史上超一流的文人，如李白、杜甫、王维、孟浩然、白居易、杜牧、刘禹锡、皮日休、欧阳修、范仲淹、王安石、苏东坡、秦少游、黄庭坚、辛弃疾、范成大、陆游、唐寅、郑板桥等，都有关于它的诗作传世。然而，有意思的是，不少诗人写着写着，就不知不觉地将它写成了花鲈的形态和特质。请看：

> 鲈出鲈卿芦叶前，垂虹亭上不论钱。
>
> 买来玉尺如何短，铸出银梭直是圆。
>
> 白质黑章三四点，细鳞巨口一双鲜。
>
> 秋风想见真风味，祇是春风已迥然。
>
> ——（宋）杨万里《松江鲈鱼》

> 旧过吴淞屡买鱼，未曾专咏四腮鲈。
>
> 鳞铺雪片银光细，腹点星文墨晕粗。
>
> 西塞鳜肥空入画，汉江鳊美阻供厨。
>
> 季鹰莫道休官去，只解思渠绝世无。
>
> ——（宋）张镃《吴江鲊户献鲈》

从这两首诗来看，作者的意图非常明显，都想描述松江鲈鱼，一个已在标题写明，一个在诗中点明"四腮鲈"，也即松江鲈鱼。但他们写的那两句："白质黑章三四点，细鳞巨口一双鲜""鳞铺雪片银光细，腹点星文墨晕粗"说的都是一种全身具有银白色鳞片，且披着小黑点的鱼。这不是花鲈又会是什么呢？因为松江鲈鱼全身褐色，略带着几片深褐色的斑块，既无鳞，也无黑点啊！

至于写花鲈的诗词，历来也有不少名人名作。如宋代方岳的《送胡兄归岳》："风饱横江十幅蒲，秋声正有玉花鲈，淮壖一梦雨中别，岳麓诸峰天下无。场屋抵须新议论，书堂更做好规模。未知雪径青灯夜，谁记临分岸岸芦。"还有同是宋代洪适的《渔家傲引》："八月紫莼浮绿水，细鳞巨口鲈鱼美。画舫问渔篷暂舣，欣然喜。金齑顷刻尝珍味。"而清代的王士祯也有"好是日斜风定后，半江红树卖鲈鱼"的名句。但无论是诗词的数量，还是影响力和流传程度，都没法跟写松江鲈鱼的作品相提并论。

五

花鲈还有一段公案，至今仍未了结。

1828年，一位名叫居维叶（Cuvier）的法国生物学家在日本发现了一种鱼，将它的拉丁学名定为 *Lateolabrax japonicus*，这里的 *Lateolabrax* 意为花鲈属，*japonicus* 意为日本的，音译即为日本花鲈。而在1844年，英国的杰·麦克莱兰（J. MClelland）博士又将中国海里的一种鱼定名为 *Lateolabrax maculatus*，音译为中国花鲈。

稍懂生物学的人都知道这是两种鱼。事实上，日本人也是这么认为的，他们把中国花鲈列入"外来入侵物种"。事情起因是，日本于1990年前后，因引进了中国产的花鲈养殖，但发生了逃逸，于是日本沿海出现了被日本人称为"大陆鲈"的外来海鲈，并与原生本土的日本海鲈发生了食物和栖息环境的竞争，同时日本专业人士还担心发生外来物种与本土物种的杂交问题。

事情本来很清楚，可问题是，偏偏绝大多数中国专家认为在我国海域生活的花鲈只有一种，那就是日本花鲈。也不知为什么，他们又去掉"日本"二字，直接把中文学名写成"花鲈"。如今，在一些鱼类志书、专著和学术论文里，有的称花鲈，有的称中国花鲈，争议一直没有停止。

对此，大家又是怎么看呢？

奇葩的鲛鳒鱼

ankangyu
鮟鱇鱼

吾笑宋考功，
眼穿桃花纹。
如逢水中帔，
悔不做波臣。

南宋《宝庆四明志》卷四"叙产篇"记：
"华脐鱼，一名老婆鱼，一名寿鱼，'寿'
一作'绶'，腹有带如帔，子生附其上，
或云名绶者以此。……冬初始出者，俗
多重之，至春则味降矣。"

一

鮟鱇鱼是我见过的最奇葩的鱼。

它外貌极丑：头部像被重物砸过，碾压成一个凹凸起伏的圆盘状，脑门塌陷，眼睛朝天；向上张开的大口，几乎与头同宽，嘴边生有密密麻麻、排列错乱的内倒尖齿；身体扁平，呈黄褐色或者黑色，间杂着毫无章法的斑纹，皮肤上还披满乱蓬蓬的海草般的肉穗。无论怎么看，都像一只趴在地上的癞蛤蟆。

外貌丑

它捕食十分怪异：经常懒洋洋地躺在海底，头顶伸出一根由第一背鳍演化而来的，"钓竿"般模样的棘刺，棘刺顶上还长有一个像鱼饵一样且会发出各种光色的肉穗，靠这个肉穗的晃动，诱得鱼虾前来采食。当这些不知情的鱼虾送上门来时，它突然张开黑盆大口，一阵猛吸，将小鱼、小虾、小蟹连同海水全都吞进肚子。如果发现引来的是它的天敌，就会立即"关闭"肉穗上的"灯光"，将自己隐蔽起来，或者张开胸鳍，迈步溜之大吉。

捕食怪

这些还仅仅是鮟鱇鱼奇葩的一部分，最惊世骇俗的是它们的生殖方式。

雄性鮟鱇鱼很小，长仅8～12厘米，最大的也不超过16厘米，又多是海底的"小混混"，常常单身流浪，成熟后便四处寻偶。若运气好，遇到比它大了三五十倍的雌鱼时，便游到雌鱼身下，利用锋利的牙齿一口咬破其肚皮，再从嘴里分泌溶解酶，扩大创口，然后一头钻进去，紧贴在雌鱼的腹部依附终生。而雌鱼不仅不反抗，反而乐得享受，很快生出鱼皮组织，将小小的雄鱼包裹起来，又打通与雄鱼的血脉连接，直接输送营养给雄鱼。

生殖奇

此后雄鱼逐步萎缩，甚至死亡，只留下一团睾丸，外挂在雌鱼的肚皮上，好似耳坠、脐环或丝带一类的佩饰，随雌鱼的游走而漂荡着。当春夏两个繁殖季节来临时，这个睾丸开始向雌鱼卵巢输送精子，繁衍下一代。

繁育异

据说，有科学家曾在一条雌鱼腹部发现8团悬挂着的睾丸。另据观察，雌鱼产出的受精卵可聚集成长9米、宽3米的凝胶质的片状卵群，而这样的卵群可在海面上漂浮多时，直到孵化出幼体。刚孵化的鮟鱇鱼幼体被一层可以起到保护作用的凝胶质外膜所包裹，外膜安全性能稳固，幼鱼在里面十分"安康"。幼鱼不论雌雄都在海水表层发育，以浮游生物为食，身上也没有"钓竿"结构，直到长大才沉入海底生活。

而对于那些没有找到雌鱼的雄鱼，它们会采取另一种方式繁衍后代，那就是拼命吃食，让自己变强壮、变大，最后变性为雌鱼，等待雄鱼出现，让别人来蹭食、挂靠、装饰。

由此看来，这世上除了鮟鱇鱼，还没有什么鱼能够集相貌之丑、捕食之怪、性关系之奇、繁育方式之异于一体。

二

正因为鮟鱇鱼的丑、怪、奇、异，于是它在各地也有了海蛤蟆、蛤蟆鱼、三脚蟾、老头鱼、结巴鱼、海鬼鱼等难听的俗名。虽然难听一点，但依我看，这些俗名还是相当真实地反映了鮟鱇鱼的形态特征，也说明民间的语言是多么准确、形象与生动。

不过，我国的古代人对鮟鱇鱼倒是不错，给它取了吞天鱼、琵琶鱼、华脐鱼，甚至绥鱼这样的美名。"琵琶鱼"的名字来自三国时期沈莹的《临海水土异物志》："琵琶鱼，无鳞，形如琵琶。"稍后，西晋著名文学家左思在《吴都赋》中记："于是乎长鲸吞航，修鲵吐浪。跃龙腾蛇，鲛鲻琵琶。"唐代刘渊林对此注曰："琵琶鱼，无鳞，其形似琵琶，东海有之。"后来，南宋《宝庆四明志》卷四"叙产篇"记："华脐鱼，一名老婆鱼，一名寿鱼，'寿'一作'绥'，腹有带如帔，子生附其上，或云名绥者以此。……冬初始出者，俗多重之，至春则味降矣。"明代彭大翼也在《山堂肆考》中记："华脐鱼，一名老

琵琶鱼

婆鱼，一名绶鱼，又有形如科斗，而大者如盘，一名琵琶鱼。"

据说鮟鱇这名字是日本人发明的，它原在日本叫"暗愚鱼"，寓意其懒、黑、丑，因日文发音近似"安康"，为了照顾大众吃鱼时的心态，后来便加上鱼字旁，改成了"鮟鱇"，并将它写进14世纪室町时代的《节用集》里。现代的中国人认为这名字吉祥，非常符合老百姓的生活理念，就直接拿过来做中文学名使用了。

鮟鱇鱼有了这么多的美称，自然也得到不少古代文人的赞美。明代状元杨慎在《异鱼图赞》中写："海鱼无鳞，形似琵琶。一名乐鱼，其鸣孔嘉。闻音出听，曾识匏巴。"清代朱绪曾有《华脐》诗曰："脐下垂垂带有花，新颁紫帔乐王家。段师妙换成连谱，推手为琵却手琶。"此诗中的段师即唐代著名琵琶名师段善本，最后七字直接引自宋代欧阳修《明妃曲和王介甫作》诗中的句子。琵琶原是胡人乐器，传入华夏时，初称批把，古代有"推手前曰批，引手却曰把"之说。

同是清代的史学家全祖望也有《岱山土物诗六首·绶鱼》写："吾笑宋考功，眼穿桃花纹。如逢水中帔，悔不做波臣。"作者还自注，"姚江黄氏（黄宗羲）谓宋考功即宋之问，有诗云：'桃花色若绶'，知其每饭不忘达官。"全祖望引用的这句"桃花色若绶"，出自唐代大诗人宋之问的手笔，宋之问曾有《芳树》诗云："何地早芳菲，宛在长门殿。天桃色若绶，秾李光如练。啼鸟弄花疏，游蜂饮香遍。叹息春风起，飘零君不见。"这"绶"字原意为包裹官印的紫红色绸布，用在这里表达一种想当官的强烈愿望。全祖望这首诗和注，深含讥讽之意，但诗写得不错。不过，宋之问的这首诗，也有人考证出是同时期的沈佺期所写，诗名曰《乐府杂曲·鼓吹曲辞·芳树》，亦收入《全唐诗》里。

三

鮟鱇鱼归属于鮟鱇目、鮟鱇科，在太平洋、印度洋和大西洋都有分布。全世界约有25种，我国有3种，即黄鮟鱇、黑鮟鱇和孙鮟鱇，东海海域仅有黄鮟鱇和黑鮟鱇2种，它们多生活在水深几十米至几百米的海底，数量不少。

在乐清湾，早些年只有黑鮟鱇一种记录，现在有业内人士发现，平时多栖息在深海里的黄鮟鱇也会偶尔出现。但我想，这应该与海洋生态环境的好坏无关，也与水的深浅无关，毕竟，乐清湾潮流通四海，饵料充裕，能吸引各种鱼类前往。有俗语说："人往高处走。"其实，自然界里，"鱼往高处游"的现象也不少呢。

鮟鱇鱼虽然奇葩，但捕捞上来的基本是雌鱼，个体大、肉肥，味道很不错。常见的做法有红焖、油炸及家常炖鱼头、酸辣鱼片、鮟鱇鱼豆腐几种。在我的家乡，人们最常用的、最简单的做法是：先把它杀洗干净，尤其是剪掉它嘴边的密刺，在沸水里焯一会，沥尽浊水，除去臭味。然后锅中放油，加姜片烧热，投入鱼片、酱油、黄酒同焖，最后加入生粉水勾芡，装盘后撒入葱段即可。这样做出来的鮟鱇鱼肉质软嫩，含水量高，十分鲜香可口。

据我的一位渔民朋友说，鮟鱇鱼最好吃的是头部和鱼肝。其头骨肉精瘦、结实，又脆嫩不松散，纤维弹性十足，很有嚼头。而鮟鱇鱼肝更有"海底鹅肝"之称，质地细腻，入口即化，留得满嘴酥香，犹如鹅肝之味。

现代医学表明，鮟鱇鱼富含胶原蛋白、维生素A和维生素C，以及钙、磷、铁等多种微量元素，营养价值极高。经常食用鮟鱇鱼肉和肝脏，可清热解毒、消肿化脓，治疗疮疖、牙痛、牙龈肿痛等症。同时还有助于保护视力、预防肝脏疾病和排毒美肤等功效。

只可惜，我现在几乎天天逛菜市场，却极少看见有摊位出售鮟鱇鱼。难道奇葩的鮟鱇鱼，走向人们餐桌的方式也很奇诡？

海底鹅肝

在许多城市大酒店的菜单上，人们仔细看过后就会发现，不少海鲜都标着"时价"二字，这表明海鲜的价格无法固定，随着时间的变化而变价，大有"一天一个价"的趋向。

家住东海之滨的百姓们深谙其中门道，明白吃海鲜也应该顺天应时，四季有序。正像东海渔谚说的："正月雪里梅，二月桃花鲻；三月鲳鱼熬蒜心，四月鳓鱼勿刨鳞；五月黄鱼黄腊里，六月鱿枪滑淇淇；七月白蟹板，八月沙蒜忽；九月九，望潮吃脚手；十月带鱼两头尖，十一月墨鱼赛过活神仙；十二月海鳗好劈鲞。"虽然随着"禁渔期"的实施，渔谚中说到的野生海鲜，有几种在几个月里是不能捕捞不能上市的，但菜市场还有许多养殖的海鲜，老百姓依然是有口福的。

第四辑
日常口福

春江水暖鲥鱼美

海蜞

沙蒜，令人又嫌又爱的海鲜

白袍素甲银鲳鱼

钉螺，吃出音乐节奏的海产

不见不散小黄鱼

鲜美的花蛤

桃花飞，泥螺肥

带鱼刚猛

三月水潺嫩如水

鲜爽清味"烂芝麻"

真味缢蛏

秋风起兮江蟹肥

招潮蟹，爱"点赞"的滩涂生灵

谁知虾蚧水盎傲

鱼生，舌尖上的乡愁

春江水暖鲻鱼美

ziyu
鲻鱼

明冯时可在《雨航杂录》中载："鲻鱼似鲤，生浅海中，专食泥。身圆口小，骨软肉细。似鲻而大者曰鲹，介象与吴王共论鱼，以鲻鱼为上，取其益阴。"

思归夜夜梦乡语，
何事南宫尚曳裾。
家在越州东近海，
鲻鱼味美胜鲈鱼。

一

苏东坡有诗云："竹外桃花三两枝，春江水暖鸭先知。"在桃花盛开、春江水暖时节，当别的鱼儿还在海洋深处避寒过冬，藏匿于无形之时，有一种鱼却是例外，它们会明显感受到春的温馨，水的暖意，于是，就集聚着向近海岸游动了。这就是被人们称为"桃花鱼汛"的鲻鱼。

鲻鱼是海洋里长得较为特殊的鱼类，我们通常见到的鱼类多是侧扁形或圆筒形的，但鲻鱼却是头扁、体圆，长得胖墩墩、滑溜溜的，看上去是铁铲形的，如果没有一身密集显眼的鳞片，它的外形就很像淡水里的乌鳢。众所周知，乌鳢是淡水里有名的营养鱼类，而鲻鱼则是海洋中优质的经济鱼类，两者在大小、口味、营养上也似乎可以相提并论。

头扁体圆

在各地的志乘中，鲻鱼还有乌支、九棍、葵龙、乌头、乌鲻、脂鱼、白眼、丁鱼、黑耳鲻等一连串的名字。鲻科鱼类在我国海域不少于10种，东海海域也有5种，而在我家乡的乐清湾，鲻类则有"红眼""黄眼""乌厨"和"油辊"之分，头部宽扁，两眼红色的叫"红眼"，学名鲛，也称鲛鱼；头近圆锥形、稍扁，眼睑发达，两眼呈黄色的，称"黄眼"，学名前鳞鲻；头部呈圆锥形、略尖，眼睑不发达，色缁黑者曰"乌厨"，古称泽鱼，学名棱鲛或棱鲻；背青灰色，体侧和腹呈银白色，头扁圆，眼睑发达，身体为近圆柱形的，则称"油辊"，这是正宗的鲻鱼。这四种鲻鱼，最美味的是油辊，其次是乌厨，再次是黄眼，最差的是红眼。

二

传说早在3000多年前，鲻鱼已成为周王朝王公贵族的高级宴会食品之一。以后，我国许多文化典籍都记载了鲻鱼，明冯时可在

《雨航杂录》中载："鲻鱼似鲤，生浅海中，专食泥。身圆口小，骨软肉细。似鲻而大者曰鯎，介象与吴王共论鱼，以鲻鱼为上，取其益阴。"明清时期的《物产志》也云："鲻鱼性慧，不入网罟海人以长网围之，俟潮退取之，肉厚味绝美。凡海中鱼，多以大噬小，惟鲻鱼不食其类。"李时珍也在《本草纲目》中载鲻鱼："肉气味甘，平，无毒，主治开胃，通利五脏。久食，令人肥健。与百药无忌。"由此可见，鲻鱼自古就是深受大众喜爱的海鲜佳品。

鲻鱼为洄游性鱼类，在外海岛礁水下产卵，但喜欢生活在浅海和河口咸、淡水的交界处。东海海域江河入口众多，海涂泥质细软，浮游生物丰富，是鲻鱼的最佳生长地之一。千百年来，渔民使用串网、流网、张网等渔具，捕捞近海鱼，鲻鱼便是所获之一。鲻鱼肉多刺少，质地细嫩，味道鲜美，营养丰富，民间有"千鱼万鱼鲻鱼，千肉万肉猪肉"的谚语。而春暖花开时的鲻鱼鱼体最为丰满，腹背皆腴，特别肥美，当地渔谚还有"春鲻夏鲈秋箬鳎"之说，即春天当食鲻鱼，夏天尝鲈鱼，秋季吃鳎鱼。

鲻鱼的特点是肉多不硬、刺少骨软、鲜美爽口，深得古代文人的赞咏。明代余姚人孙升在《归怀》诗中写道："思归夜夜梦乡语，何事南宫尚曳裙。家在越州东近海，鲻鱼味美胜鲈鱼。"清代张羲年也在诗中写道："姚江名胜古勾余，家近蓬莱定谪居。不为鲈鱼思早归，从今风味忆鲻鱼。"孙升、张羲年对鲻鱼喜爱有加，认为它的味道赛过鲈鱼，虽然在朝为官，但一到鲻鱼的捕获期，就会透过千山万水向家乡投来一瞥，记忆中的美味的鲻鱼会勾起他们无限的乡愁。

不光是孙升、张羲年两人，浙东的文人似乎也对鲻鱼情有独钟，明成化十一年（1475年）状元谢迁也有诗赞曰："我家旧住东海滨，盘餐市远惟鲜鳞。腐儒粗粝自安分，筵前不慕罗奇珍。十年谬窃黄扉禄，堂膳虚叨大官肉。太牢滋味违贱肠，翻忆鱼羹常不足。秋风萧瑟吹衾寒，莼鲈野兴归张翰。盐梅调剂邈无效，回思鼎

赛鲈鱼

耳殊汗颜。江湖悠悠隔霄汉，从今取足鱼羹饭。食芹知美敢忘君，欲献无由发长叹。"清代大儒黄宗羲的玄孙、学者黄璋在《鲻鱼》诗中赞道："柳叶初齐杏叶长，几番红雨燕泥香。年来一事差较胜，东海鲻鱼得饱尝。"

三

**老鲻鱼
传艺**

在民间，还有老鲻鱼传艺的传说：三盘港内，有鲻鱼、鲻鱼、鲳鱼、鳗鱼、蟹虾，它们共推一尾百岁鲻鱼为王。聪明的讨海人在港内放下撩网，捕鱼捉虾。百岁鲻鱼眼看自己的兵将越来越少，非常忧愁，一直在想对策。有一年的年廿九夜，百岁鲻鱼在王府设了除夕酒，请来所有的部下。酒宴要散时，老鲻鱼对大家说，这几年团孙不旺、兵将减少，为此他决定把自己多年练成的武艺传给大家。

大王话一落，虾兵蟹将个个欢喜叫好。

传艺开始，老鲻鱼的嫡亲鲻鱼群走上前，行一个礼站在一边。老鲻鱼说："我们祖孙生来能跳善钻，你们若是看着撩网顶头，就向网底下面钻；看着撩网触地，就从网顶上面跳。"从这以后，鲻鱼有了跳加钻的本事，撩网对它们就没有用了。

虾仔因为厝内有事，要先回去，便第二批游上前来，给大王作了一个揖。老鲻鱼满意地点点头："虾团孙儿们，撩网眼儿很大，只要你们身子不再长大，就可以在撩网中出入了。"从这以后，虾仔的身子就不再长大，撩网也围捕不到它们了。

鳗鱼游到老鲻鱼面前作了一揖，老鲻鱼笑着说："你们本来就是土生土长的，海涂就是你们的福洞。若是看到撩网，你们就向洞里钻，决不会出危险。"从此，撩网也捕不到鳗鱼了。

蟹举着一双大钳，横冲直撞爬过来，它不敬礼也不弯腰，一点礼貌都不讲。老鲻鱼看了，说："蟹孙，你的脾气还没有改。骄必败，会吃亏的呀。大钳是你们的好兵器，碰到撩网，千万不要钳它呀……"蟹觉得这些话，听过好几遍了，没有什么新名堂，最后就没有放在心上。后来蟹碰到撒网，又要显示自己的本事，张开双钳，紧紧咬住网不放，结果送了命。

最后，轮到鳓鱼和鲳鱼了。今日它们喝得醉醺醺的，一摇一摆地来到老鲻鱼面前，还未作揖，双腿一软，跪倒了。老鲻鱼只当它们有礼，笑眯眯地说："小鳓鱼身带宝刀，若是遇到撒网，可杀它个片网不留！"看它们不住点头，老鲻鱼越讲越欢喜，声音越讲越高："不要怕，大胆向前冲！"这时，鲳鱼被老鲻鱼的话惊醒了，别的话没记，单只记着一句："不要怕，大胆向前冲！"而鳓鱼醉得太厉害，一句也没有听进去。从这以后，鲳鱼碰到撒网就大胆向前冲，结果头小肚大，钻进网眼，全身被网勒得紧紧的。而鳓鱼呢，一遇到撒网就赶紧后退，头上的鳞、鳍、刺全被网眼卡住，结果被捕获了。

四

一直以来，民间烹制鲻鱼的方法数不胜数，清蒸、红烧、腌制、油炸等，都别有风味。不过，居家住户烹饪鲻鱼多采用清蒸的方式，保留其原汁原味，方法较简单：将鲻鱼去鳞，剖洗干净，斩去头尾，取鱼中段，在背脊肉上剞出网纹。另取半板油丁、火腿片、香菇、春笋片、葱段摆在鱼身上，加入绍酒、冰糖和精盐，然后上笼用旺火蒸约10分钟取出，拣去姜片、葱段，淋上熟猪油即成。清蒸鲻鱼味道特鲜，需细嚼慢咽方能品出其美妙滋味。用沿海渔民的话说，鲻鱼的味道可用"松、嫩、腻、鲜"四个字来表述。

在我的家乡还有"鲻鱼打冻"一说，方法是将鲻鱼与白萝卜丝同烧，因鲻鱼体内有多种氨基酸和胶质，即使在春、夏、秋季亦会成冻，这种鱼冻往往比吃鱼肉本身还要美味。此外鲻鱼肚子里还有一件稀罕之物，那就是它的胃，即脐，人们称作"鱼胗"，相当

鲻鱼打冻

于鸡鸭体内的鸡胗或鸭胗。鲻鱼将泥涂上的有机物、硅藻和微小生物等"油泥"作为食物，囫囵吞下，需用脐来将其磨碎，吸收营养，故其鱼胗也很膨大和强大，烧熟吃时，又鲜又脆，稍稍的苦味之后便生出甘津之韵，可与鸡胗、鸭胗相媲美。

因为鲻鱼味道鲜美，多少年来，沿海渔民一直把鲻鱼称作"鲥舅"，即鲥鱼的舅舅，言其味可与鲥鱼媲美。鲥鱼现在越来越少见了，这才有了"春江绝味"的称号。当然，鲥鱼原本亦是海鲜中的珍品，数量稀少，供应奇缺，售价极为昂贵。同是春江之鱼，鲻鱼却不一样，其资源丰富，虽有鲥鱼之鲜美，却无鲥鱼之娇贵，因而成了沿海百姓人家的一款家常菜，让普通人家在"桃花鱼汛"期也能大快朵颐。

近日，我在写关于鲻鱼的文字时，无意中在网上看到网友在美国佛罗里达州海域拍到的鲻鱼迁徙片段，画面中，数以百万计的鲻鱼群聚在一起，以排山倒海之势在浪尖上追逐、跳跃、飞掠，并不断冲上航船、礁岩、沙滩，那壮观的场面令人震撼，令人热血偾张。

鲻鱼这样的有款、有形、有力，我们又何必念念不忘鲥鱼呢。

鲥舅

haishi
海狮

明代姚可成编辑的《食物本草》云：
"海蛳生海中。比之螺蛳，身细
而长，壳有旋文六七曲，头上有厣，
每春初蜒起，矴海崖石壁。"

甲盖攒攒脱瘠肥，
花青百结最相思。
小红鹦鹉三巡醉，
拢袖当筵唀口脂。

一

咬蛳

　　海蛳是东海沿海老百姓对几种海涂里出产的小螺蛳的统称，在我的家乡，它们被称为"咬蛳"。依我看，这似乎是一种形象化、生活化的叫法。因为在早些年，孩子们将它当零食吃时，要先用牙齿咬掉它的尾巴，再用嘴巴对准螺口用力一嘬，将里面的肉吸出来吃到肚子里。

　　从体量上看，海蛳是螺类中的小不点，它的肉比泥螺还小，应该是滩涂里可食用的贝壳动物中，身材最细的螺类了。海蛳口大尾尖，浑身布满黄色、黑色或黄褐色的螺旋形珠带，看上去极像是一枚枚横七竖八地躺在滩涂上的小号螺丝钉。

　　在东海海域，海蛳大致有4种，而在我的家乡乐清湾有3种。家乡人还根据它们的外形给予形象化的名字：外壳上布满黄色螺旋形珠带的，叫珠带拟蟹守螺，俗称"黄蛳"；身上布满黑色螺旋形珠带的，叫尖锥拟蟹守螺，俗名"乌蛳"；还有一种贝壳较硬而螺旋形珠带黄、褐相间的，叫纵带滩栖螺，俗名"硬蛳"。相对于黄蛳和乌蛳，硬蛳的尾巴不容易被咬断，吃它时要动点脑筋，需借助工具将其尾巴夹掉才好下口。

　　不过，海蛳的学名都很长、很拗口，包括另一种中华拟蟹守螺。许多年来，我曾多次到菜市场买它们做菜肴，几乎未听到过有谁叫它们的学名，买卖双方都是"咬蛳，咬蛳"地叫着。当然，"咬蛳"这个俗名在别的地方是没有的，比如，在闽北、杭州、宁波、台州沿海，即便是与我们只有一湾之隔的温岭、玉环、洞头一带，人们都称它为"海蛳"。所以，它应该是我们这个地方民众的习惯称呼，习惯成自然，既然祖祖辈辈这么叫下来了，我们跟着叫便行了。

一二

　　海蛳在海洋动物中属于软体动物门、腹足纲、汇螺科，这个科的螺类在我国有十来种，南、北海域都分布着其中的几种，但以东海、南海为多。各个种类身材长短不一，但基本上为2.5～3.3厘米，且均呈尖锥形，身上具有串珠状螺肋，口径为身长的三分之一，口上有一个圆形的厣，角质，烧熟时自动脱落。

　　每年清明时节海蛳成熟时，会把卵产在泥沙中，海蛳排卵量达一万至数万粒，为繁殖迅速的螺类。据说海蛳在幼小时，会在滩涂上成片成片、密密麻麻地聚集，长大后才分散开来，各自掘穴而居。平日里，它们栖息在泥质或沙质滩涂，爬行缓慢，常以海底苔藓、藻类和浮游生物为食，亦会吃刚刚死去了的小蟹。在浅水区域，海蛳还会沿着礁岩往上爬，最后用厣黏附在海水表层的石壁上。渔民就是根据它的这种特性，于崖壁下设置渔网，然后用手在岩石表面一抹，它们就纷纷滚落到网袋里。

　　海边人大多认得海蛳，但也有人将它们与俗称为"油螺"或"贪吃螺"的小螺蛳相混淆。其实，油螺、贪吃螺是滩涂上另外的螺类，也有不少种类。它们都是织纹螺科物种的统称，身材不超过2厘米，虽然壳长不及海蛳，但外壳圆润膨胀，比海蛳要肥胖，体表褐色间有黄色斑纹，釉彩光亮，嘴巴大而上翘，尾巴钝圆而短小，螺肉为淡黄色，是一种肉食性螺贝。它们常以其他动物的腐败尸体为食，有时还会食用毒藻类、河豚鱼卵而使肉中含毒，虽然肉味比海蛳要鲜美，营养也更丰富，但人吃了后容易出现中毒现象。特别需要提醒的是，在河豚产卵期间更不能食用它们。

　　与湖泊、江河、溪流里的螺蛳一样，农历三月是海蛳一年中最为鲜美、肥腴的季节。在我们这个地方，民间有"正月灯，二月鹞，三月麦螺吱吱叫"的民谣。过去，当"麦螺吱吱叫"的时候，我能在集市上看到很多人吃海蛳，尤其在浙南非常著名的，常有十

三月肥

几万人参加的集市——"白石三月初十会市"的几天时间里，到这里看热闹的年轻人大多随身带着海蛳。他们将煮熟了的海蛳当作零食放在口袋里，一边走一边将它们一个接一个掏出来，轻嗑牙齿，"咔嚓"一声咬掉尾巴，对准螺口，"吱"的一声嘬出肉来。如果吃的人聚集在一块，就会"吱吱吱"响成一片，这声音完全可以与麦螺的吹奏声相媲美了。

所以，我觉得海洋动物的成熟期与节令有着呼应关系，人们正是抓住这个特性，演绎了各具特色的《海鲜十二月令》民谣。当然，从沿海各地的《海鲜十二月令》来看，能够罗列其中的都是一些名贵的水产品，海蛳似乎还不够格，故而也就没有它的名字。

三

小时候，海蛳价格十分便宜，一角钱可以买好几斤，在它的旺发季节，农家餐桌上经常有它的身影。那时候，滩涂养殖业还不发达，海蛳自然处于野生状态，而沿海渔民的心思多在海洋捕捞，在黄鱼、带鱼、墨鱼，他们没把精力放在海蛳上。因此，离海较近的农人也常常到海涂上去捡海蛳。记得在三四月份，我也会跟着大人到海涂上捡海蛳。由于低潮区的泥涂太深太远，担心深陷泥淖不得脱身，也害怕潮水会卷走我，因而我只能在近岸边的硬涂面上捡一些被大人疏漏了的海蛳。尽管如此，一个潮水下来，也有不少收获。

捡来的海蛳洗净后，要先用火钳或绞丝钳夹掉尾巴，然后在水里养一段时间。烧时，将它们再清洗一遍，倒入烧滚了的油锅，炒上几遍，加酒、盐、水、葱即可。海蛳也可清水烧煮，熟时加点盐和葱丝就行。现在，菜市场上买来的海蛳都已剪掉了尾巴，给人带来了极大的方便。海蛳虽然肉少，却鲜嫩、清味、喷香，在其产卵时节食用时微苦而又甘甜，别有一番风味，是下饭佐酒的美食。

别看海蛳个体小，肉也只有那么一丁点儿，然而，它却很早就进入了医家和文人的视线。明代姚可成编辑的《食物本草》云："海蛳生海中。比之螺蛳，身细而长，壳有旋文六七曲，头上有厣，每春初蜓起，矴海崖石壁。海人设网于下，乘其不测，一掠而取，货之四方。治以盐酒椒桂，烹熟击去尾尖，使其通气，吸食其肉。烹煮之际，火候太过、不及，皆令壳肉相粘，虽极力吸之，终不能出也。"随后，清代吴仪洛在《本草从新》中也有相似的记载。

海蛳入诗，也别有一番风情，清代大文人全祖望有《四明土物杂咏·海蛳》诗曰："鹦鹉曾称好鸟，丁香别署名花。试看青螺羹熟，芳馨馥馥堪夸。"潘朗也有《海村竹枝词》写道："寒食家家嗍海蛳，卖饧箫里雨丝丝。生憎杨柳惹侬恨，折尽柔枝插户楣。"不过，依我看来，王莳蕙的《丁香螺》诗："绀盖攲攲脱厣时，花膏百结最相思。小红鹦鹉三巡醉，拢袖当筵䑛口脂。"似乎更有韵味。

在民间，人们又把海蛳叫作"亮眼蛳"和"香蛳"，认为清明日吃了海蛳，能亮眼睛。而"香蛳"则是"相思"的谐音，寓意清明日吃它们，是对亲人的思念。

小小海蛳倒也得到世人的青睐，并附带着浓浓的文化味，我想，作为一种海产，它既是生物链上的一个重要环节，自有存在的价值，何况它们至今还是野生的呢。

香蛳

沙蒜，令人又嫌又爱的海鲜

shasuan
沙蒜

笋入泥成冻，
沙生蒜有苗。
鲜腥需五辣，
缩质似含桃。
性以寒能下，
香因脆愈娇。
只应惭骨鲠，
肉胜不堪骄。

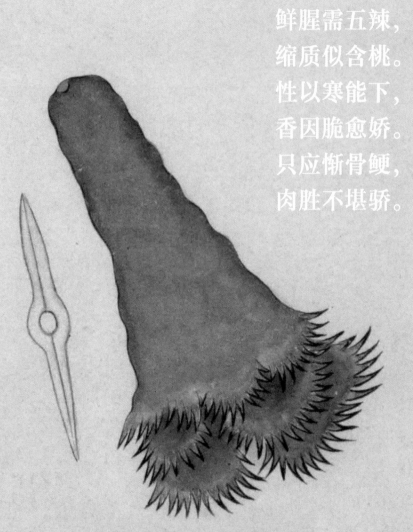

南宋罗浚《宝庆四明志》："沙噀，块然一物，如牛马肠脏头，长可五六寸许，胖软如水虫，无首、无尾、无目、无皮骨。但能蠕动，触之则缩小如桃栗，徐复臃肿。

头皮胀

一

　　"头皮胀"是我家乡的方言，当看到肮脏或嫌弃的东西时，就会说："个物事头皮胀兮。""个"在这里是"这个"的意思，"物事"意指"东西"，"兮"作"很"解释，倒置使用，这句话的意思就是，这个东西很恶心。

　　在我生活的这座城市里，海鲜是人们的最爱，几乎大小通吃。若有人面对一种海产品竟然也说出"头皮胀兮"的话来，那我认为这种海产品就是沙蒜。尽管海蜈蚣（沙蚕）、海蚯蚓（泥蒜）等也会给人一点"小恶心"，然而与沙蒜相比，人们对泥蒜、沙蚕这些海产品，更多的是惊骇多于恶心。

　　确实，单单看沙蒜的学名——中华近瘤海葵，在好端端的"海葵"前面加一个"瘤"字，就已经让人感觉心堵。如果再将古人描述它的这段话"块然一物，如牛马肠脏头，长可五六寸许，胖软如水虫，无首、无尾、无目、无皮骨。但能蠕动，触之则缩小如桃栗，徐复臃肿"也读一遍的话，你就算没见到此物，也会浑身起鸡皮疙瘩，觉得恶心极了，更不要说目睹这种脏兮兮、软耷耷、腥气烘烘，用本地话说像"脏屎头"样的实物了。

　　但恶心归恶心，海鲜还是要吃的，有时越是恶心的东西，越是有人喜欢。没办法，存在就是合理，真理往往在极端情形下出现。

二

　　事实上，沙蒜在没有被捕获之前，生长在海洋里的时候，还是很漂亮的。因为它是属于刺胞动物门珊瑚虫纲的底栖生物，与珊瑚有着古老的亲缘关系。不用问，谁都知道珊瑚很稀罕、很美丽，

海菊花

沙噀

也会喜滋滋地将其作为装饰物佩戴。而沙蒜的身体上部像珊瑚一样，也有触手，在海浪的作用下，其头顶的96条奶黄色的触手会全部张开，随着波浪摇动，恰似一朵盛开的葵花，又像一朵淡黄色的菊花，颇具风情。所以它便有"海葵"之称，也有"海菊花"的别称。

沙蒜在秦汉时期就被人们所认识和食用，也进入文人的法眼。沙蒜初名沙噀，噀是"喷出"的意思，因沙蒜体内含有大量的水和泥沙，用手触它时，它会变得气鼓鼓、硬邦邦的，捉住它时，它会喷出泥沙和水，故而得名。又因它长得像蒜头，故而在浙东南沿海一带就以沙蒜名之。据史料分析，沙蒜之名应该来自三国时期的沈莹，他在《临海水土异物志》中记："沙蒜，一种曰涂笋。"随后，南宋罗浚在《宝庆四明志》里将沙蒜进行了一番形态描写之后，说："土人以沙盆揉去其涎腥，杂五辣煮之，脆美味为上物。"再后来，明代冯时可在《雨航杂录》里也引用了这些文字，并在后面加上"乐清名沙蒜"五字。这也说明至少在南宋以前，沙蒜已得到大众的青睐。

也是南宋时期，永嘉进士许及之还写有一首题为《德久送沙噀，信笔为谢》的长诗："沙噀噀沙巧藏身，伸缩自如故纳新。穴居浮沫儿童识，探取累累如有神。钓之并海无所闻，吾乡专美独擅群。外脆中膏美无度，调之滑甘至芳辛。年来都下为鲜圃，独此相忘最云久。转庵何自得此奇，惠我百辈急呼酒。人生有欲被舌瞒，齿亦有好难具论。忉兹脆美一饷许，忏悔未已滋念根。拟问转庵所从得，访寻不惜百金直。岂非近悟圣化诗，望兹尤物令人识。"诗人既描绘了沙蒜的生态特性、生长习性，也赞颂它鲜美可口，滋味极佳，认为值得用百金去购买。如此看来，沙蒜在古代已成为珍贵之物。

不过对沙蒜，一些古代文人也曾将它与海参、泥蒜相混淆。如清代顺治年间在福建做官的周亮工曾在《闽小记》中写："予在闽常食土笋冻，味甚鲜异。但闻其生于海滨，形类蚯蚓，终不识作何状。后阅《宁波志》，沙噀……乃知余所食者即沙噀也，闽人误呼为笋云。予因有肥而无骨者，予以沙噀呼之，众初不解，后睹此咸为匿笑。沙噀性大寒，多食能令人暴下。谢在杭作泥笋，乐清人呼为沙蒜。"很显然，周亮工在书中将沙蒜与泥蒜搞混了，他吃的土笋冻是温州人通常所讲的泥蒜冻。泥蒜与沙蒜是两种截然不同的海鲜。毕竟，周亮工是河南人，从小没接触过海物，我们没必要去责怪他弄错了。但家住杭州的徐珂却在《清稗类钞·动物类》中写："海参为棘皮动物，旧名沙噀，而称干者为海参，今通称海参。……栖息近海，曝而干之，可为食品。"把沙蒜误认为海参，这个错误就大了，作为海边人的徐珂，这是有点不应该的。

三

在东海海域，还产有不少的海葵类生物，如绿侧花海葵、太平洋侧花海葵、纵条全丛海葵（纵条肌海葵）等，但它们均生长在深水的礁岩上，俗名叫岩奶、石奶或石乳，因而并不是我们所称的真正的沙蒜。此外，另有一种被许多地方的人俗称为"小沙蒜"的海葵，学名黄侧花海葵，它的形态和颜色与沙蒜较为相似，但个体较小，捕捉上来后，头上的"海菊花"稀稀拉拉，看上去光溜溜的。对这种海鲜，家乡人亦非常熟悉，称它为"涂蒜"，通常能在酒店、排档里见到。很显然，沙蒜和涂蒜都是我们采撷和食用的对象。

沙蒜在浙东南的海涂上经常可以见到，它们一般生长在低潮区的海涂上，落潮时，在一片寂静的水洼里，明眼人就能看见沙蒜的触手不断地在水里晃动。当讨小海的渔民的脚步搅动水面时，它们的触手就不见了，全都缩进泥涂中，涂面上也不会留下任何痕

小沙蒜

迹。每年的夏、秋季是采收沙蒜的旺季，渔民只要在海涂上寻找，徒手便可捉到它们。

捉回来的沙蒜，进行认真的清洗后，就可以烧制了。沙蒜烹饪的方法大致有红烧、焖绿豆面和煨汤这几种，但以煨汤为宜。理由是沙蒜肉韧难熟，需较长时间煨煲，况且炖的时间长些，其味和营养都入到汤中去了，方能体现出它的独特味道和价值。沙蒜煨汤的做法十分简单，只要将沙蒜反复清洗干净，放进炖锅中，加黄酒、水，然后投入姜片、蒜头、香菇、五花肉片和少量盐，猛火煮开，文火炖十几分钟，出锅前撒些葱花即可。然而依我看，雪菜沙蒜汤更有一番风味，也是城市酒店里常见的菜肴。

沙蒜汤看上去有点浑浊，似乎不够清纯。然而其味道却极美，这是一种集绵稠、浓香、鲜爽于一体的汤，具有让人勾心夺舌的、欲罢不能的鲜美。沙蒜自身的口感也很特别，咬一口，嘎吱嘎吱的，是韧中带着脆的那种，有如吃鸡胗或鲍鱼的感觉，嚼着嚼着，一不小心就滑到肚子里去，使人完全忘记了最初的"恶心"感，而全身心沉湎其中。

对于美食，文人多会显现出老饕的本性。诗人们在吃过相貌原本上不了台面的沙蒜后，倒也留下不少诗篇。清代诗人钱沃臣有《蓬岛樵歌》诗曰："石蚰扬葩蠃吐蜂，目虾腹蟹蜕居虫。勿嗟呈怪惊章举，沙噀烹来味更浓。"清宁波人全祖望也有《沙噀》诗写："笋入泥成冻，沙生蒜有苗。鲜腥需五辣，缩质似含桃。性以寒能下，香因脆愈娇。只应惭骨鲠，肉胜不堪骄。"在这些诗人中，清末温州学者孙锵鸣很有意思，隔了数个朝代，还和宋代老乡许及之之诗的韵写了一首诗，这应该算是温州诗坛的千古佳话了。其诗云："蟷蚸穴居巧藏身，江鲗多刺春荐新。鱼菜三月尤称盛，腥风入市惊脏神。沙噀形丑古未闻，蛤蜣螺蚌差与群。美味独居众族上，佐以姜韭殊芳辛。此时红花满山围，隔年一食颇待久。注汤烂煮不惜薪，老饕流涎急呼酒。巾渍沾污类阿瞒，颓然醉倒东篱

韧中带脆

根……"诗很实在，也很严谨，大有学者风范。

人们说，沙蒜是"海中冬虫夏草"，具有滋阴壮阳的功效，不宜多吃，一次吃一两个就行了。可是面对这种极度鲜美的神品，谁又能不受蛊惑呢？

白袍素甲银鲳鱼

changyu
鲳鱼

清光绪舟山《定海
厅志》说鲳鱼："一
名鲳鱼，身扁而锐，
状如鲳刀，身有两
斜角，尾如燕尾，
细鳞如粟，骨软肉
雪白，于诸鱼甘美
第一，春晚最肥。"

梅子酸时麦穗新，
梅鱼来后梦编陈。
春盘滋味随时好，
笑煞何曾费饼银。

一

春分过后，大地暖意骤增，浩浩荡荡的春风催得百花盛开，绿满山川，也熏得海洋里的鱼类心摇旌荡，潮涌而动。当鲥鱼、河豚、刀鱼在清明前夕轮番登场之后，紧接着一场饕餮的鲳鱼盛宴就在农历三月拉开了帷幕。

鲳鱼虽然有银鲳、灰鲳、刺鲳、中国鲳、燕尾鲳多种，但在东海沿岸，人们一般特指银鲳。银鲳在各地还有白鲳、鲳板、平鱼、枫叶鱼的称呼，古人称它为镜鱼，三国时期的沈莹在《临海水土异物志》中说："镜鱼，如镜形，形体薄，少肉。"银鲳鱼身呈菱形扁平状，通体覆盖着一层耀眼的银白，尾鳍分叉，形如燕尾，嘴巴小巧，模样俊俏，仿佛是披着银甲的王子或是穿着白袍的秀才。当然，海洋中也有浑身黝黑的乌鲗，俗名乌鳞鲳，但它们多是热带海洋的产物，与鲳鱼既不同属，也不同科，更不在一个季节，它们只有在仲夏时节才游到东海，其味较鲳鱼亦相差甚远。

二

浙江东南沿海文人对鲳鱼偏爱有加，在志书里把清丽、优美的文字送给了它们。清光绪舟山《定海厅志》说鲳鱼："一名锵鱼，身扁而锐，状如锵刀，身有两斜角，尾如燕尾，细鳞如粟，骨软肉雪白，于诸鱼甘美第一，春晚最肥。"明代嘉靖《宁波府志》中说鲳鱼："细鳞如粟，骨软肉白，其味甘美，春晚最肥。"而渔民对鲳鱼的称呼更加生动、形象，鲳鱼在初上市时如片片枫叶，称"枫叶鱼"，稍长一些时叫"车车片"，待成熟后又叫"长林"。我不知道这些名字是怎么来的，但显然表达了先民对鲳鱼的款款深情。

镜鱼

通体银白

骨软肉白

与渔民的亲昵叫法不同，少数古人对鲳鱼似乎有些曲解。明代屠本畯在《闽中海错疏》中写道："按鱼以鲳名，以其性善婬，好与群鱼为牝牡，故味美，有似乎娼，制字从昌。"李时珍在《本草纲目》中也写道："鱼游于水，群鱼随之，食其涎沫，有类于娼，故名。"李时珍又解释说，鲳鱼游动时，口中会流出唾沫，引得小鱼小虾追逐而行，举止轻浮如娼妓。其实这是天大的误会。事实是，鲳鱼到鱼汛期时，成熟的个体正在排卵，鲳鱼子产出体外后像珍珠一样一串串的，常引来其他鱼儿吞食。说鲳鱼风流成性，故名为鲳，这应当是人类加在鲳鱼身上的一个冤假错案。

银鲳显然是大海里风度翩翩的白衣秀才，尽管海洋里也有大银鱼、鲥鱼、水潺、鳓鱼、带鱼一类的浪里白条，但银鱼太小，成不了气候，鲥鱼太名贵，想见到也难，而水潺、鳓鱼、带鱼样子太凶猛，嘴巴太尖利，缺乏了秀气、文气。只有银鲳不仅全身银装素裹，而且嘴巴小而圆润，在我的家乡，形容一个女人的嘴巴长得漂亮，就说是"鲳鱼嘴"。在老辈人眼里，男人阔嘴巴女人鲳鱼嘴，都是好相、好命。男人阔嘴巴谓之能吃四方饭，女人鲳鱼嘴谓之樱桃小口，这樱桃小口就是美丽的代名词。我们平常所见的鱼类几乎都有被鱼钩钓取的可能，唯独鲳鱼从来没有被钓上来的实例和记载。是鲳鱼生性机警呢，还是因其嘴巴太小，吞不下鱼钩而不上钓呢，我不得而知。

鲳鱼嘴

三

在东海海域，鲳鱼一年四季都有，但以清明至夏至前后这段时间最为肥美。这时的鲳鱼不仅体厚膘肥，而且满肚孕育着鱼子，如此肥肉嫩子，定当风味绝佳。鲳鱼的肉质细嫩洁白，晶莹如凝脂，又肥厚少刺，没有鱼刺鲠喉的顾忌，吃起来润滑、鲜爽。于是，它们很能得到妇孺、老人的青睐，许多人家把鲳鱼认定为开春的头碗菜，当鲳鱼还在"枫叶鱼"阶段时，他们便到菜市场一篮篮地买来，用于清蒸。这时的鲳鱼虽然肉少了点，但细腻、松软、柔嫩、甘甜，要比冰冻过的小黄鱼和带鱼的滋味好多了。

鲳鱼富含蛋白质及其他多种营养成分，具有益气养血、柔筋利骨之功效。对治疗消化不良、脾虚泄泻、贫血、筋骨酸痛有效。唐代药学家陈藏器在《本草拾遗》中记鲳鱼"食其肉肥健，益气力"。清王士雄也在《随息居饮食谱》中记："鲳鱼甘平，补胃，益气，充精。"鲳鱼有多种食法，除清蒸、红烧之外，还能腌藏。将鲜鱼晒干后，切成块，投入酒糟中，藏于坛内，即为名闻遐迩的"糟鲳鱼"，秋后开坛取食，蒸熟后异香扑鼻，鱼骨酥滑似无，滋味特佳，为佐酒下饭之妙品。

益气

美味的鲳鱼也得到了许多诗人的赞颂。清代学者潘朗在《鲳鱼》一诗中写道："梅子酸时麦穗新，梅鱼来后梦鳊陈。春盘滋味随时好，笑煞何曾费饼银。"同朝代的诗人王蒔蕙也在《白扁》一诗中写道："一天梅雨洗沙腥，软翅双挑燕尾青。冻玉上桦糟气酽，细鳞如粟泛银星。"大名鼎鼎的《聊斋志异》的作者蒲松龄则在《日用俗字·鳞介章》里写道："街上蛏干包大篓，海中鲳鱼下甜糟。"可见先辈们对鲳鱼和糟鲳鱼的喜爱和推崇。

我家乡的人一直有用雪里蕻腌咸菜的传统，而鲳鱼上市的季节正好是咸菜出坛的时候。于是，两种原本风马牛不相及的食物就因前世因缘纠缠在一起了。咸菜鲳鱼属于农家传统的、经典的菜肴之一，咸菜的青绿中间杂着鲳鱼的银白，脆爽里浸润着鲳鱼的鲜汁，让人看一眼便舌尖生津，涎水欲滴，吃一口则咸鲜满口，舌尖溢香。

近年，我所在的这座江南小城的人家喜欢在鲳鱼烧好后，将蒸熟的年糕片放置到鲳鱼汤中，此时，鲳鱼的滋味渗透到原本淡而无味的年糕里，使年糕吸收了鱼的精华，吃起来别具风味。据闻鲳鱼还可煮粥，唐刘恂撰的《岭表录异》说，鲳鱼"肉甚厚，肉白如凝脂，止有一脊骨。治之以姜葱，焦之粳米，其骨自软。"我至今还未尝过鲳鱼粥，不知鲳鱼粥与黄鱼粥的味道能否相提并论？

钉螺，吃出音乐节奏的海产

dingluo
钉螺

南宋《宝庆四明志》："螺，多种。
掩白而香者曰香螺，有刺曰刺螺，
味辛曰辣螺。有曰拳螺、剑螺，
又曰丁螺、斑螺，又有生深海中，
可为酒杯者曰鹦鹉螺。……"

一

前几年，我所在的这座城市，工业企业遍地开花，作坊数量极为庞大，汇聚了大量外来务工人员。有数据表明，最多的时候，外来务工人员曾达到80多万。由于那时城市管理未走上正轨，因而每到夜晚，各大集镇的一些大街路边多摆起了长龙似的大排档，以物美价廉的菜肴，出入便利的场地吸引着大批食客。

这些排档一个连着一个，构建简易方便，由钢管搭成棚架，顶上覆盖遮阳挡雨的帆布，可四面敞开，也有正面敞开、三面封闭的。排档一般要开到凌晨一两点钟才收摊拆棚。因此，招徕的基本上是吃夜宵的人。这些顾客多是一伙一伙来的，有的是打牌散场了去吃点东西，然后作鸟兽散；有的在酒店、饭馆里喝得不够尽兴，再去打"榫头"，让自己醉生梦死一回；最多的是下班后工友或老乡之间的聚会，以喝酒、闲聊的方式互叙情谊，遣散劳累。

到排档时，你会发现几乎每张桌子上都有一大盘钉螺，也会听到一大片嗍，嗍嗍，嗍嗍嗍，嗍嗍嗍嗍的响声，有长声，也有短音，有的激昂，有的深沉，此起彼伏，互相呼应，似乎正在演奏着颇具韵律和节奏的"交响曲"。此时，你往往会被他们感染，无意识间也会点一盘钉螺来，加入这支演奏乐队，大有将这首"交响曲"进行到底的势头。

**排挡
交响曲**

二

听到钉螺的名字，不少人心存疑问，这是早年能传播血吸虫病的钉螺吗？

非也。此钉螺来自大海，它的学名叫棒锥螺，为锥螺科锥螺属的海涂贝类，成品期一般壳高7厘米，螺旋19层以上，绝不是那种生活在淡水和潮湿草丛里，壳高不超过1厘米、旋纹不过5层的

螺丝钉

鲢螺科钉螺属的贝类。那才是血吸虫的寄主，误食它们或生饮它们生活过的水，有可能得血吸虫病。

其实，东海沿岸的人都认识棒锥螺。由于它的贝壳口大顶尖，表面布满螺旋，很像一枚大号的螺丝钉，于是人们便将钉螺的俗名给了它，这原本是一种形象、直观的叫法，却一不小心将它与那种学名叫钉螺的贝类重了名，以致让不明就里的人产生疑虑，面对美食心中忐忑不安，不敢动筷。当然，与棒锥螺非常相似的还有笋锥螺和带锥螺等，只是，它们都产于台湾海峡和南海。在东海海域，锥螺科仅有棒锥螺一种，我们平时经常见到的、说的、食用的也就是它。

钉螺很有意思，幼小的时候，它会用肉足撑起高高的螺壳，在海涂上摇晃着走路，就像身上套着高帽子的幼儿，不见手和身子，而只见双脚在蹒跚。长大后，钉螺已撑不起它的壳了，只能拖着螺壳爬行。最后连爬行也艰难了，便任由海涂的泥沙来掩埋，让渔人轻易得手。这让我想起那些做淘金梦的人，身负重重的非分之物，不停地逃命，到后来累得不能走路也不知舍弃，最终被寄予厚望的金沙活活压死，或被洪水、泥石流所吞噬。

这个比喻不很恰当，只想说明一个道理，螺壳是钉螺的生命体，金沙是淘金人的命根子，普天下谁都是要"命"的，可谁又曾想到偏偏被重要之物要了命？

捡拾钉螺也很有意思。在天文大潮的几天里，许多沿海渔家妇女腰系竹篓，手拿竹笆走向渐渐退潮的沙质泥涂。开始，落潮过后的滩涂上能一眼看见横七竖八的钉螺，弯腰捡来便是。随后，她们又迈入没膝的海水中，一边用竹笆在滩涂上耙着，一边倒退着前进。当竹笆碰到硬物时，就有轻微的碰撞感，她们也就停下来，伸手插入水底，取出滩涂里的钉螺。当然，凭手感就知道水底有钉螺，这完全靠的是经验。有时，钉螺还会成片生长，可以将它们直接耙到竹篓里面，在海水里筛洗后，扔掉杂物即可。因钉螺壳大肉轻，容易随潮头漂游，据说在台风过后，它们会被卷送到沿岸滩涂，这时去捡拾它们，往往大有收获。

三

与同是螺类的香螺、花螺、辣螺、荔枝螺等相比，钉螺原本是寻常之物，它们繁殖快、产量高，且价格低廉，非常符合百姓的消费要求。故而它们广受大众的青睐，成为平民式的菜肴。我在菜场看见钉螺时，总会隔三岔五地买些回家烧食，它的确是下饭、佐酒的好菜。

现在，吃钉螺十分方便，市场上出售的钉螺已被剪去了尾部，买回家洗净后可以直接烧制。而我小时候见到的钉螺全身完好，都有尖尖的尾巴，尽管其壳较薄，但还是很硬的，需要下点工夫才能截掉它。否则，钉螺两头不通气，很难嗍出壳内的肉。

剪钉螺其实不叫剪，农人家里没有这么大的剪刀，它应该叫"夹"或"敲"。夹，就是用烧柴的火钳夹断它的尾巴；敲，就是用小榔头砸断它的尾巴。家里买来钉螺后，这是第一道工序，一般由小孩子来完成。回想当年，我可没少做这事。看着一枚枚断了尾的钉螺在大碗中升高，想吃钉螺的欲望也越发强烈。

夹、敲

钉螺味道鲜美，尤其在炎热的夏天，吃着香辣钉螺，喝着清冽扎啤，那是非常惬意、痛快的事。在我的家乡，钉螺烧法简单，一是盐水清煮，即把去掉尾巴的钉螺洗净、沥干，置于清水中烧开几分钟，期间加点姜片、蒜末、黄酒、盐即可。二是红烧钉螺，具体做法是：先将去尾的钉螺洗净、沥干，备好姜丝、葱段、蒜蓉、辣椒段，再将油倒入热锅中，放蒜蓉、姜丝爆香，接着放入辣椒段和钉螺爆炒，加料酒、生抽、冰糖，搅匀后加开水，盖上锅盖焖五分钟，最后添少许盐、味精，撒一把葱段即可起锅。端上来的红烧钉螺红、绿、黄、紫色彩分明，鲜辣香气扑鼻而来，甘甜、麻辣、脆嫩、爽口，多味互动，让人大呼过瘾。如果有人喜欢辣，只要在烧制过程中，多放些辣椒段，让它变成香辣钉螺就行。

嘬

吃钉螺也有讲究，内行人夹起它时，会收缩丹田，引动气流，密闭嘴唇，"嘬——"一声一个，干脆利落。而外行人没把气息掌握好，有力不好使，"嘬嘬"，还是漏了气，只能调过头来，在屁股上猛嘬一口，再倒回头狠狠地嘬嘬嘬，终于吸出肉来。此刻，那紧张的心情放下来了，人也有了一点点的成就感。

据我所知，在东海沿岸，吃钉螺的人虽然不少，但它却一直上不了宴席，不过这并没有影响它进入古籍。早在南宋《宝庆四明志》中就记："螺，多种。掩白而香者曰香螺，有刺曰刺螺，味辛曰辣螺。有曰拳螺、剑螺，又曰丁螺、斑螺，又有生深海中，可为酒杯者曰鹦鹉螺。……一种曰海蛳。"明代屠本畯也在《闽中海错疏》里记："（竹螺）壳纹麤而尾脆，味清香。"这又说明，钉螺不仅老百姓爱吃，古代士大夫中也有人爱吃。

因此我说，物有贵贱之分，口味也有地域差异，但人对鲜味的感觉，无论是谁，总是一致的。

不见不散小黄鱼

xiaohuangyu
小黄鱼

南宋《宝庆四明志》:
"春鱼,似石首而小,
每春三月,业海人竞
往取之,名曰捉春。"

春鱼潮罢捉洋山,
数水艚船索手还。
海若想应饕更甚,
饱鲜无复到人间。

沿海人吃海鲜特别讲究时令，哪个季节吃什么，到什么地方买，心里头一直有本账。

这样，经过世代相传，便形成了各地的海鲜民谣，或者说是各个版本的《海鲜十二月令》。这些民谣最突出的特点就是：一月一品，适时为鲜，每一种海鲜都在其最鲜爽肥美的月份出现。不过在海洋捕捞严加控制的今天，我们在5～8月属于东海禁渔期的几个月里，却并不能完全买到我们想要的海鲜。比如，在宁波、台州版海鲜月令中提到的农历四月的鳓鱼，五月的马鲛鱼，六月的野生大黄鱼，七月的鱿鱼，菜市场上就会断档，形成一个空白期。

吃鱼鲜是东海人家的习俗，有道是，无鲜不落饭。虽然在禁渔期里，也有许多水产品出现在菜市场，像养殖的黄鱼啊，鲈鱼啊，鲵鱼啊，蛤蜊啊，花蛤啊，对虾啊，弹涂鱼啊，等等，但似乎满足不了市民爱吃野生海鱼的口欲。而这时，你若到菜市场走走，就可能发现有一种鱼会挺身而出，陆续出现在海鲜摊位上，这种鱼就是小黄鱼——尽管它们基本上是冰冻的。

冰冻

既然无法供应新鲜的小黄鱼，那么将冷库里储存的冰冻小黄鱼供应给民众，也是一种明智之举。况且小黄鱼不像水潺、梅童鱼、鳓鱼、鳓鱼那样，冰冻过后有如嚼破棉絮，什么味道也没有。毕竟小黄鱼至今还都是野生的。将冰冻小黄鱼作为禁渔期里海鲜的替代品，来缓解一下市场的需求，既表明这种鱼对于人们生活的重要性，也足以证明人们对它的偏爱。我多次去过菜市场，掐指估算下来，平常买得最多的便是小黄鱼，无论是新鲜的，还是冰冻的，它们以前一年四季几乎不曾缺席过，给人一种不离不弃、不见不散的感觉。

二

小黄鱼是我所在的这座城市里的人非常熟悉的海产品，别说大人，连孩子们也多认识它，吃过它。说小黄鱼是一种大众的鱼，随时可见的鱼，我觉得一点也不为过。小黄鱼确实令人印象深刻，先说其外表吧，它与大黄鱼一样，全身金黄金黄的，虽然小了点，但唇红眼青，轻灵而又壮实，丰腴而不失苗条，完全符合人的审美标准；再说其质地吧，它刺少肉多，肉质细腻，一瓣一瓣的，不软也不硬，鲜度十足，口感极好。更有那些细鳞的，油光闪亮，不需要刮鳞就能入口即化，几乎可以与野生大黄鱼相媲美，自然要比上百元一斤的养殖大黄鱼胜出几筹。

亲缘

说到小黄鱼，便想到一件有趣的事。有小朋友不时问我，小黄鱼会长成大黄鱼吗？回答是，显然不能。尽管小黄鱼在形体、颜色上都像极了大黄鱼，简直就是大黄鱼的缩小版。如果按照一般事物的生长规律，小的总要成长为大的，就像一些动物一样，小公鸡会变成大公鸡，小猴子会长成大猴王。但我要说的是，小黄鱼和大黄鱼是两个独立的物种呀！一个物种有一种自我的生长模式，那是由基因决定的。大黄鱼与小黄鱼的基因结构不同，两者就只能依各自的生态生存，各自的方式生长，最后长成各自的个体。就像小熊猫和大熊猫，不会长成一样大小、一个模样的。若要具体讲，在生物学家眼里，大、小黄鱼的形态、性状是有较大差异的，比如小黄鱼上下嘴唇一样长，大黄鱼下唇长、上唇短，小黄鱼骸部具6个小孔，大黄鱼则只有4个，只不过我们肉眼看不出来罢了。所以大黄鱼是大黄鱼，小黄鱼是小黄鱼，它们是不会相互转化的，它们只是同属于石首鱼科而已。

从分类学来说，小黄鱼与大黄鱼、黄姑鱼（黄衫鱼）、梅童鱼都属于石首鱼科，它们之间有一定的亲缘关系。这些鱼类的共同特征是，鱼脑中有二粒瓷白色的小石头，鱼不同，其石头的大小和形状也不同。小黄鱼的小石头长约半厘米，长卵形，三棱状，一头稍圆，一头较尖，轻巧却坚硬。由于小黄鱼深受民众的喜爱，人们便把小鲜、大眼、花色、黄花鱼、黄鳞鱼、小黄瓜等一连串的别名赐给它。此外，它也早早进入了古籍，三国时代的沈莹在《临海水土异物志》中称它为"春来"，南宋《宝庆四明志》里称为"春鱼"，又说："春鱼，似石首而小，每春三月，业海人竞往取之，名曰捉春。"农历三月是小黄鱼开始生殖洄游的季节，它们从远海的深处一路向西，往东海岸浩浩荡荡游来，进行轰轰烈烈地产卵，然后又轰轰烈烈地落入渔船的网袋。人们在小黄鱼的繁殖期大张旗鼓地捕捞它们，这时的小黄鱼具有三字真经：鲜，嫩，肥。其实小黄鱼在年关时，长会更大、更粗壮一些，这时候捕捞上来的小黄鱼，十有八九会进入冷库。这也是第二年为什么会有那么多冰冻小黄鱼的原因。

小黄鱼为温水性底层鱼，常栖息在软泥或泥沙质海底，以东海为多，乐清湾亦是它喜欢的栖息地。在生殖期，小黄鱼常发出"咯咯""沙沙"的叫声，渔民就是根据声音判断出它们的栖身之处，然后进行网捕。以前，在没有禁渔期时，它们天天都会在菜场出现，当然不会是冰冻过的，而是刚捕捞上来的。现在为了恢复海洋水产资源，在绝大多数海洋鱼类的繁殖期、幼鱼期，南、北海域全面禁止捕捞，以防止这些鱼类被扼杀在萌芽阶段。小黄鱼目前虽然看起来群体数量较为庞大，但也要配合禁捕令，这是毋需多言的。

三

在我们这座城市，小黄鱼最常见的烹饪方法是清蒸，程序十分简单：先将小黄鱼去除内脏和鳃，洗净，鱼身斜切两刀，放盐抹匀，腌制半小时；再将腌好的小黄鱼排放在盘中，放黄酒，加姜

春鱼

捉春

丝、红椒圈；最后等锅里水开后，把小黄鱼放入锅中隔水蒸熟，撒葱段，淋上热香油即可。清蒸小黄鱼细腻、鲜爽、香甜，回味无穷。当然，小黄鱼还可油炸、红烧，油炸的，香酥、脆嫩，食之不厌；红烧的，色艳、味浓，咸淡相宜，都是下饭佐酒的佳肴。

美味可亲的小黄鱼，只要你喜欢，它们一年到头都可以成为餐桌上的常客，与我们不见不散。它们本应添入"名鱼"之列，却因为带着一个"小"字，人们便把所有的风光都给了大黄鱼，以至于古代诗人也忽视了它，而只对大黄鱼吟咏不休。据我所知，历代留给小黄鱼的古诗词十分罕见，仅有那么三五首。这其中，我很欣赏宋代诗人郑清之的《闲中口占数绝·海鱼绝少》诗："春鱼潮罢捉洋山，数水艚船索手œ。海若想应饕更甚，饱鲜无复到人间。"尽管写小黄鱼的诗词不多，不过我觉得小黄鱼也很有含金量。在1949年前我国最为流行的金条规格当中，就有"大黄鱼"和"小黄鱼"两种，一两重金条叫"小黄鱼"，重31.25克，十两的叫"大黄鱼"，重312.5克。那时，3根"小黄鱼"约合100块大洋，能在北京买个小型四合院。而现在，100根"小黄鱼"大概连四合院的一个台门都买不来。可见，当时的"小黄鱼"是一点也不含糊的，真的很金贵。

我说这些，算不算是小黄鱼的文化呢？

鲜美的花蛤

huage
花蛤

清代郭柏苍《海错百一录》："蛤出咸淡水，壳白，以花纹变幻不同，故名花蛤，产连江，蛤沙者壳薄为上。……"

海壖童稚剧如云，
筐筥携来大小分。
梅蛎桃蛏俱趁狡，
锦莲花蛤自成文。

一

在众多的贝壳类海产品中，花蛤可以说是我最爱嗜食的一种，每每逛菜市场时只要见到，总会购买一些回家，并亲自下厨烧食。

花蛤在我的家乡叫做沙蚶，大概是肉中有沙的缘故，因而名之。花蛤的学名叫菲律宾帘蛤，因其在蛤类中属于小型种，故又称菲律宾蛤仔。它与一种俗名叫花甲，学名叫波纹巴非蛤的小蛤一起，被大家统称为杂色蛤。只是花甲个体稍小，体较扁，壳薄，壳表纹理多呈网格状，图案油光靓丽；而花蛤个体较大，最大的几近于青蛤，其体膨胀，壳厚，纹理是不规则的云片或斑点状，图案较为黯淡，尤其是出产于含沙量偏低的泥涂里的，颜色暗黑而纹样粗犷。但不管怎样，两者的肉味都很肥嫩、鲜美。

尽管花蛤在古代已进入文人的法眼，清代福建人郭柏苍曾在《海错百一录》中说："蛤出咸淡水，壳白，以花纹变幻不同，故名花蛤，产连江，蛤沙者壳薄为上。宁德及长乐壶井、江田、闽县次之。福清产者略大而壳厚，连江官岭者杂大小为下。耘海泥为埕，名蛤埕。"但乐清湾的花蛤始终没有上过本地的志书，我想，也许与蛤蜊等著名的贝类相比，它显然是一个小不点，自然上不了台面，从而被人们忽视了。

花纹变幻

花蛤上市时，一般壳长2.5 ~ 3.5厘米，贝壳坚固，壳瓣左右相等，外形略呈椭圆形。壳内面白色居多，也有粉红色的。壳表面有清晰可见的浅色和深色的细密放射肋，颜色、花纹变化极大，有由奶油色、棕色、深褐色或赤褐色组成的带状或斑点状花纹。看起来像艺术家涂抹出来的缩小了的山水图画，又如晶莹剔透的鹅卵石，且每一粒图案都不一样，将它们置于有清水的瓷盘中，俊俏、玲珑、秀气，琳琅满目，美丽极了。难怪乎它们早已被诗人们所赞美，清代全祖望有《锦莲花蛤》诗曰："紫晕巧装笑口，有似锦边妙莲。足令督邮自愧，两足次且不前。"同朝代的孙事伦也有《花蚌》诗写道："海墺童稚剾如云，筐笱携来大小分。梅蛎桃蛏俱趁狡，锦莲花蛤自成文。"

诗人们将花蛤比喻成锦莲，给人一种小家碧玉、秀色可餐的感觉，同时也说明它们是很惹人喜爱，深入人心的。

二

花蛤通常性喜栖息在含沙量较高的滩涂上，也偶有在泥涂上生长的。所以，它们的肉中始终含有小沙粒，任凭怎么清洗，也无法去除得干干净净，这也是它们偶尔会硌牙的原因。但无论是在沙涂上还是在泥涂上，花蛤的栖息地周边都须有入海的河流或溪流，咸度太高的海水则不适宜它们的正常生长。据说在高盐度的海域养殖，它们会在风雨交加的天气里集体浮在水面上，以贝壳张合喷射水柱的方式进行远距离迁移，最后游到江河或溪流入海口处的滩涂上。它们的这种习性曾让不少养殖户颗粒无收，吃尽了苦头。

其实，花蛤的这种迁移现象，古人也曾发现。但他们无法做出科学的解释，最后只能凭借想象，在书中说"海蛤百岁燕所化也""蛤蛎千岁鸟所化也""蛤蜊壳薄而小，候风雨以壳为翅而飞也"。他们认为蛤、牡蛎、蛤蜊之类都是燕鸟所变，自然就有飞的本能。依我看，若是蛤类都能飞，那鱼类都不知要飞到哪里去了，而渔民又怎能奈何得了它们呢？

花蛤还有一个有趣的现象，将刚买来的花蛤养在海水中吐沙时，它的入水管就会拼命吸水，另一条出水管则强劲地喷水。虽然你觉得它们在慢慢蠕动，它们却冷不防把水柱向你喷来。你若不服气，胆敢近距离动它，它的伙伴们便会接二连三地向你发起猛烈的进攻，不把你淋个透湿才怪呢。为此，在净化花蛤时，要尽量将它们安置在水槽里，否则厨房里总会出现一片湿地。我很奇怪，从个

燕鸟所变

子上说，花蛤比文蛤、青蛤、中国蛤蜊要小得多，但喷水的力道和射程却远胜其他蛤类。

三

由于花蛤仅以海底藻类为食，又以泥沙滩为居住地，因而它的肉质洁白、纯净、无异味，与杂食性的海鲜相比，它鲜美得较为纯粹。在我们这座城市，花蛤的烧制方法十分简单，可清煮、红烧，也可蒸烤。但不管哪种烧法，掌握火候非常重要，起锅快了，会半生不熟，肉也很柔韧，需要细嚼慢咽。手脚慢了，壳肉分离，滋味也就差了。一般情况是，当烧至壳口打开一半多时，即可上盘。只有这样，才会保持原汁原味。不过，在烧制花蛤前，一定要想办法拣掉死蛤和含泥的蛤，有泥的花蛤倒也问题不大，它们即使熟透了贝壳也不会张开，用筷子夹去即可。而一个死蛤，就可能臭了一锅汤。

看花蛤的烹饪过程，也是一种美的享受。随着锅里沸水的升腾，起先紧闭着壳的花蛤终于慢慢地打开羞答答的笑脸，随后在佐料的相互渗透中，完全绽放自我，溢出本真的鲜美和浓郁的香气，让站在一旁的人早已蠢蠢欲动，垂涎三尺了。

花蛤肉味鲜美、营养丰富，蛋白质含量高，氨基酸的种类配比合理，脂肪含量低，不饱和脂肪酸较高，易被人体消化吸收，还有各种维生素和钙、镁、铁、锌等多种人体必需的微量元素，可作为人类的绿色食品。中医认为，蛤肉有滋阴明目、软坚、化痰之功效，几乎适宜所有的人。它对高胆固醇、高血脂体质的人，以及患有甲状腺肿大、支气管炎、胃病等疾病的人尤为适合。但花蛤性寒凉，故脾胃虚寒者不宜多吃。

绽放

小小花蛤，不但支撑起了东海底层生物的庞大体系，还丰富了我们的餐桌，让我们的味蕾生花。面对这样的海鲜，我们还有什么理由不去一尝为快呢！

桃花飞，泥螺肥

niluo
泥螺

明代屠本畯在《闽中海错疏》
中记："泥螺，一名土铁，
一名麦螺，一名梅螺，壳似
螺而薄，肉如蜗牛而短，多
涎有膏……春三月初生，极
细如米，壳软，味美。至四
月初旬稍大，至五月内大，
脂膏满腹。……"

蟹糟虾酱户兼储，
夏蛤冬蟶味莫如。
更有随时供口腹，
桃花吐铁桂花鱼。

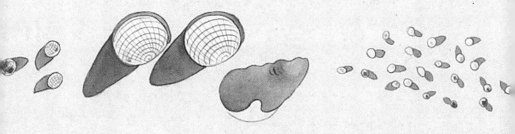

蟹糟虾酱户兼储，夏蛤冬蛏味莫如。

更有随时供口腹，桃花吐铁桂花鱼。

——（清）宋梦良《姚江竹枝词》

宋梦良的这首《姚江竹枝词》将桃花与一种海产牵系在了一起，有了"桃花吐铁"这样美丽的字眼，便一下子让画面灵动起来。

桃花吐铁

吐铁，即泥螺，相比于我们平时食用的香螺、辣螺、花螺、钉螺、刺螺、玉螺、拟沼螺、大海螺、小陀螺、蟹守螺、织纹螺等，它无疑是海洋里最小的螺类之一。然而，它小归小，却成熟在桃花飞舞的季节，出产在三月的春光里。这便有了时间与空间的背景，花事与物事的因缘，显示出许多可想象的情景来。

泥螺是东海沿海常见的海产品，其食用部分是它的腹足。泥螺体呈长方形，看起来像一只小小的拖鞋，其柔软的身体约占身长的四分之三，与贝壳相比显得十分肥大，所以成熟时大多裸露在外，不能完全缩入壳内。泥螺贝壳极小，卵圆形，薄而脆，表面平滑，壳口呈开放型，并完全张开，幼时白色透明，大时呈青色或黄色。在浙江东南地区它还有"泥糍""麦螺""梅螺""黄泥螺"等名字，这些称呼也透露了泥螺的颜色、形态和捕获的季节。

泥螺很早就进入古籍，明代屠本畯在《闽中海错疏》中记："泥螺，一名土铁，一名麦螺，一名梅螺，壳似螺而薄，肉如蜗牛而短，多涎有膏……春三月初生，极细如米，壳软，味美。至四月初旬稍大，至五月内大，脂膏满腹。以梅雨中取之为梅螺。可久藏，酒浸一两宿，膏溢壳外，莹若水晶。秋月取者，肉硬膏少，味不及春。"明末江苏文人姚可成在《食物本草》亦说："吐铁，生海中，螺属也。大如指顶者则有脂如凝膏，色青，外壳亦软，其肉黑色如铁，吐露壳外，人以腌藏糟浸，货之四方，以充海错。"编

多涎有膏

撰于明万历时期的《温州府志》载："吐铁，一名泥螺，俗名泥蛳。岁时衔以沙，沙黑似铁。至桃花时，铁始吐尽。"由此可见，泥螺生长历史悠久，已深深地烙上了文化印记。

二

泥糍

在我的家乡，大家都把泥螺叫作"泥糍"，我想这大概是因为泥螺体柔肉软，体表又有很多黏液，恰像浇了糖水的糯米糍团一样，故而才有这个俗称。本地方言中有"白眼泥糍"和"眼乌珠眯拢泥糍恁"的说法，意思是指"翻的白眼如泥糍壳一样灰白"，说的是那些处事糊涂或明知故犯的人。不过，距我家乡不过50里地的大荆、雁荡一带，对泥螺却有一种奇特的称呼，竟然叫作"沙蜏"。这种叫法我一直不解其因，也无史料考证。我想，难道是泥螺体内含沙较多，其柔软的形体又近似于蛞蝓，从而他们就这样命名了它？

泥螺是典型的潮间带底栖匍匐动物，生活在浅海泥涂的中、低潮间带的软泥涂上，退潮后，在潮湿的涂面上缓慢地爬行，在滩涂表层被太阳晒干或天气寒冷时，潜入泥涂下面1～3厘米处。它平时常用腹足掘起涂泥与身上分泌的黏液混合，包在身体表面，酷似一堆凸起的海泥，从而达到保护自身的目的。泥螺性喜食底栖藻类、有机碎屑、无脊椎动物的卵和幼体，并吸食海沙帮助消化。泥螺南北都有，但据各种志乘记载，它们以生活在宁波象山港至温州湾浅海滩涂上的为最佳。乐清湾泥涂较软、饲料丰富，咸淡水交换活跃且风浪相对较小，自古盛产泥螺，是全国赫赫有名的四大贝类苗种的摇篮。当然，在东海海域，最为著名的则是历史悠久、名闻遐迩的"宁波腌泥螺"。

捕捉泥螺的方法很简单，但也有讲究。泥螺活动于泥涂上，又满身黏液，用手去捉，力轻抓不住，力重会滑出指缝外。因此，内行人捕捉泥螺是用拇指、食指与中指合起来不轻不重地轻拍其身撮住泥螺，手背向泥，中指夹住泥螺，即滑入掌心，每次一粒，待捉满一握，再扔到木桶里。这种手法，印证了"三只指头撮螺——笃定"的温州歇后语。因泥螺肉体柔韧，多黏液，会变形，能从竹篓的篾丝缝中钻出来，粘在上面很难拿下来，所以捕捉泥螺时切忌用鱼篓、蟹篓来装它，而应该用吊桶、弯兜等木器、盛器来存放。在泥螺旺发的三春季节，乐清湾沿海渔民除白天候潮捉泥螺外，还会在晚上点着灯捉泥螺。夜里海涂表面潮湿，所有的泥螺都会爬出来觅食，这时去捉常有丰盛的收获。夜晚捉泥螺，那宽阔的海涂上星星点点的灯盏在夜空中闪烁，十分美妙、壮观。灯光缓慢地向不同方向移动，便形成了一簇簇优美的图案，呈现出一道别开生面的风景线。

三

　　通常，泥螺有三种吃法，一葱油，二红烧，三腌制。早年由于泥螺价格不高，家乡的人喜欢做"葱油泥螺"，烧法是：将活泥螺吐净后洗好，用开水烫至半生半熟，出锅置盘中备用。洗净锅放油，在热油中加葱花、姜和少量辣椒等，倒入盘中的泥螺烧沸即可。趁热食时，口感清洌滑爽，品味鲜香异常。红烧泥螺的做法是：将鲜泥螺在沸水里煮熟，挑出螺肉，加蒜末、白糖、酱油红烧成菜。此时盘中的泥螺色泽鲜艳，油光发亮，味道特别鲜美。当然，我所在的这座城市的普通百姓吃得最多的还是腌泥螺，他们上酒馆点冷菜时，总会点上一盘腌泥螺。腌制得当的腌泥螺壳薄如蝉翼，螺肉通体透明，就像是一粒粒青色的玛瑙镶嵌在琥珀样的薄壳中。一尝，湿润柔软，清香脆嫩，丰腴可口，甜甜的螺肉中溢出黄酒的醇香，味极鲜脆香美，是下饭的好菜，更是佐酒的佳肴。

　　泥螺肉味鲜美、营养丰富，不仅是一种食用价值很高的经济

生津

贝类，还是一味中药，清人赵学敏在《本草纲目拾遗》中说吐铁"能润喉燥、生津"，他还来个现身说法："予庚申岁二月，每患燥火，入夜喉咽干燥，舌枯欲裂，服花粉生津药，多不验。一日市吐铁食之，甘，至夜咽干亦愈，可知生津液养脾阴之力大也。"看来泥螺的药用功效可与雁荡山的铁皮枫斗有一比了。

泥螺很早就得到了文人墨客的喜爱，并被歌之赞之。明代将军学者张如兰在《吐铁歌》中写道："土非土，铁非铁。肥如泽，鲜如屑。乍来自，宁波城，看时却似嘉鱼穴。盘中个个玛瑙乌，席前一一丹丘血。见尝者，饮者捏。举杯吃饭两相宜，腥腥不惜广长舌。"晚清宁波学者谢辅绅在《蛟川物产五十咏》里有一首赞美腌泥螺的诗云："瓮头粘腻卤牵连，借箸前来尚带涎。惟有桃花名独冠，肯随流水到蛟川。"

不过，在众多诗词曲中，我最欣赏的是清代温岭名医赵立民的《一剪梅·独酌偶成》："墙角红梅映碧纱，老了黄瓜，熟了枇杷。银鱼生炒蛋堆花，吐铁无沙，蚕豆新芽。小酌已生老脸霞。吟兴婆娑，醉眼横斜。夕阳影里听鸣鸦，且访农家，与话桑麻。"这是一阕非常接地气的词令，词语简约、朴实，采用白描手法，活脱脱勾勒出了一幅现代人梦寐以求的"慢生活"景象图。

带
鱼
刚
猛

daiyu
带鱼

明代屠本畯在《闽中海错疏》里记："带，身薄而长，其形如带，锐口尖尾，只一脊骨，而无鳃无鳞，入夜灿然有光。大者长五六尺……"

银花烂漫委银筐，
锦带吴钩总擅场。
千载专诸留侠骨，
至今匕箸尚飞霜。

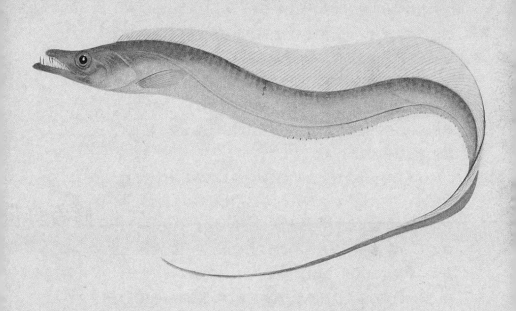

一

在东海沿岸，带鱼是最寻常不过的海鲜，一年四季都能在菜市场里见到。虽然绝大部分的带鱼被渔轮的拖网擦伤体表，卖相不太好，但只要不变质，其味道还是没得说的。

带鱼很特别，似乎要跟所有的鱼唱反调。你看，别的鱼多是扁圆形、侧扁形或圆筒形的，可带鱼偏偏是鞭形的，且有点无限伸长的意味，宽度与长度比例严重失调。带鱼一点也不难看，大嘴高鳍，一双大眼精光四射，全身修长曼妙，洁白纯净，光滑无瑕，像一条宽厚的腰带，又似一把锋利的剑，银光闪烁，寒气凌冽，坚韧中透着优雅，刚猛中隐藏着美丽。

特别

带鱼在分类学上属于鲈形目带鱼科，学名日本带鱼。这个科的鱼类在海洋里较少，在偌大的东海里也没超过6种，分别为带鱼、小带鱼、狭颅带鱼、高鳍带鱼、条状深海带鱼和叉尾深海带鱼。而我家乡的乐清湾种类更少，仅有带鱼和可制作"白醲生"的小带鱼两种。带鱼在各地的志乘里，还有鮽鱼和刀鱼的称呼，这大概是其形态像一把长刀的缘故吧。不过依我看，它更像一把长剑，叫它剑鱼似乎也没什么问题。

也不知道什么原因，我国唐代以前的文献都无带鱼的记载。我翻阅了不少古籍，发现带鱼的名字到五代十国时期才出现。南唐礼学大家陈致雍在《晋安海物异名记》中写道："修若练带，日带鱼。"随后，元代《至正四明续志》也记载了它："带鱼，无鳞，身似带，长可四五尺，故名。"到明代，东海渔民发明了延绳钓后，带鱼的捕捞量才开始增大，各种记载也多了起来。明代屠本畯在《闽中海错疏》里记："带，身薄而长，其形如带，锐口尖尾，只一脊骨，而无鲠无鳞，入夜灿然有光。大者长五六尺……按带冬月最盛，一钓则群带衔尾而升，故市者独多。或言带无尾者，非也，盖为群带相衔，而尾脱也。"道光十九年（1839年）

修若练带

银刀

重修的《蓬莱县志·卷十四·艺文志·诗歌》中也记："带鱼，鱼无鳞，鬣形如束带，长六尺余，色莹白如银，爝爝有光彩者，若刀剑之初淬者然，故又谓之银刀。首尾一骨，形与常鳞迥殊，脐上下数寸尤美。"

从以上的这些文字里，我们可以得到三条重要信息，一是脐下尤美，二是带鱼无尾，三是冬月最盛，这非常符合当今人们对带鱼生态习性的认识。脐下尤美是指带鱼肚皮肉质丰腴、味道鲜美。在东海沿海渔村，一直来都流传着"带鱼吃肚皮，闲话讲道理"的民谚。带鱼无尾即指有不少带鱼没有尾巴。这是为什么呢？据现代研究发现，带鱼是凶狠、贪食的鱼类，它不仅吃小鱼小虾，连自己的同类都吃。当它们的群体中有一条被钓钩扎住，不能逃脱时，别的带鱼就会从水底冲上来，狠狠地一口咬住它啃食，最后造成它断尾。冬月最盛就更好理解了，因为东海带鱼冬汛期开始于12月，止于翌年1月。这也是一年中带鱼最为肥腴、鲜美的时期。

二

"冬至到，带鱼肥。""白霜天，带鱼满船尖。"这是东海渔村的渔谚，意思是这个时间段为一年中捕捞带鱼、钓带鱼的最佳时节。

说来惭愧，我在渔业部门供职多年，却一直没有看到过钓带鱼的情景。虽然可以用余生也晚来搪塞，但真真还是自己怠惰的个性造成的，道理很简单，尽管我生活的小城市现今没有了钓带鱼的渔船，然而毗邻的温岭、玉环还延续着这种传统的作业方式。于是我对自己说，搭上这个季节的航班，去吧！过了这个村就没有这个店了。倘若再过一些时日，当所有的捕捞方式都被网捕作业取代时，钓带鱼的作业就只能成为历史，也只能在志书上寻找了，这样的后悔药是买不到的，也是吃不得的。

在一个阳光明媚且如秋天般温暖的冬日，我搭上了玉环坎门的渔船，体验了一回渔民们钓带鱼的生活。

钓带船从凌晨3时起航，与当今大马力的渔轮相比，这船有点陈旧和狭小。上船时，我数了一下船上的渔民，共有33人，钓带船上还装有7艘小船，这些船比河泥溜（长七八米的无帆木船，多用于拖网捕捞墨鱼和梭子蟹）还小些，全是木质结构。"这可是地道的钓带鱼作业。"船老大说。

渔民把钓带船称为母船，把小船称为子船。母船装载了子船后，空间显得十分逼仄，我们只好蜷缩在人均只有1.5平方米的狭小空间里。在早晨5时到达东海渔场后，随着船老大的一声哨子，渔民们把子船一一推下海面，每艘子船分派4人，其余5人留在母船上，据说是做巡逻、收鱼和后勤服务的。子船下海后，在母船附近的海域等距离摆开，然后开始工作。先是4人一起在钓钩上扎鱼饵，令我惊奇的是这些鱼饵就是鲜带鱼段子。船老大见我疑惑，就说："带鱼性情凶狠，会自相残杀，利用带鱼钓带鱼是祖先传下来的。"哦，原来如此。我想，这显然是古代人的一种智慧，此法既可以就地取材，又可以以物制物。

扎好鱼饵后，我看到子船上有一人操舵，另3人将一条系有浮子、钓线的绳索放入海中，这绳索有几千米长。据我在单位里所学，它叫延绳钓，过去由络麻或棕衣制成，现在是清一色的尼龙绳。绳上每隔一段距离绑上一个浮子，浮子与延绳的交接处系上一条长长的、有沉子和钓钩的钓线。船老大说延绳钓还可以钓大黄鱼、鲈鱼、虾虎鱼和梭子蟹，是一种最古老的海上作业方式。

延绳钓

三

渔民们把全部延绳、浮子、钓线一字形放入海后，再把子船开回来，从第一个浮子处提钓线，接着第二个、第三个……这时子船上4人的分工是，一人操舵，一人扎鱼饵，一人放钓，还有一人帮助收钓兼装鱼。我在母船上看见，最近的那艘子船起到第5钓时，就有一条带鱼。那条刚钓上的带鱼银光闪闪，浑身上下没有一处擦痕，在阳光的照耀下，就像镜子一样光可鉴人。我曾在菜市场里见过钓来的带鱼，那是死的，与捕捞来的带鱼相比已经不可同日而语，但真没想到刚出水的带鱼是这么的鲜亮、灵动、美丽。就在我的惊奇中，收鱼的渔民迅速有力地捏住带鱼，熟练地取出带鱼鳃上的钓钩，将它放到鱼筐中。这时朝远处张望，其他子船上的收获更让我目不暇接。而此刻，我也看到船老大露出会心的微笑。

据船老大介绍，起完一遍钓后，子船还要回来，重新开始循环，到天黑为止。他又说，带鱼是凶猛的鱼类，有时候会把钓钩一口吞进肚子，那就很难取出，需要另装一枚。船老大还说，带鱼群是一连串游动的，有时提起一枚钓，能收获好几条，后面的带鱼会咬着前面带鱼的尾巴一条接一条从水中出来，这叫"带鱼连尾钓"。可惜，现在带鱼资源少了，近几年这种情形很难见到了。船老大的"带鱼连尾钓"这句话，猛然使我想起家乡的一句俚语，叫"钓带鱼"，说的是人在酒醉呕吐时，吐出来的食物像连尾带鱼一样，一串接一串。原来，用"钓带鱼"形容醉酒呕吐还是很形象的。我不由感到讪然，也觉得民间语言的准确和生动。

看着钓上不少带鱼，船老大眉飞色舞地说，钓上来的带鱼叫"钓带"，价格要比捕捞上来的贵得多。原因有两个：一是钓来的带鱼比捕捞上来的个头大。现代捕带鱼的方法包括拖网、定置

凶猛

网、流刺网等，但无论用哪种网捕捞，死命挣扎后，逃掉的常是个头健壮且狡猾的带鱼，而用鱼钩钓到的往往就是这些漏网的大家伙。二是"钓的只会烂嘴，捕的容易烂肚"，烂嘴没问题，反正鱼鳃要丢掉，烂肚就没有卖相了。不过在目前大拖风作为海洋主要捕捞方式的情况下，延绳钓作业已经衰微，也只有他们这些老头子在搞了。

四

捕获的带鱼自然是用来吃。据渔民说，在海上生活，只有带鱼是百吃不厌的，它可以红烧、葱油、清炖、油炸、腌制、晒鲞、烧萝卜丝，而且样样都是美味的，有时船上没米、没菜了，就把带鱼当作主食又当作蔬菜吃。

带鱼的确与别的鱼不同，其他许多鱼都是需要趁热吃的，可带鱼凉了或成冻了味道似乎更好。记得我在上高中住校时，每到冬天，母亲经常会烧一条带鱼装在罐头瓶里，让我带到学校作为蔬菜的补充，那糯糯的、粉粉的、肉肉的味道，我至今记忆犹新，不时怀想。

美味可口的带鱼也得到了许多诗人的吟咏。明末清初浙东文人李邺嗣有《鄮东竹枝词》写道："家藏陈酒漾金光，玉带鱼鲜一脔尝。雪白盛来天落饭，须知养老定吾乡。"清王莳蕙有《带鱼》诗曰："可准深衣旧制裁，素绅三尺曳皑皑。波臣新授银台职，袍笏龙宫奏事来。"同朝代的朱文治也有《消寒竹枝词》云："莫惮腥风味可尝，纤鳞不缀闪精光。鱼同裙带量宽窄，肥美全凭海上霜。"

对于带鱼互咬尾巴的特性，清代谢辅绅有《带鱼》诗："网钓分名饫老饕，横江晓雾泛鱼舠。白银连片长如带，衔尾而来未肯逃。"清朱绪曾也有诗云："万尾交衔载满艘，相连不断欲挥刀。问谁留得腰围玉？龙伯当年暂解袍。"

互咬尾巴

这些诗把带鱼的形状、特色、习性和味道，描述得八九不离十。不过，我最欣赏的，还是清初诗人宋琬的这首《带鱼》诗:"银花烂漫委银筐，锦带吴钩总擅场。千载专诸留侠骨，至今匕箸尚飞霜。"此诗形象生动，用词绮丽，清新脱俗，意境高远，把带鱼的神和韵表达得淋漓尽致，当是带鱼诗中的上乘之作。

三月水潺嫩如水

明代冯时可在《雨航杂录》里说:"鳂鱼身柔如膏,无骨鳞细,口阔齿多一作鲦。海上人目人弱者,曰鳂。"

白如嫩玉软如绵,
张口红唇味倍鲜。
读到将军九鬌颂,
食单曾否入新篇?

一

　　农历三月是海洋鱼类旺发的季节，当海边人在这个月品过刀鱼，尝过河豚，吃过鲳鱼之后，紧接着水潺也就"游"到了餐桌上。

　　水潺，古人多写作水鲹。水潺是浙南温台地区对这种鱼的特有称呼，而且妇孺皆知。浙东、浙北地区则称为虾潺。在长江两岸，则称它为水鱼。按我所想，大概是古人觉得这种鱼像水一样柔软、孱弱、清丽、嫩白，便把这个名字送给它吧。如明代冯时可就在《雨航杂录》里说："鲹鱼身柔如膏，无骨鳞细，口阔齿多一作鲹。海上人目人弱者，曰鲹。"这显然是一个极为形象的称呼。其实，水潺有一个霸气的学名，叫龙头鱼，据说是由于鱼头气势凶猛、威严，貌似龙头。

　　别看水潺身子柔软，也没有铠甲般的鳞片，且只有一根脊椎骨，但它却属于硬骨鱼纲的鱼类。它外露的嘴巴里，两颌里密生着细而尖的牙齿，像天生的一副狗牙，一不留神就会将人的手指划个鲜血淋漓。所以在剖洗水潺时，需要用剪子将水潺的嘴巴扯开，然后剔除它的肠子，把它剪成一段一段的，才可下锅。

龙头鱼

二

　　在民间，人们把水潺称为"白衣秀才"。相传水潺和虾蛄到东海龙宫赶考时，水潺因家里有急事，考完后就回去了。后来海龙王放榜，水潺得中状元，颁发状元帽时，见水潺没来，就让它的同乡虾蛄帮它捎回。因虾蛄头顶生有利器，无法戴状元帽，便把它戴到了屁股上。没想到这一戴，虾蛄感到自己更加帅气、更加威风凛凛，就不肯将状元帽还给水潺了。所以此后，水潺见到虾蛄便怒气冲天，拼命追逮它，逮住时还把它吞食下肚。当然，水潺吞食的多是幼小的虾蛄。

豆腐鱼

　　刚出水的水潺，怎么看都像杨妃出浴的样子——通体雪白，几近透明，肤如凝脂，丰腴肥美。一经烧熟，便如豆腐一般白嫩细软，柔滑鲜美，难怪北方人称它为豆腐鱼。当然，豆腐好归好，也是大众热爱的食品，但哪会有水潺那种至鲜至爽的味道呢！

　　在东海沿岸一带，水潺一年四季都有所产，但最为肥美的时候却是每年的农历三月天。原因是，这时节的水潺常栖息于浅海泥底产卵，为一年中唯一的鱼汛期。所以沿海渔民在这个时期会开出小船撒网捕捞，往往一天下来，总有不少的收获。虽然水潺在市场上价格不高，也就十几元一斤，然而一个月丰产下来，讨小海的渔民的脸上大多会绽开笑容。

　　尽管水潺不名贵，但它却得到了不少古代名人的喜爱和赞赏。明代江苏江宁（今南京）武科会试第一人，官至淮徐漕运参将的张如兰（又名张九峻）曾写过一篇《鱬颂》："丰若无肌，柔若无骨。截之肪耶，尽之脂耶？乳沉雪山钵底，酥凝玉门关外，露滴仙盘掌中，其即若个之化身也耶？"随后，同是明代的宁波人屠本畯，将此文收进自己编著的《海味索隐》中，说："颂若华衮，妙极形容。"又在《闽中海错疏》中称赞水潺"水族风味，真上品也"。后来，清代宁波诗人谢辅绅也有《虾鱬》诗曰："白如嫩玉软如绵，张口红唇味倍鲜。读到将军九鬃颂，食单曾否入新篇？"

　　不过，使我疑惑的是，福建、广东两地的人似乎对水潺不屑一顾，分别叫它丝丁鱼和绵鱼，说它细弱无肉、软绵无力。有一次我在厦门做客，当桌上上来一盘水潺，我随口说出龙头鱼的名字时，他们大多哈哈大笑，认为这鱼不配拥有这个名字。

　　更有甚者，清代郭柏苍在《海错百一录》里写丝丁鱼："海鱼之下品，食者耻之，腌市每斤十数文，贫人袖归。"此话意思是，连穷人买了水潺，也要偷偷摸摸藏在衣袖里拿回家，怕被人看见了丢人。这种说法我觉得有点过分。还好，郭柏苍是清朝人，否则，当今视水潺为美食的浙江人非与他理论不可。

三

水潺极为鲜嫩，食用时大都以红烧为佳。红烧水潺需要有些技艺，要领是：在烧热的锅里，倒入不多不少的油，至八成热，将切成一两寸的水潺投入，加姜丝、蒜片、辣椒丝，再加盐、少许酱油、黄酒，待三四分钟，撒上葱花即可。烧水潺不能翻炒，要手持锅以晃摆法烹制，同时一定要用旺火。

早些年，沿海渔民还会将水潺制成龙头鲓或水潺鱼干。龙头鲓就是腌渍晒干的水潺，咸味很重，以前农家过日子十分节俭，一小段龙头鲓可以下一大碗饭，这是过去农人治家的普遍方式。不过，相对于龙头鲓，我家乡的大多人家更喜欢吃水潺鱼干。我曾见过渔民晒水潺鱼干，他们把细竹枝从水潺的大嘴巴穿过，穿成一串后放在露天的架子上晾晒，这叫吊晒。但也有更多的渔民将剖洗干净的水潺放置在竹帘上，这叫晾晒。水潺风干后，瘦小卷曲，通体金黄，可保存许久。农民在劳作后吃饭或下酒时，蒸一些水潺鱼干吃，味道比龙头鲓好多了。

如今我所在的城市里，许多家庭都将水潺和豆腐同煮，烹成水潺豆腐汤。我想，当一大锅白白嫩嫩的物事在汤里翻滚时，谁也不能分清哪是水潺哪是豆腐，只能说是你中有我，我中有你，可谓是水潺豆腐缠绵不休、三生幸会了。这样的汤入口，往往鲜得人灵魂开窍，爽得人醍醐灌顶。在乐清湾海域内，一些地方还流行油炸水潺的小吃，做法是：把裹上面粉的水潺投入油锅中炸数分钟，撩起后即是黄里透白、外脆内嫩、香味扑鼻的油炸水潺。将水潺跟榨菜放在一起烧成榨菜水潺汤——暗绿的榨菜，雪白的水潺，汤之鲜、肉之嫩、味之纯，简直又是一种色香味俱佳的人间美味。

水潺水分多，不易保存，过夜了的水潺口感就差远了，一经冰冻更是要不得，有如嚼破棉絮。这几年，也有水产贩子用福尔马林浸泡水潺，这种水潺外形看起来跟新鲜水潺并无二致，但是一下锅就现出原形，即使烧煮时不加水，也会渗出许多汤来，端上来一尝，味道既苦又涩，真是一点吃头也没有。

吃水潺图的是新鲜，需趁"鲜"品尝。然而，在交通不发达的古代，水潺却曾经作为朝廷贡品送往京城。清代温州文人劳大与在《瓯江逸志》中载："温州向有岁进，如石首鱼、龙头鱼、黄鲫鱼、虾米、金豆、金橘等物。"清人戴文俊也有一首题为《瓯江竹枝词》的诗曰："公婆船小惯迎潮，相守孤篷暮复朝。喜煞龙头鱼罢贡，海天如镜种蚶苗。"可见，水潺曾进贡，又罢贡。只不过，我们不知是哪位大官要求豁免的？

但作为朝廷贡品，我们还可以想象，那时候水潺御贡到路途遥远的北方之后，将会是什么样的滋味呢？

鲜爽清味『烂芝麻』

bokeyuancheng
薄壳圆蛏

明代屠本畯在《闽中
海错疏》说："一名
空豸,泉人呼为江大,
似蛤而小,壳薄色白,
又名泥星。"

农历六七月份，江南大地正处于溽暑季节，让人闷热难熬，但这时期却有两样东西给沿海居民带来一丝清凉，一丝鲜爽。一是热带风暴，每次光临都会让人阴凉几天——当然不能是破坏力特别大的超强台风。二是一种叫"烂芝麻"的海鲜，它此时在海涂上旺发起来，可让人体味它的鲜美，它的清味，让人在大热天里清爽起来，精神起来。

烂芝麻也称"兰芝麻"，这是一种纯粹的方言，它属于浙东南沿海老百姓的口语。一些有文化的人则称它为圆蛏，或加上薄壳二字，叫薄壳圆蛏。当然了，这两个名字，海洋动物分类学上都是没有的，方言里所谓的烂芝麻在志书上的旧名叫工虵，当今也有人写作蚣虵。明代屠本畯则在《闽中海错疏》中将其称作"白蛤"，还说"一名空豸，泉人呼为江大，似蛤而小，壳薄色白，又名泥星"。我不晓得空豸、江大、泥星这些名字是怎么来的，我倒是知道它的学名在中国大陆叫渤海鸭嘴蛤，而在中国台湾则称船形薄壳蛤。烂芝麻外壳为半透明的乳白色，薄而易碎，壳呈椭圆形，看起来像一只微型的船，所以，我认为台湾方面的这个称呼要比大陆准确一些。

其实温台方言叫它烂芝麻，依我看还是比较恰当的，因为此蛤壳薄易碎，清洗、烧煮时都容易烂，而白色贝壳上常生有芝麻状的黑色小点，叫它烂芝麻，从形象上来说是名副其实的。而将它写作兰芝麻，我不知道这又是什么缘由？不过，称它为工虵的人却说出了一个故事，大意是：昔日有一位12岁童养媳名工黛，遭婆婆虐待，不能吃饱穿暖，还要整天捻苎麻，尽管她很勤快，但还是动辄得咎，常遭打骂。工黛常独自坐在海边叹息流泪。

一日，工黛又遭婆婆打骂，她带着满身伤痛跑到海边坐在岩壁上恸哭，她越哭越伤心，最后竟自己用未捻完的苎麻丝捆住脖子将自己缠死了。工黛家人闻讯前来寻尸，却找遍海边也未见其尸身。

薄壳圆蛏

工虵

第二年夏天，海涂上生出许多形如拇指甲的薄壳贝类，有人将其捡来煮熟剥开，见其肉如苎麻丝缠着，尝后味道很鲜。老人们称过去海涂上不长此类东西，自从工黛被苎麻丝缠死后才有，这应是工黛变的啊。工蚬旺发季节，路过海涂细听，能听到它发出"窸窣"的声音，人们说这是工黛在诉冤恨。她变成贝类，就是想给世间留下一种最便宜的食物，让贫苦人家的姑娘充饥度生，不必去当童养媳受折磨。人们怀念好心的姑娘工黛，于是就将这种贝类叫做"工蚬"，现在又改写成蚬蚬。

烂芝麻喜生长在潮间带至浅海的泥底，尤其是肥水流布的河口潮间带泥滩，以过滤水中的小生物为生。它们平时将身体埋入泥中，仅在涂面露出密密麻麻的细孔，赶小海的渔民就是根据这些细孔，以手掌翻泥，把它一个个捉出来。有时，渔民还嫌手挖太慢，用板耙轻轻刮去面泥，把藏有烂芝麻的整层泥土刮入竹篓，拿到水洼、港边漉洗。

烂芝麻虽然身子小，肉也不多，但当它褪去淡褐色的滤食水管，露出一身白白净净的蛤肉时，你便会觉得一股清爽香甜之气扑鼻而来，如果夹一个尝尝，其味道鲜美无比，让人百吃不厌。尤其是它清煮后的汤，清淡鲜爽，老少咸宜，十分可口，是夏天消暑、下饭下酒的佳肴。而且烂芝麻烧法简单，在热水锅里加黄酒、姜丝、蒜末和少许盐就行。吃时也不需剥壳，夹起来放在嘴边一吸，肉就在嘴里了。

我在夏天傍晚路过菜市场，见到里面有烂芝麻出售时，会毫不犹豫地买上几斤，捎回家打打牙祭。不过，现在的烂芝麻价格今非昔比，已涨到十多元一斤。据说，在雁荡山风景区的饭馆里，当地人将烂芝麻赐名为"珍珠元宝蛤"，以一盘百元的价格卖给从未见过此蛤的游客，他们吃得津津有味。"珍珠元宝蛤"，这可是有创意的名字，谁听了以后都会想来一盘。

记得小时候，烂芝麻是非常便宜的。夏日的每个傍晚，我所

珍珠元宝蛤

住的农家双退屋台门外，都有渔家女人挑着担子，一路吆喝着："卖烂芝麻哦——卖烂芝麻哦——"那时的烂芝麻，五分钱就能买到两斤，一角钱能买到五斤。农历六七月份是乡下的农忙季节，因父亲喜欢在一天的劳作后喝点小酒，于是便交代我每天帮他买几分钱的烂芝麻，让他过过嘴瘾和酒瘾。

除了鲜食，家乡人习惯将烂芝麻腌制后食用。时有乡人购上数十斤乃至上百斤烂芝麻，把它们放在小缸等容器中，加上盐腌制，大约一两个月后即可食用。这种菜是过去贫困人家的下饭菜蔬，谈不上美味，但有咸鲜之味，便于下饭。我很奇怪，近几年生活水平好起来后，烂芝麻好像忽地销声匿迹，很难见到了。是滩涂面积少了，还是赶海人懒得收拾这些价值不很高的海产品呢，我不得而知。

烂芝麻虽肉薄不够腴美，难登大雅之堂，但我觉得这是家乡的物事、乡味，我们应当记住它。就像我们经常吃的"白醪生"一样，让那些在外的游子魂牵梦萦，引发舌尖上的乡愁。

也许烂芝麻在海鲜中档次较低，也许过去烂芝麻太多了，从而让古代诗人们对它熟视无睹。我翻阅了不少诗集，均找不到写烂芝麻的诗词。或许，它的另外一些奇怪而名不见经传的名字还隐藏在某一卷发黄的典籍里，只是我发现不了而已。

但烂芝麻在民间仍流传着一则叫"请吃烂芝麻"的故事。说的是明代茶陵派主将谢铎在成化年间由翰林院编修擢升为侍讲，给太子讲授史书时，常规劝太子勿学奢华，讲求节俭，但太子却将他的话当作耳边风。

某日，谢铎正在吃饭，太子进门来，见谢铎桌上只有一小碟菜，吃一口饭，夹一个小壳儿，吮两口又放回碟子，很像舍不得吃的样子。太子奇而问为何物，何故如此舍不得吃？谢铎心思太子见惯了山珍海味，哪里晓得烂芝麻，不如趁此机会让他尝尝穷人家的味道，便道："启禀太子，碟里盛着的乃是东海里摸来的一种稀罕宝物'分金对'。"

分金对

"啥叫分金对？"太子问。谢铎道："一分黄金只能买上一对呢！"太子听说此物贵重难得，很想一尝。谢铎忙用筷子夹起一个请他尝尝，太子高兴地咬了一口却是满口卤味，叫苦不迭。谢铎忍住笑，一本正经地说："太子啊，不亲口尝尝这分金对的滋味，你哪会知道百姓的苦生活呢？"

这个故事很有点意思，常让我陷入沉思。

真味缢蛏

yicheng
缢蛏

明代李时珍《本草纲目》：
"蛏乃海中小蚌也。其形
长短大小不一，与江湖中
马刀、蛾蚬相似，其类甚
多。闽、粤人以田种之，
候潮泥壅沃，谓之蛏田。
呼其肉为蛏肠。"

沙蜻四寸尾掉黄，
风味由来压郫洋。
麦碎花开三月半，
美人种子市蛏秧。

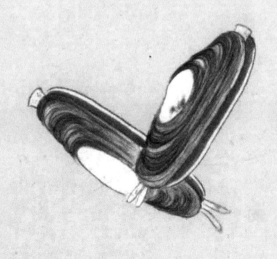

俗话说：靠山吃山，靠海吃海。家在东海之滨的乐清湾，平常所食的自然就是许多美味的海鲜了。因乐清湾拥有广袤的泥质滩涂，是我国缢蛏、泥蚶、牡蛎、泥螺等四大养殖贝类苗种的摇篮，而缢蛏苗种销售数量又居首位，故而缢蛏便是我平常见到的最多的贝壳类海鲜，也是这座城市人人爱吃的美食。

缢蛏是我国沿海常见的一种软体动物，在各大海域均有分布。"蛏"字最早出现在南北朝梁代顾野王的《玉篇》中，但书中没有对这个字作出解释。后来唐代药学家陈藏器在《本草拾遗》里，首次描述了缢蛏的形态特征："生海泥中，长二三寸，大如指，两头开。"

另据古代文献记载，我国养殖蛏子已有近千年历史。南宋晋江人梁克家在《三山志》中载，福州沿海有海田1130顷用于养蛏。明代李时珍在《本草纲目》中，也有"蛏乃海中小蚌也。其形长短大小不一，与江湖中马刀、蛼蚬相似，其类甚多。闽、粤人以田种之，候潮泥壅沃，谓之蛏田。呼其肉为蛏肠。肉甘，温，无毒。主治补虚，主冷痢，煮食之。去胸中邪热烦闷，饭后食之，与服丹石人相宜。治妇人产后虚损"的记载。

缢蛏的贝壳脆而薄，呈长扁方形，自壳顶到腹缘，有一道斜行的凹沟，状如缢痕，故名。因蛏子生长快，个体大，肉嫩而肥，色白味鲜，故又得名鲜蛏或蛏，在一些地方还有"海里人参"的俗称。缢蛏喜欢生活在河口附近或有少量淡水注入的内海湾，埋居在潮间带中、下区滩涂内，竖着穴居在管状洞穴中，两根进出水管分别伸出涂面，一根吸食，一根排泄。遭遇险情时即迅速收缩水管，闭合壳子，以免受侵害。当然，这只能骗骗别的生物，却骗不了聪明的人类。因为，有经验的渔民在远远看见落潮的滩涂中有亮晶晶的水溢出时，便断定喷水之处有缢蛏生存，捕捉它们就是轻而易举

两头开

壳脆薄

的事了。

正像李时珍说的，缢蛏养殖需要蛏田。据我所知，在每年的谷雨时节，渔民要在滩涂上多次深挖细耕，整平抹光，将滩涂做成一垄垄的蛏田。这个时节从乐清湾的堤岸走过，遥看这些蛏田就像一片片连绵不绝的水田，但气势却要比水田广袤恢宏得多。大约在立夏时，渔民开始在蛏田上播种蛏苗，直到小满前结束。这事，古人称为"种蛏"，清道光时期鲍作雨、张振夔编纂的《乐清县志》中说蛏："生海泥中，大如指，以田种之，谓之蛏田。"清代姚燮也有诗写道："沙蜻四寸尾掉黄，风味由来压邵洋。麦碎花开三月半，美人种子市蛏秧。"说的就是鱼市里卖蛏种的景象。

种蛏

二

在浙东南沿海老百姓的日常饮食生活中，蛏子占有相当重要的位置。过去在农村，无论是婚嫁丧事、造房请客，还是清明祭祖、逢年过节，蛏子都是一道必不可少的菜肴。记得小时候，每每谁家里来客人或遇红白喜事，在传统的"三碗头"或"八盘十"的宴席中，除蒸年糕、炒米面和红烧肉这几个雷打不动的主菜之外，蛏子也总有一席之地，它脆嫩滑软，鲜味绝佳，是佐酒下饭的佳肴。

吃蛏子需讲究应季时令。冬至到清明前后，蛏肉肥嫩饱满，是一年中味道最佳的时期，接着小暑前后的蛏子也不错。最不济的是秋天，蛏子在白露前后抱卵，寒露前后产卵，这段时间的蛏子寡淡无味。浙江沿海民间有谚语说："八月蛏，瘦成筋。"讲的就是这个道理。除了看季节，还要看蛏龄，老渔民能看壳识蛏：壳为浅黄绿色的蛏子味道特鲜美，花斑纹的次之，壳背灰白色的蛏子味最差。

冬至到清明

蛏子的烹饪方法十分容易。最简单的就是将买来的蛏子洗净，或在水中静养促其吐净泥沙后，再直接放在沸水中煮一煮，然后加点盐、撒点葱就行了。不过，这种烧法放在以前，会被家里长辈认为是"败家子"的做派，因烧熟后蛏壳张开，蛏肉缩小，每吃一口饭就需要一夹蛏子，这对于生活在底层的农家来说，是消受不起的。一般情况下，在水煮之前，家庭主妇会用刀将蛏子后背的韧带划断，这样，蛏子煮熟后壳就不会张开，汁水也不会流失，从而保持其原有的味道。在物质匮乏年代，大多农人就蛏子吃饭时，第一口是不会吃掉蛏子的，先是夹到嘴里吮一吮蛏汤，再放回盘里，接着吃饭，继续夹来吮汤，直到把大半碗饭吃下时，才把一夹蛏肉吃掉。

蛏子做法繁多。老蛏适合红烧、盐焗、清蒸、辣炒，新蛏除此外，还可腌制生吃。现在饭馆里多流行铁板焗盐烧法，将蛏子和葱姜蒜等调料一起用细线捆好，放在装满盐的铁板上干烧，待蛏壳焦黄时，蛏肉自然也熟了，那样蛏肉韧实香甘，风味独特。

在乐清湾渔村，渔家的吃法则别具一格，他们喜欢烧蛏羹。做法是将蛏子洗净，去壳取出蛏肉，然后将蛏子肉外面蘸上番薯淀粉，再与其他佐料一起放在沸水锅中烧熟。这样端上来的蛏子包裹在半透明的淀粉糊里，像一枚枚琥珀，晶莹剔透，若再加上几缕葱丝，几根芹菜，这一盘蛏羹简直像一件艺术品，让人陶醉。这种蛏羹蛏体糯而滑，羹汤清而鲜，那风味是很独特的。

当然，渔民也有煮蛏干的。蛏干是新鲜蛏子肉的干制品，可以长期保存，家里来客时，取一把蛏干煲汤，便可以直接吃。蛏干味道鲜美，含有大量的蛋白质，是滋补佳品。蛏干自古已有，这在名著《红楼梦》第五十三回里就有描写，说乌庄头给贾府送来的"年货"有："……熊掌二十对，鹿筋二十斤，海参五十斤，鹿舌五十条，牛舌五十条，蛏干二十斤……"二十斤蛏干，若按当时的亩产计算，恐怕需要几十亩蛏田才能生产出来，而这样的年货贾珍却嫌少，可见贾府的生活是何等的奢华。

三

蛏子是一种色香味俱佳的海鲜，但有一段时间曾传闻蛏子肉里有线虫，吃不得。人们吃蛏时，都先将这条类似线虫的东西抽出来甩掉才敢吃。后来我才知道，每个蛏子体内都有一条透明的类似线虫的东西，它是蛏子消化系统中的一个器官，名叫"晶杆"，是蛏的重要组成部分，完全可食用。在蛏子进食时，晶杆作为搅拌机来带动肠胃蠕动，促进食物消化，当蛏子饥饿时，晶杆会自动溶解，用于充饥。如此看来，人类对缢蛏的认知在许多方面还是很随性、浅薄的。

在宁波一带，曾有古人将缢蛏误认作西施舌，清代《宁海县志》载："蛏，蚌属，以田种之谓蛏田，形狭而长如指，一名西施舌，言其美也。"不知为什么，当代的宁波写作者也常常引用《宁海县志》的记载。事实上，缢蛏和西施舌是风马牛不相及的两个物种，缢蛏在海洋贝类中属于灯塔蛤科，西施舌属于蛤蜊科，从生物学的角度说，同属的差异已经够大了，何况它们还不同科。西施舌贝壳长达10厘米，形状呈圆三角形，壳面淡黄色或黄白色，壳顶紫色且光洁润滑，异常美丽，为海产之珍品。这样的谬误，其实早需更正了。

依我看，还是我们乐清的先民有见识，他们在道光《乐清县志》里记西施舌："产邑朴头等村海濒，状如蛤吐舌，长数寸，阔寸余，竖立沙涂中，俗亦名涂笋，舌色微霉，揉之乃白，味鲜美。土人截其舌曝干藏之，以饷客。"这种说法与现代海洋贝类动物志乘对西施舌的描述基本一致，也证明西施舌在乐清湾早已生长，且随处可见。

很明显，缢蛏是缢蛏，西施舌是西施舌，其差异显著。所以，我期望已逐渐远离大自然的下一代人，不要再将这两个物种轻易混淆了。

秋风起兮江蟹肥

jiangxie

江蟹

未游沧海早知名，
有骨还从肉上生。
莫道无心畏雷电，
海龙王处也横行。

一

如果说"秋风响，蟹脚痒"这句俗语是针对淡水螃蟹而言的，那么"菊花开，闻蟹来"里的蟹可就专指海蟹了。据我所知，这几年，由于各地有关部门在东海近海区投放了大量江蟹苗，于是在每年的金秋时节便有源源不断的江蟹上市，让东海沿岸的百姓可以过上"江蟹宴"的日子。

江蟹的学名叫三疣梭子蟹，这是一个拗口的名字，但也是一个形象的称呼。只要细心观察，就会发现它的甲壳上有3个鼓起的疣突，而去掉螯和脚的江蟹像是一只织布用的梭子，两者组合，便是三疣梭子蟹。为方便称呼，人们多叫它江蟹或梭子蟹。

与淡水螃蟹相比，江蟹可以说是庞然大物了，个大的可达一斤多重，小的也有四五两，随便来一只重量都要超过那些壮硕的大闸蟹。在东海里，江蟹的个头也仅次于生长多年的拟曼赛因青蟹，即本地方言所称的蟳蚌。但江蟹的习性与蟳蚌不同，蟳蚌多栖于近海岸的滩涂或岩石洞穴里，不擅长游泳，以爬行为主。江蟹却栖于近岸水深 7～100米的软泥、沙泥底石下或水草中，平时在水中游动觅食，游动时或向侧前方前进，或向侧后方倒退，轻松敏捷，灵活自如，既横行霸道，又是蟹类中的游泳健将。当遭遇敌物时，江蟹会向上举起大螯自卫或攻击对方，一旦落败，就快速游动并用游泳足掘沙将身体直立地潜入泥沙底内隐蔽起来。所以江蟹不像蟳蚌那样可以徒手捕捉，而只能用粘网或蟹笼捕捞。

二

江蟹从孵化到成蟹只需半年时间，因而一年有两个季节盛产，即春汛和秋汛。春汛在每年4月份左右，捕获的以雄蟹为多，雄蟹又名"白蟹"，俗称"尖脐"，多生活在外海。谷雨过后，个大肉

梭子蟹

庞然大物

多的雌蟹向近海洄游，此时它们有满肚蟹黄，味道极为鲜美，渔民称为"膏蟹""铜蟹"或"石榴黄"，俗称"圆脐"。这些蟹黄在熟透时会变成满肚蟹子，受精后排出体外则会孵化成下一代。前些年，由于这个时期还不是休渔期，我时常看见有人将带子的江蟹买来，取下蟹子做成蟹子豆腐，据说也是一道鲜爽的美食，只是我至今还没尝过。我想，当人们都去吃即将产卵的江蟹，那它们还如何繁衍生息？不过，江蟹的生命力极强，繁殖期平均每只产卵总数约为几十万至二百万粒，如果不去捕捞的话，海底将成为梭子蟹的世界，使其大行蟹道，从而影响海洋生态平衡。随着8月1日渔船开捕，江蟹的秋汛开始，这时菜场里的江蟹明显增多，价格也变得很亲民，活蟹每斤从15元到45元不等，顶级的每斤也不超过70元，这样的价格，能让嗜好江蟹的老饕们大享口福。

入冬以后，江蟹个体越来越大，味道也越来越好，刚捕获的活江蟹肉多而肥厚，肉色洁白，肉质细嫩，膏似凝脂，味道鲜美。

入冬蟹肥

尤其是两钳状的螯足之肉，呈丝状而带甜味，而蟹黄色艳味香，食之别有风味，因而久负盛名。在东海沿岸，历来有"蟹过无味"之说，这话意思是吃过了江蟹，这时节再吃其他海鲜就没什么味道了。正如清代李渔所言："蟹之鲜而肥，甘而腻，白似玉而黄似金，已造色香味三者之至极，更无一物可以上之。"而唐代大诗人白居易则有"馔盛盘心殢，醅浓盏底黏。陆珍熊掌烂，海味蟹螯咸"的诗句，将江蟹的螯足与熊掌相提并论，表明他对江蟹推崇之至。

别看江蟹性情凶猛、善斗，一副凶神恶煞的样子，它却是贪吃、无脑的家伙，一旦被蟹笼里的鱼饵所诱惑，就会动贪念，而钻入蟹笼的那一刻，就注定了被捕捉的命运。捕捞江蟹的蟹笼每只大

贪吃

约有半米高，用网线织成，圆桶状，朝四个方向开着形如喇叭的四个口子，进可开，出无门。捕捞时将它们一排排沉入海底，这样江蟹爬进去后，哪还能出来？当然，现在捕捞江蟹还有大马力渔轮的拖网作业。本来凭江蟹的游泳本领，它们进入网内可以快速向后游

动，以求脱网，但它们却死死咬住网线，乖乖地成为网中之物。

三

江蟹有很多烹制方法，如油焖蟹、葱油炒蟹、香辣蟹、盐水煮蟹、清蒸江蟹和江蟹炒年糕等，但不管如何烹饪，其味道总是无比鲜美，令人百吃不厌。在我的家乡，新上市的白蟹大多用水煮或清蒸，吃的时候将其肉蘸以由酱油、陈醋、姜末、蒜泥混合成的佐料，入口时便觉满口鲜爽，唇齿生香。但很多人吃江蟹时啥也不蘸，就吃蟹的原汁原味，因为蟹肉本身也带点咸味。这种食蟹的方式，明朝的张岱就曾说过："食品不加盐醋而五味全者，为蚶、为河蟹。"显然这话对食江蟹也适用。

江蟹可生食，家乡人叫作"江蟹生"，做法是将透骨新鲜的膏蟹经过精劈分解，用盐、醋、酱油、黄酒及其他佐料浸制半小时至一小时，即可食。江蟹生的味道是酸、甜、酱、咸、鲜，吃起来不黏壳不带腥，撅嘴轻轻一吸，蟹肉便脱离蟹壳滑入口中。如蘸了芥末吃，就变成了鲜猛辛辣，让重口味者大呼过瘾。在我所在的城市，生食可以报出一大串名来，诸如鱼生、虾生、虾蛄生，以及盘菜生、豆腐生等等。然而，在所有生食中，似乎唯这江蟹生的味道最令人叫绝。虽然生食的调料都离不开酱、醋、酒以及味精，但江蟹腌制出来的口感总是比其他生食类要略胜一筹。江蟹生食还有一种腌制方法，叫"呛蟹"。做法是先将膏蟹分解成蟹股，用一只较大的瓦缸或脸盆，放一碗水、一碗盐，盐溶化后，将蟹股背壳朝下，一只只地叠上去，上面用石块或者其他硬物压住。一昼夜后，制成的呛蟹就可食用。那绯红的蟹膏诱得人垂涎欲滴，几乎餐餐都会想着它。

早些年，因江蟹多且便宜，许多人家还用来斩成蟹浆。制作蟹浆要将膏蟹去壳，拨出红膏，切除蟹钳、蟹爪，将蟹身捣碎，撒点盐，加点白糖，搅拌均匀，一天就可食用。星星点点的红膏糕合在淡青的蟹肉中，是一种极度的诱惑。据说，蟹酱在周代已有文字记录，有人考证《礼记》中记载的蟹胥，说的就是蟹酱。可见早在2000多年前，蟹酱就已出现在先人们的餐桌上了。当然，那时的蟹酱不一定是江蟹酱，更有可能是淡水螃蟹制成的蟹酱。但是，我国有着悠久的蟹文化，这应该是不争的事实。

四

关于江蟹，民间还流传着一个美丽、有趣的故事："天上的织女不小心将梭子从手中滑落，恰好落在东海里，由于带了仙气，就变成了梭子蟹。"很显然，对于美好的事物，民间总是会传说它、神化它。

也正因此，江蟹亦得到了历代诗人们的赞美。除白居易的诗外，唐代的陆龟蒙有《酬袭美见寄海蟹》诗云："药杯应阻蟹螯香，却乞江边采捕郎。自是扬雄知郭索，且非何胤敢餦餭。骨清犹似含春霭，沫白还疑带海霜。强作南朝风雅客，夜来偷醉早梅傍。"皮日休也有《咏蟹》诗曰："未游沧海早知名，有骨还从肉上生。莫道无心畏雷电，海龙王处也横行。"这是一首我平时见得最多的诗，因为它几乎在所有的渔业志书中都会出现。不过，在咏江蟹的诗歌中，我倒是比较欣赏清代纪昀和胡夏客写的诗，现摘录如下：

> 不重山肴重海鲜，北商一到早相传。
>
> 蟹黄虾汁银鱼鲞，行箧新开不计钱。
>
> ——纪昀《乌鲁木齐杂诗之物产》
>
> 到秋水母圆如盖，白蟹擎螯筐似轮。
>
> 赚得远方游客喜，归夸海味向乡人。
>
> ——胡夏客《海盐石堤歌三首·其三》

这两首诗虽然写得平实、简约，但向世人展示了乡村渔市的一派兴旺景象，注入了浓浓的乡情、人情味，读着读着，就让人想在这菊黄蟹肥的金秋时光，来一场江蟹的饕餮盛宴。

招潮蟹，爱『点赞』的滩涂生灵

zhaochaoxie
招潮蟹

三国时期沈莹《临海水土异物志》："招潮，小如彭蜡，壳白，依潮长，背坎外向，举螯不失长期，俗言招潮水也。"

绚云如絮剥腥苔，
拥剑爬沙九月魁。
软骨虾蛄谁许聘，
郎君眷自爵溪来。

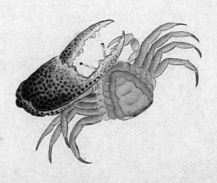

一

秋高气爽，生活在大海滩涂上的招潮蟹脂膏丰腴了。

蓝色大海，神秘而深邃，蕴含着丰富且多姿多彩的物种。而遥远的滩涂，是海洋生物展示自我的另一个大舞台。我辈有幸生活在东海之滨，能常常在海边的滩涂上走走，也能够在有意无意中见识了遍地的海洋生灵。在这众多的滩涂生物中，招潮蟹就是其中最容易见到的一种。

招潮蟹只是一种小蟹，拿海洋蟹类来说，它既没有青蟹的高大威武，也没有江蟹的横行霸道，更没有海蟳的斑斓艳丽。从外形上看，它似乎是蟹族中的另类，相貌奇特，除两根眼柄像火柴梗那样特别细长、突出外，雄蟹的两只螯一大一小，相差悬殊。尤其是那只大螯，不仅硕大无比，比它的甲壳直径还大三倍之多，而且长得像一把锋利的钳子，又犹如武士的盾牌。更令人惊异的是，每当涨潮时，雄蟹会举起大螯上下舞动，似乎在招呼潮水快快到来，又像是对大海频频"点赞"。于是，人们就根据它的这个特性，把"招潮蟹"的名字送给它。这是一个形象而又富有意味的学名。

招潮蟹是海洋甲壳动物中沙蟹科里蟹类动物的统称，这种蟹全世界有101种，我国有10多种。而我所说的招潮蟹学名叫弧边招潮蟹，是东海海域最常见的一种，也是乐清湾滩涂上数量较多的一种。它的那只大螯颜色殷红艳丽，非常醒目，因而有些地方叫它"红足蟹"，也有叫"红脚蟹"的。不过在我居住的这座小城，人们则称它为"红骹圆"，这是一个奇特、有趣的称呼，也是令他乡人疑惑的问题。因为他们并不知道，在我的家乡，乡亲们把蟹类的"螯"一律都叫做"骹"，如梭子蟹的螯叫"江蟹骹"，青蟹的螯叫"蟳蜅骹"，而这种招潮蟹的"骹"是红色的，于是家乡人就把这种蟹叫作"红骹圆"。这显然是一种方言的沿袭，但也是一个独一无二的称呼。

蟹族另类

点赞

拥剑

招潮蟹在古籍中已有记载，它还有拥剑、桀步、执火等名称。三国时期的沈莹在《临海水土异物志》中记："招潮，小如彭蜞，壳白，依潮长，背坎外向，举螯不失长期，俗言招潮水也。"晋代崔豹在《古今注·鱼虫》里写："蟛蜞，小蟹，生海边泥中，食土，一名长卿。其一有螯偏大者，名拥剑。"唐代刘恂也在《岭表录异》中记："招潮子，亦蟛蜞之属，壳带白色。海畔多潮，潮欲来，皆出坎举螯如望，故俗呼招潮也。"宋代著作家洪迈则在《容斋四笔·临海蟹图》载："三曰拥剑。状如蟹而色黄，其一螯偏长三寸馀，有光。"当然，沈莹和刘恂说的"招潮蟹"，是另一种招潮蟹，学名叫"清白招潮蟹"，沙质滩涂上较多。而明李时珍在《本草纲目》中则引《集解》（别录）说："一螯大、一螯小者，名拥剑，一名桀步。常以大螯斗，小螯食物。又名执火，以其螯赤也。"我想，李时珍引述的这种招潮蟹，与洪迈说的基本相似，应该就是"红骹圆"了。

弧边招潮蟹是一群可爱的小动物，它们穿着灰色的"外衣"，戴着红色的"手套"，正午的阳光下，一个个从洞中钻出来，雄的大摇大摆地挥舞着蟹螯，大模大样地"横行"，雌的则大多安静地在洞旁晒太阳或觅食。但它们十分机灵，一听到脚步声、扔物件声，就迅速躲入洞口。而每当潮水滚滚上涨，快要淹没它们老巢的时候，它们又在洞口旁高举着那只粗壮有力的大螯，做出"点赞"的手势，好像在欢迎潮水的到来。在潮水漫到洞口时，它们会迅速扛起洞盖，躲进老巢，盖住洞口。招潮蟹的洞穴很奇特，每个洞口的上方都有一段5厘米左右高的泥柱，远远望过去，就像泥涂上布满了一个个螺丝钉，也仿佛是一个个小烟囱。这些就是招潮蟹制造的洞盖。

据科学的解释，招潮蟹高举大螯的"招手"示意，并不是欢

迎潮水的到来，而是有其他三种含义：一是向敌人示警。高举巨
螯，挥舞威吓，使敌人望而却步，不敢侵犯。二是向雌蟹求爱。在
繁殖季节，雄蟹会用大螯做出各种炫耀的动作，如用大螯有节奏地
轻叩涂面，以招引雌蟹。三是战斗的动作。两只雄蟹常常为了争夺
地盘和配偶而发生激烈的搏斗。两蟹相斗，颇有趣味。起先，高举
大螯向着对方屈曲和伸展数次，这是示威。随后，半曲着的大螯突
然逼近对方，双方大螯在空中交接，互相摩擦着的下半部边缘立刻
以掌节扣紧。此时，搏斗变成角力，直至一方将另一方从地上扯
起，扔到一旁，才分出胜负。

三

"绚云如絮剥腥苔，拥剑爬沙九月魁。软骨虾蛄谁许聘，郎君
鲞自爵溪来。"清代姚燮的《西沪棹歌》唱出了招潮蟹的成熟期和
美味。每年农历九月正是招潮蟹体壮膏红之际，也是捕获它的最佳
时机，这时候，沿海渔民纷纷下涂徒手捕捉它们。因招潮蟹的洞穴
是直的，捕蟹者只要脚掌入泥，堵住洞穴的底部，再把手插入穴
中，它们就乖乖就擒了。

九月

　　小时候，我曾跟着二姐去学捉招潮蟹。二姐腰系鱼篓在泥涂
上慢慢弯腰行进，当看到招潮蟹的洞穴时，只见她用左脚掌插入泥
底，将右手伸入洞内，很快地握着拳抽出，这个姿势乍看好像没有
捉住蟹一样，其实蟹已捏在手掌心了。这样重复捉五六次后，就将
手掌在篓内松开，原来里面捏着五六只招潮蟹了。在招潮蟹的旺发
季节，二姐每潮都能捉一二十斤，而我却总是不得要领，大半天也
没有多少收获。

　　招潮蟹也生活在海堤边的乱石处，这地方因为无法插足、伸
手，所以招潮蟹长得又多又大，经常成群结队地爬行觅食。一见人
影，它们就异常迅速地钻入洞穴，令人望洞兴叹。这时捕捉它们要

用一只有八枚钩头的钓竿，对准它们轻轻一抛，蟹儿以为是食物，纷纷来抢，大螯死死钳住铁钩，钓竿一提，蟹儿就入篓了。

招潮蟹虽然味道鲜美，富含营养，但它们太小，一般不用来鲜食。如今在菜市场偶尔见到的是招潮蟹的大螯，那是小贩们将招潮蟹的大螯拗下来后卖给摊主出售。我看到这些大螯时，会不时买一些回来煮熟佐酒。这是一种浪费时间的食物，但鲜而有味，可让人享受一段"慢生活"的时光。

早年，物质匮乏，乐清湾沿岸的农家多把招潮蟹腌制成蟹酱下饭，一年中有多半时间蟹酱会成为家中的一道主菜。加工蟹酱的方法是：将招潮蟹洗净去泥，置石臼捣碎放入埕中，加食盐、白糖、生姜、黄酒等调料后密封埕口，过一两个月才可启封取食。蟹酱在我的家乡也叫"蚘蜋酱"，它还可以由海涂中的其他小蟹腌制而成，如沙蟹、大眼蟹、猴面蟹等。随着食物的丰裕，现在的蚘蜋酱已不再是餐桌上的常客，而是作为其他菜肴的辅料，但偶尔尝一尝蚘蜋酱，你会被它醇香清爽、咸鲜可口的独特风味所折服。

小小的招潮蟹是海洋生物链中的重要一环，也实现了自我的价值，它能在大潮前频频弄大螯，它可是弄潮儿的化身？我不知道，你呢？

蚘蜋酱

谁知虾蚬水蚤做

一

日月轮回，世事无常。原本十分普通的、作为劳苦大众下饭用的虾虮，经过一个时期的沉默后，这几年又回归餐桌，并脱胎换骨，乌鸡变凤凰，成为时尚的、上档次的调味品。

说来惭愧，很多年来，我一直都理所当然地认为，虾虮就是虾的子，即虾类在海水里所产的卵。却没想到，它竟然绝大部分都来自海水中的几种"跳蚤"——水蚤，用生物学术语说，也就是哲水蚤、刺水蚤、角水蚤、剑水蚤及纺锤水蚤等浮游生物。连水蚤也能吃出海鲜之味，这完全出乎我的意料，也颠覆了我对事物的认知。

谁都知道，跳蚤是恶心的吸血虫，还会传染鼠疫。早年，乡村生活贫困，家庭卫生条件简陋，加之村民洗澡不勤，也没什么衣服可以换洗，跳蚤便隐藏在衣裤和被子里，会不时在人身上猛地咬上一口，使人奇痒难当。那时，我还看到不少村民在冬天晒太阳时，将手伸进棉衣里，一眨眼间就捉出一只跳蚤来，然后塞进嘴里，用牙齿一磕，"呸"的一声将它的尸体吐掉，这场景说有多恶心就有多恶心。就算现在，当我听到这个"蚤"字时，也会起一身鸡皮疙瘩。而将这种长得与跳蚤极为相似的水蚤拿来做海鲜食用，我总觉得有点诡异，不可理解，心里还有那么一些说不出的障碍。

然而，由水蚤做的虾虮酱，却绝对是一种美食，已成功入选温州市级"非物质文化遗产名录"，即便你心存障碍不愿吃，也大有人喜欢。尤其在浙东南沿海，销量极大，各家各户似乎都有贮存，就像酱油、醋那样普遍存在。所以，任凭我怎么不信虾虮就是水蚤，然而在事实面前，我毫无办法否定、绕开它。

水蚤

二

在我们所能吃到的海鲜中，虾虮应该是最小的一种动物了，其形体比细小的沙粒还要细。如果买上一二斤刚捕捞上来的虾虮，你只能捡捡里面的一些杂物，放进水槽里去洗的话，那些细微如尘的小生物就会倏地从指缝间溜走，顷刻间跑得无影无踪。正因为虾虮的细微，我的家乡人常常背地里拿它来打比方，形容眼睛细小的人为"虾虮眼"。这是比称人家为"眯眼"更打击人的话，谁也不敢当着面说。

虾虮是归属于甲壳动物亚门、桡足亚纲的几种水蚤的总称，水蚤身体呈长圆筒形，一般体长1.5～3毫米，人的肉眼是很难看出它真容的，只有放置在放大镜下，才能看清它的形态和结构。据生物学家观察，水蚤的大小、形状几乎与跳蚤一样，只不过多了一条小尾巴，这是它在海水中漂游时的平衡器，近似于鱼尾巴的功能，这也是它与跳蚤在外形上的唯一差异。

水蚤还是海洋动物中最基础、最低级的物种之一，为海洋生态系统中承上启下的一个环节。它作为其他较高等动物的食料而存在，其种类较多，数量极为庞大，生生息息，取之不竭。在我们这座城市，有一句广为流传的俗语："大鱼吃小鱼，小鱼吃虾米，虾米吃虾虮，虾虮吃烂泥。"说的就是这个意思。当然，虾虮并不是真的吃烂泥，它的食性为滤食型，平时滤食水中的硅藻、细菌、有机碎屑等悬浮颗粒，而这些颗粒如果不仔细看的话，的确有点像烂泥。此外，还有一句俗语："小小虾虮，兴勿起大浪。"这话意思是，虾虮或者像虾虮这样的人，实在是太不起眼了，在大海里只能是小喽啰，没有大本领，干不出什么名堂，一般人是瞧不上眼的。

细微如尘

三

小得可怜的虾蚬，也是可以捕捞的。

在乐清湾海岸，多年前，地处虹桥区域（今天成街道）的埠头村，曾是捕捞虾蚬的专业村。说该村是捕捞虾蚬专业村，是因为这里有一条赤水港直通乐清湾，入海口处虾蚬密生，质量上乘。更重要的是，全村半数男劳力都会捕捞虾蚬，且已有数百年的历史。

捕捞虾蚬叫"张虾蚬"，顾名思义，"张"就是用网来捕。张虾蚬的工具比较复杂而庞大，需要一只小船，几张大网，以及竹竿、麻绳、轧钩、洗篓、纱袋、箩筐或木桶等。船由薄板制成，长约3米，底狭上宽，配有桨，俗名"划单"。大网由苎线织成，网眼大小如针头，长约5米，成圆锥状，两头开口，大口1米多，小口约20厘米。新织的网，要用杨梅树根和薜荔藤煎煮出的汁水几番栲染才成。张虾蚬时，大口用两根竹竿将其撑成四方形，插在涂面上，小口用麻绳系紧封闭。

张虾蚬

据埠头村的老渔民说，张虾蚬一般要在小水潮进行，大水潮流急浪大，网具易被冲垮。每年的捕捞季节一般在立春至立夏，白露至霜降。入夏高温，虾蚬容易腐烂，不宜生产。冬天潮水太冷，虾蚬避寒入深海，产量低。春秋两季的小水潮期间，要驾小船在潮水涨上滩涂之前，赶到选择好的涂面，一个紧挨一个地插好虾蚬网。大口朝向岸边，小口朝向江心。一般每人张7～8个网，壮劳力可张10余个。

退潮时，虾蚬会随潮水进入网袋。这时，小船要立即回头按顺序解开网袋小口，将入网的虾蚬倾倒在船上的箩筐里，并迅速扎封好网袋，放回潮水中。如此反复进行，直到潮位很低了，这才收网，划船从港浦里回家，等待下个潮水出现。若逢上好潮汛，还要张涨潮虾蚬。原理很简单，网竿不用重插，只要翻转网口迎潮就可。因虾蚬为海水上层浮游动物，潮水淹过网口时已无法捕获它们，渔民即可返航。

除网张法外，还有一种推虾虮法。推虾虮的工具叫做"簦"，也称"虾子缉"，由极细的苎线织成，网眼极细小，呈蚊帐状，构成大畚斗样的密网，将其缚在两根竹竿上，架于"泥马船"上。渔民腰系鱼篓，在滩涂浅水中推来推去，捞取虾虮。此法成本较低，行动自由方便。据说蒲岐霞堡村渔民曾广为采用，在虾虮旺发的季节，一潮水一个人可推上百斤。

捕来或推来的虾虮都需要清洗。据老渔民说，洗虾虮也是一个重活，既费体力，还要很精细。我们家乡还有一句俗语："一斤虾虮四两屎。"因为从鱼篓或木桶里倒出来的，不是单纯的虾虮，大多有泥浆、小树枝、小水草和流入大海的生活垃圾等杂质。洗时，置一个大木桶装满海水，把虾虮倒在一个细密的纱筛里，在水里筛。虾虮见筛孔便沉到水里，而杂质则留在筛子上，倒掉即可。这很像淘金者洗金沙那样，一步一步来，十分考验人的细心、耐心和恒心。

推虾虮

四

虾虮入酱古已有之，清代温州文人李朝贤曾在《瓯江食物志》中记："虾虮一箸可取数万枚，以重盐、糟腌而成虾酱，味美。"当然，李朝贤说吃虾虮时，一筷子夹来就有数万只水蚤，这个我们自然无法知晓。但我觉得，我们吃的每一口虾虮都会消耗数百乃至上千个水蚤，那是肯定没得商量的。

虾虮可以腌制吃，也可以鲜吃。鲜吃一般都是清炒，这样虾虮的鲜味不容易丢失。最简单的做法是将新鲜的虾虮入锅煮熟后，放入葱、蒜等佐料即可，其味鲜甜可口。在我的家乡，吃得最多的还是芥菜炒虾虮，因为这两者都异常鲜甜，吃起来特别清爽可口。如果要来点特殊的口味，就在野外揪一把胡葱，配在一起，一个深红，一个大绿，颇为养眼，吃起来是口感宜人、野味十足。

腌制虾蚷则是一个技术活，腌制时天气不能太热，又最怕沾上淡水。所以，腌制时手也必须擦干，一旦沾上淡水，虾蚷就易变质。方法是：先将虾蚷倒入缸内，按一百斤虾蚷六斤盐的比例调配，加完盐后再放点白糖，拌少许红酒糟，再将缸口密封好。一般情况，需腌制四个月以上方可出缸。腌制好的虾蚷叫虾蚷酱，色黑蓝、清亮，香气扑鼻，咸中带鲜甜，鲜美无比。

用腌虾蚷蒸猪肉、煮粉干、蘸海蜇、蘸白萝卜、蘸芥菜梗、蘸蒸盘菜、蘸熟芋头，是乐清湾渔家最经典的吃法，至今仍在坊间流行，咸淡相宜，味道清纯，香气特足，让人没齿难忘。初次品尝的人极易爱上这种味道。

不过，据埠头、霞堡两个村的老人说，现在已很少有人去张虾蚷了，市场上卖的虾蚷酱也不是真正的虾蚷酱，多是将小毛虾、莹虾等打碎后腌制成酱的。真的虾蚷酱静放久了，上面一层颜色清澈，处于半透明状态，仔细看还可以发现一些细小粉末状颗粒，这就是水蚤。而用小毛虾之类做的虾酱是没有这种情况的，真假虾蚷酱在鲜度与香味上也是有一定差距的。

这就是现在的虾蚷酱没有了记忆中味道的真实原因。如今，市场上买到的虾蚷酱，几乎全是用打碎的小毛虾做的虾酱。所以大家吃的所谓虾蚷酱，跟由水蚤做的虾蚷酱，一毛钱关系都没有，尽管毛虾做的虾酱也是一种高档的、独特的调味品。

而眼下被大众推崇的"非遗"产品里，有没有这种情况呢？我不知道。

**真假
虾蚷酱**

鱼生，舌尖上的乡愁

一

白大生

我可以肯定地说，在浙东南的温台沿海一带，上点岁数的人是没有不认识鱼生、吃过鱼生的。

鱼生在温州沿海一带有一个通俗的称呼，方言发音"白大生"。我想，这称呼应该是古代渔民口头流传下来的，由于未曾见诸古籍，后人也不清楚这几个字怎么写。于是，人们为了简单方便、易写好记，就用了这三个字。而如今，我又发现，当写到鱼生这种海产品时，不少舞文弄墨的人却将它写作"白鱏生"。意思是说，鱼生是由一种鱼腌制而成的，必须带上一个"鱼"字旁，而"鱏"字在瓯越语系里，其方言正好也发"大"音。

将鱼生写作"白大生"或"白鱏生"，我并不苟同。虽然"鱏"字有"鱼"字旁，但"鱏"字在各种词典辞书里的注释是鲟鳇鱼或鳝鱼。大家知道，鲟鳇鱼大得很，鳝鱼骨头硬得很，它们都不宜制作鱼生。倘若将制作鱼生的这种鱼称为"白鱏"，那应该也是生活在淡水里的一种大鱼，据南朝宋徐衷在《南方草物状》中记："白鱏，生溪边土穴中，长五尺所，大三寸。里民刺取细槿二寸，苦酒煮食之，滋味如黄鳝味。交趾九真有之。"从这段文字来看，它或许是鳗鲡一类的鱼。当然，大家也可以根据明代文学家杨慎在《异鱼图赞》中"鳝有黄白二种，白鳝出交趾"的记载，把"白鱏"认定为白鳝，但白鳝依然不能腌制成鱼生。

因此，"鱏"或"白鱏"跟鱼生里的鱼不存在任何关系，把"鱏"字放在这里，恰恰起误导作用，或多或少影响了孩子们对生物的认知。而"大"字又该怎么解释呢？难道是这鱼很大吗？还是"大生"寓意非熟制品，也即"大到极点的生"？所以，将鱼生写作"白大生"或"白鱏生"，都是不得要领的。

依我之见，鱼生这种温台特有的、传统的咸醅海货，若写作"白醁生"，则比较恰当。理由是："白"是这种鱼的颜色和名字，

343

腌制这种海产品的小鱼学名叫小带鱼，体色银白，又称柳叶带、白带鱼，从色彩和俗名上看都符合"白"字的要求。"醇"，温州方言也发"大"音，汉字释义是醇厚、醇粹，酒味香醇的意思，而制作这种海产品正好需要红曲和酒糟。更重要的是这个"酉"字旁，东汉许慎《说文解字》曰："酉，就也。八月黍成，可为酎酒。"酎酒即做酒，做酒需要发酵，那么，酉就可以意指发酵了。"生"即生吃，倒置使用。这样，"白、醇、生"三个字，不仅在方言发音方面没问题，还能准确、传神地表达这种海产品的含义。

白醇生

二

小带鱼是腌制鱼生的天然材料，它的一生似乎也是为鱼生而来的。

许多人会想，小带鱼不就是幼小的带鱼吗？错了。它是海洋鱼类里一个独立的种。尽管它和我们熟悉的带鱼同归于鲈形目、带鱼科、带鱼属，但它与带鱼这个堂哥比，永远都是一个小弟弟，体长一般10～35厘米，宽1～1.5厘米，成年后最长不超过70厘米，宽不到3厘米。如果说带鱼是一根粗长的鞭子，那么，小带鱼就是一片细长的柳叶。

小带鱼

每年农历二月，孵化后的小带鱼从深水处慢慢地向近岸浅海、江河入海口附近游动。到三月，它便长成白白嫩嫩的小鱼，但这时渔民并不出手捕捞，而是要等到它长成中等大小时，才用张网或流刺网捕捞它们，时间一般选择在四月上中旬。这时候，小带鱼身材细而均匀，肉肥而骨软，最适宜腌制鱼生。到五月后，小带鱼肉质已粗，细刺密生，鱼骨太硬，既不适合做鱼生，也不适合做菜肴，而只能碾成鱼粉作为围塘或网箱水产养殖的饲料。

早年，在乐清湾沿岸，家家户户都会腌制鱼生。我小时候就曾多次看到母亲，在小带鱼的鱼汛期里会认真、仔细地腌制鱼生。

腌鱼生

当父亲从渔港码头买来小带鱼后，母亲会叫上大姐，将它们反复进行清洗，然后一条条理好，放在竹篮里沥干，再倒进大木盆，加入一些食盐拌匀、压实，盐渍三四天后，才正式进入鱼生的腌制阶段。据母亲说，有些人家口味偏咸，盐渍时间可再推迟一两天，但绝对不能超过一个星期，否则会导致鱼骨变硬，制成的鱼生时有渣刺感。而口味很淡的人，腌上两天也就行了。但若时间太短，没有盐渍透，小带鱼就会散发"膃脓臭"，从而影响整体质量。

腌制鱼生是一门技术活，需要凭借多年实践之后积累的经验。鱼生腌制得好不好吃，在于它的辅料及比例是否合适。操作的程序是：按照一定比例，分别加入红曲、白糖、生姜、糯米酒糟、白萝卜丝等辅料进行搅拌，然后加入之前盐渍过的小带鱼，再次进行搅拌、融合。入埕之前，先倒入些许白酒助力发酵，然后将配制好的小带鱼混合物装至埕颈处。为防止发酵后，埕里的小带鱼抬升过高而缺乏卤汁浸润，还得在埕的上层放上箬竹叶或小竹帘，压上小石块。之后，将埕口用箬竹叶包裹，用麻绳扎紧，再用黄泥、粗糠和成的湿黏土厚厚地封好，静置于阴凉处，直到三伏天或秋季开埕食用。

三

新出埕的鱼生，观之，红白镶嵌，色泽艳丽，像胭脂抹身，似玫瑰生光；闻之，鱼腥缕缕，糟香扑面，鱼的气息与植物的清新相互交织，越闻越觉得陈香浓郁；食之，绵软无骨，咸淡适中，酸中带甜，甜中有酸，满口咸鲜，无论是下饭还是配粥，都是一道绝好的菜肴。

不过，有些人则喜欢吃鱼生中的萝卜丝，品味它那鲜爽、脆嫩、咸香的特殊滋味。就像我，在多年前的家乡，当餐桌上有一碟鱼生时，那碟中的萝卜丝几乎全被我包了，至于那些小带鱼，就成为父亲佐酒的美食了。

其实对于鱼生，当下的人大多会表现出两极分化的态度。喜欢的人会趋之若鹜，连卤汁都不放过；不喜欢的人则唯恐避之不及，像逃离榴梿、臭豆腐那样，憋气、掩鼻而过。这种现象，我觉得一点也不奇怪，毕竟现在的年轻人没有经历过物质匮乏年代的生活，他们不会知道，鱼生可是早些年百姓家中的珍藏，远比咸菜、蟹酱之类的东西宝贵。

在我阅读的文章中，我发现有很多人将鱼生与鱼脍相混淆，他们说鱼脍就是鱼生。还举例说唐代诗人李白的诗句"呼儿拂几霜刃挥，红肌花落白雪霏"，杜甫的诗句"饔子左右挥霜刀，脍飞金盘白雪高"，描绘的就是切制鱼生的场面。事实上，那是将新鲜的鱼进行切片而做成的"生鱼片"，古代人称为"脍"。鱼脍是许多古代文人的最爱，但它与鱼生八竿子也打不到一处。

鱼生虽然不见于典籍，也没有在各地盛行，但曾经演绎了一段佳话。20世纪80年代，著名学者南怀瑾先生把一小坛鱼生寄给了同乡好友、台湾新闻界元老马星野先生。马先生收到后，睹物思乡，动情地写下了一首诗：

> 拜赐莼鲈乡味长，雁山瓯海土生香。
>
> 眼前点点思亲泪，欲试鱼生未忍尝。

区区鱼生，竟然牵动了他乡游子的一片思乡之情，可见，它也是撩人情怀之物。

这又使我想起了南宋江湖派诗人、台州人戴复古的一首《吉州李伯高会判送盐蟢子鱼比海味之珍者》诗："每思乡味必流涎，一物何能到我前。怒奋两螯眸炯炯，饱吞三印腹便便。形模突出盐池底，风味横生海峤边。合为莼鲈动归兴，久抛东浦钓鱼船。"

乡愁

这里的"蟢子鱼"是指腌制的梭子蟹，温州人称为"咸江蟹"，为浙东南渔家的特产，也是深受大众喜爱的佳肴。鱼生与咸江蟹，物虽不同，味亦两种，但都会像莼鲈那样拨动人们的思乡、归乡之念。由此足见，它们是何等的诱人了。我想，乡味能让人流涎，乡愁常使游子魂牵梦萦。而这种乡愁，才是真正的舌尖上的乡愁啊！

大黄鱼
P3

松江鲈鱼
P17

鲥鱼
P23

刀鱼
P29

西施舌
P35

望潮
P41

河豚
P47

蝤蛑
P53

梅蛤
P59

香鱼
P65

江瑶柱
P72

海月
P79

梅童鱼
P85

泥蚶
P93

虾
P100

香螺
P108

海蜇
P115

乌贼
P123

鳗鲞
P131

龟足
P139

斓胡
P146

蛤蜊
P154

公鱼
P160

虾蛄
P166

泥蒜
P175

藤壶
P181

小管枪乌贼
P189

银鱼
P195

海蜈蚣
P201

贻贝
P208

王鱼
P215

魟鱼
P221

红娘鱼
P227

花鲈
P234

鮟鱇鱼
P241

鳎鱼
P249

海狮
P256

沙蒜
P262

鲳鱼
P269

钉螺
P275

小黄鱼
P281

花蛤
P287

泥螺
P293

带鱼
P299

水潺
P307

薄壳圆蛏
P313

缢蛏
P319

江蟹
P325

招潮蟹
P331